Matthias Hirzel/Frank Kühn (Hrsg.)

Prozessmanagement in der Praxis

Matthias Hirzel/Frank Kühn (Hrsg.)

Prozessmanagement in der Praxis

Wertschöpfungsketten planen,
optimieren und erfolgreich steuern

mit Autoren von:
HLP Hirzel Leder & Partner
Bayer MaterialScience
Dorma
HLP Informationsmanagement
RWE Systems Consulting
Swiss Life
Stadtwerke Pforzheim
WestLB
Zürich Gruppe

GABLER

Bibliografische Information Der Deutschen Bibliothek
Die Deutsche Bibliothek verzeichnet diese Publikation in der Deutschen Nationalbibliografie;
detaillierte bibliografische Daten sind im Internet über <http://dnb.ddb.de> abrufbar.

1. Auflage April 2005

Alle Rechte vorbehalten
© Betriebswirtschaftlicher Verlag Dr. Th. Gabler/GWV Fachverlage GmbH, Wiesbaden 2005

Lektorat: Ulrike M. Vetter

Der Gabler Verlag ist ein Unternehmen von Springer Science+Business Media.
www.gabler.de

Umschlaggestaltung: Nina Faber de.sign, Wiesbaden
Karikaturen: Frank Kühn
Druck und buchbinderische Verarbeitung: Wilhelm & Adam, Heusenstamm
Gedruckt auf säurefreiem und chlorfrei gebleichtem Papier
Printed in Germany

ISBN 3-409-14265-7

Vorwort

Was wurde und wird nicht alles getan, um die Wettbewerbsfähigkeit der Organisation zu sichern: Die Methoden und Ansätze sind vielfältig, lösen sich ab und reichen sich die Hand: Kostenmanagement, Portfolioanalyse, Kaizen, Total Quality Management, Just in Time, Reengineering, Shareholdervalue, Benchmarking, Balanced Scorecard, Kernkompetenzen, Knowledge Management, Dekonstruktion, Mergers and Acquisitions, Corporate Governance, E-Commerce oder Customer Relationship Management, um hier nur einige Konzepte zu nennen.

Wenn jetzt das Thema „Prozessmanagement" in den Blickpunkt gerückt wird, so nicht um diese Reihe fortzusetzen, sondern um dem profanen und doch so wichtigen Anliegen der Verknüpfung von unterschiedlichen Fähigkeiten zu einer erfolgreichen Leistung Aufmerksamkeit zu schenken.

Das ist ja nicht so einfach:

Mit der uns geläufigen Organisationsstruktur teilen wir das Unternehmen in unterschiedliche Einheiten. Und wie auch immer die Struktur gewählt wird, sie entscheidet sich, weil stets „zweidimensional", zugleich für oder gegen etwas. Allen Beteiligten ist mithin klar, dass es eines wohl ausgewogenen Zusammenwirkens der Bereiche und Abteilungen bedarf, um gewünschte Ergebnisse zu erzielen.

Hier setzt das Prozessmanagement an: Es orientiert sich an den strukturübergreifenden Wertschöpfungsketten wie z. B. Geschäftsanbahnung, Auftragsabwicklung, Distribution, Beschaffung etc. und macht sie zum Gegenstand einer permanenten Optimierung

Der Effekt ist erheblich: Das unternehmerische Moment wird gefördert. Die Beteiligten orientieren sich am Kundenwunsch, legen das Prozessangebot bedarfsgerecht aus und straffen die Leistungserstellung. Performance-Steigerungen in zweistelliger Prozentgröße stellen sich ein.

Im vorliegenden Buch skizzieren die Autoren aus Praxis, Wissenschaft und Beratung typische Situationen, zeigen die methodischen Ansätze auf und erläutern ihre Anwendung an unterschiedlichen Beispielen. Sie stellen heraus, worauf es beim Prozessmanagement ankommt und wie die Erkenntnisse erfolgreich umgesetzt werden. Im Mittelpunkt der Erörterung stehen folgende Aspekte:

- Strategischer Kontext: Welcher Stellenwert kommt dem Prozessmanagement in der Organisation zu und welche Potenziale lassen sich nutzen?

■ Einfache Methodik: Welche Ansätze, Vorgehensweisen und Instrumentarien für die Beschreibung der Prozessarchitektur und Auslegung von Einzelprozessen sind angemessen und erfolgreich?

■ Abgestimmte Organisation: Welche Zuständigkeiten, Rollen und Organe sind für das wirkungsvolle Management von Prozessen erforderlich?

■ Bedarfsorientierte Fokussierung: Wie wird das Leistungsangebot und die Leistungserbringung dem Kundenwunsch gerecht?

■ Gekonnte Konfiguration: Wo beginnt und endet der Prozess? Aus welchen Prozessabschnitten setzt er sich zusammen und wie sind sie aufeinander abzustimmen?

■ Zielführende Steuerung: Auf welche Messgrößen kommt es? Wie lässt sich mit Selbststeuerung die Performance steigern?

■ Dosierter IT-Einsatz: Wie können und sollen Groupware- und Organisations-Tools das Prozessmanagement unterstützen?

■ Konsequente Implementierung: Was muss getan werden, um das Prozessmanagement in der Organisation lebendig werden zu lassen?

Das Buch zielt darauf ab, die mit dem Prozessmanagement verbundene Dynamisierung der Organisation vor Augen zu führen. Dabei unterstreichen Situationsschilderungen die Erfordernisse der beschriebenen Methoden und Beispiele aus der Praxis zeigen den Effekt sowie die Machbarkeit auf.

Wenn es gelingt, den Leistungsprozessen einen der Organisationsstruktur ebenbürtigen Stellenwert zu verschaffen, wenn also übergreifende Ergebnisorientierung und vertiefte Fachkompetenz wohl austariert zusammenwirken, dann sollten die notwendigen Voraussetzungen für den Geschäftserfolg geschaffen sein.

Den Autoren sei an dieser Stelle herzlichen Dank für ihren Beitrag gesagt – ebenso und insbesondere aber auch Frau Sabine Fella, die mit viel Einfühlungsvermögen die organisatorischen Fäden zusammen- und die Texte in die richtige Buchform gebracht hat.

Frankfurt am Main,   Matthias Hirzel und Frank Kühn
Frühjahr 2005   HLP Hirzel Leder & Partner
                                                                          www.hlp-online.de

Inhaltsverzeichnis

Teil III: Implementierung

Erfolgsfaktor Prozessmanagement

Matthias Hirzel

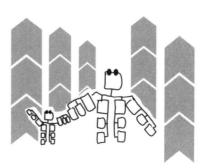

Inhalt:

1.   Klassische Organisation ausgereizt

Der herkömmliche Aufbau einer Organisation legt den Schwerpunkt auf die funktionalen Fähigkeiten. Es gilt die Entwicklung, die Produktion, den Vertrieb, den Einkauf, die Logistik etc. gut zu beherrschen. Entsprechend sind auch die Strukturen ausgelegt. Damit eine Leistung für den Kunden entsteht, sind die fachlichen Einheiten gehalten, eng zusammenzuarbeiten. Dieses Modell funktioniert in einer sich im Gleichgewicht befindenden Welt. Es funktioniert auch im Wachstum, so lange sich die Zusammenhänge des Systems nicht ändern. Alles wird nur ausdifferenzierter: Mehr und zum Teil tiefer gestaffelte Einheiten prägen das Bild; die Steuerungskomplexität steigt; die Perfektionierung des Vorhandenen nimmt zu.

Dieses Schema entspricht aber nicht mehr dem erforderlichen Wandel. Die Transformation von der nationalen zur traditionalen Weltwirtschaft stört die erlebte Kontinuität; die Erfolgsfaktoren von gestern sind nicht mehr die von morgen.

Die Unternehmen erkennen den grundsätzlichen Wandel; der Wandel als Gestaltungselement ist aber nicht Bestandteil ihrer Organisation. Wie können die nunmehr als starr erlebten Strukturen und Arbeitsformen verändert und angepasst werden?

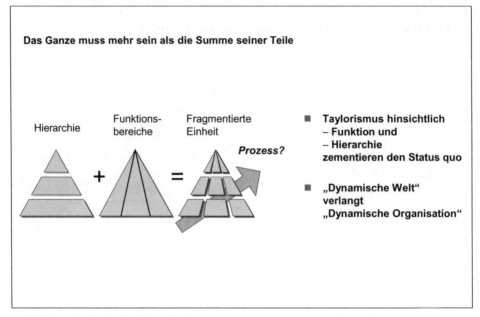

Abbildung 1: Statische Organisation

Es muss reagiert werden. Mit unterschiedlichen Programmen, seien es nun Qualitätsoffensiven, Gemeinkostenwertsteigerungen, Lean Produktion, Simultaneous Engineering oder New Marketing – man versucht den neuen Gegebenheiten gerecht zu werden. Ein Programm jagt das andere. Auf Dauer bekommt man die Änderungen nur bedingt in den Griff. Es fehlt ein immanentes Erneuerungsmoment, das diesem Wandel kontinuierlich Rechnung trägt.

2.   Wege zur dynamischen Organisation

Um dem Wandel der Wirtschaft gerecht zu werden, um die gewünschte Dynamik der Organisation zu gewährleisten, bedarf es alternativer Managementansätze. Drei große Bewegungen zeichnen sich ab:

■ Vom Fachbereich zum Kompetenzcenter

   In diesem Fall wird das unternehmerische Moment belebt. Der Intrapreneur als treibende Kraft soll den Wandel meistern.

Organisationseinheiten sind nicht mehr Fachabteilungen oder Fachbereiche, nein, sie sind nunmehr Kompetenzcenter, deren Leistung sich im Wettbewerb qualifizieren soll. Nach der Devise, dass man nur das selber tun soll, was man besser oder zumindest gleich gut kann, wird selektiert. Mithin erhalten die Organisationseinheiten als „Geschäftscenter" einen anderen Charakter: Im Extremfall sind sie völlig frei, können sich ihre Kunden und Lieferanten intern oder extern suchen, sind quasi ein eigenes Unternehmen im Unternehmen. Die Globalisierung verstärkt diesen Prozess, die Spezialisierung ist auf dem Vormarsch. Für den Fachbereich als Leistungscenter gilt es, Abnehmer zu erhalten oder neue aufzubauen. Die erbrachte Leistung wird vom „Kunden" mit anderen Anbietern verglichen und Gegenstand von Verhandlungen. So ist nicht mehr sicher, ob zum Beispiel der interne Servicebereich „Hauswirtschaft" seine Büroflächen zum „angebotenen" Preis vom Rechnungswesen als Abnehmer akzeptiert bekommt. Oder aber die Betreuung der dezentralen Büro-PCs verliert ihre Aufgabe, da externe Wettbewerber aufgrund ihrer besseren Performance den Vorzug genießen

Die Dynamik hat dort ihre Grenzen, wo die produktive Zusammenarbeit dem maximalen Ergebnisstreben jedes einzelnen Kompetenzcenters geopfert wird. Ein Phänomen, das sich häufig nach einer stürmischen Aufbruchsphase einstellt (Bertelsmann, ABB etc.).

▪ Durchbruchsversuch mit Reengineering

Der Ausweg aus der „Kompetenzcenter-Falle" wird häufig im Reengineering gesucht. Hierbei folgt die Organisation konsequent der Wertschöpfungskette. Die Fachbereiche bzw. Kompetenzcenter werden zugunsten der relevanten Abläufe der Organisation aufgegeben. Im Vordergrund steht das wirtschaftliche Ergebnis mit all den Kompromissen, die hier auf der fachlichen Seite erforderlich sind. Das Handeln konzentriert sich auf die Planung und Koordination aller Leistungserstellungsschritte. Dementsprechend wird auch die disziplinare Struktur angepasst. Diese Denkweise und ihre organisatorische Umsetzung bringen einen enormen Schub ins Unternehmen.

Auf der Strecke allerdings bleibt die inhaltliche Durchdringung der Funktionen wie Entwicklung, Produktion, Instandhaltung, Verkauf etc. Aufgeteilt auf die disziplinar dargestellten Leistungsströme geht häufig die „kritische Masse" verloren. Konsequentes Reengineering hat daher nicht immer die erwarteten Erfolge gezeigt. Es ist eben nicht gesagt, dass z. B. die Aufteilung der zentralen Instandhaltung auf die unterschiedlichen Fertigungsstraßen per se Vorteile bringt. Größenordnungen, Unteilbarkeiten etc. spielen eine nicht unerhebliche Rolle.

Vor diesem Hintergrund erfahren die fach- und strukturüberlagernden Abläufe Bedeutungsverluste.

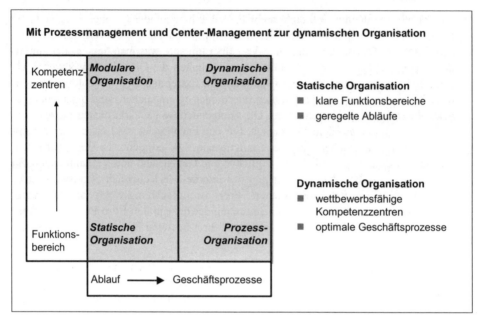

Abbildung 2: Wege zur dynamischen Organisation

■ Prozess als dritte Dimension

Nicht entweder Leistungsstrom oder Fachkompetenz, sondern beides ist gefragt. Es geht weniger darum, sich bei der Auslegung der Organisation für den einen oder anderen Aspekt entscheiden zu müssen, sondern darum, die dem scheinbaren Widerspruch innewohnende Synergie zur Geltung zu bringen. Hier setzt das Prozessmanagement an. Es geht von der bestehenden disziplinaren Struktur aus und konzentriert sich auf die die Organisationseinheiten verbindenden Veredlungsprozesse. Die so genannte Ablauforganisation wird gewissermaßen neu erfunden. Sie erfährt eine stärkere Betonung. Der Fokus liegt auf dem Management der strukturübergreifenden Wertschöpfungsketten mit dem Ziel einer kundenorientierten Leistung und eines wirtschaftlichen Ergebnisses.

3. Charakterisierung des Prozessmanagement

Der klassische Ablauf beschreibt, wie ein Vorgang von mehreren Stellen der Organisation in einer Sequenz bearbeitet wird. Die Abläufe werden sporadisch überprüft. Geregelt wird, wer was wann zu tun hat. Optimierungskriterien sind üblicherweise die Dauer und die direkt anfallenden, variablen Kosten.

Die Wertschöpfungskette versteht den Ablauf als eine Schrittfolge für die Erfüllung eines am Kundenbedarf orientierten Angebots. Alles was ursächlich mit dieser Leistungserstellung zusammenhängt, wird in Veredlungsstufen erfasst. Jede Stufe wird so definiert, dass sie im Prinzip vergleichbar, d. h. benchmarkfähig ist. Die Stufen bzw. Abschnitte orientieren sich demnach nicht notwendigerweise an den strukturellen Zuständigkeiten; sie werden vielmehr aus dem Sachzusammenhang des Leistungsstroms abgeleitet. Ganz wesentlich ist hier, dass auf Vollkostenbasis kalkuliert wird. Die Wertschöpfungskette will also – weitgehend „losgelöst" von der gegebenen Organisationsstruktur – die Leistungserstellung als eigenständiges „Unternehmen" darstellen.

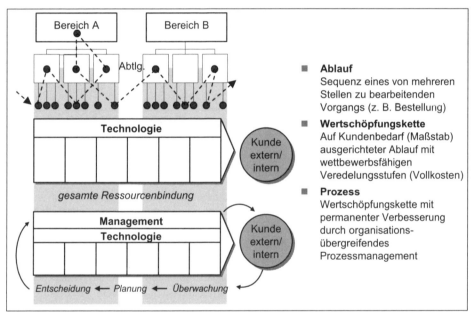

Abbildung 3: Vom Ablauf zum Prozess

Zum Prozess mutiert die Wertschöpfungskette erst dann, wenn sie eine Zuständigkeit erhält. Diese wird in der Regel von Personen wahrgenommen, die gleichzeitig eine Verantwortung in der Linienorganisation innehaben und mithin zwei Rollen bzw. „zwei Hüte" innehaben. Das Prozessmanagement soll sowohl den Erfolg der Wertschöpfungskette sicherstellen als auch für ihre kontinuierliche Verbesserung verantwortlich sein. So wird aus dem Ablauf ein Prozess, der einer regelmäßigen Planung, Entscheidung, Durchführung und Steuerung unterworfen ist.

Vor diesem Hintergrund lässt sich Prozessmanagement grob durch folgende Merkmale charakterisieren:

1. Vorhandene Kunden/Kundengruppen mit dauerhaftem Bedarf

2. Angebot mit definiertem Kundennutzen

3. Wiederholte und stetig verbesserte Leistungserstellung

4. Organisationsübergreifende Wertschöpfungskette

5. Regelmäßige Planungs- und Steuerungs-Aktivitäten

6. Eigene Zuständigkeiten verknüpft mit Linienmanagement

7. Regelmäßig angepasste Zielsetzung und Leistungsvereinbarungen

8. Definierter Lieferantenbeziehung

Prozessmanagement heißt Denk- und Verhaltensweise, Methoden und Werkzeuge, Organisation und Management für ein effektives Angebot und eine effiziente, organisationsübergreifende Leistungserstellung zur Erfüllung dauerhafter Kundenwünsche!

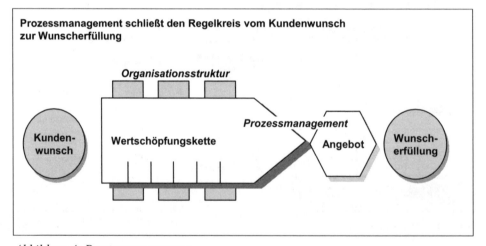

Abbildung 4: Prozessmanagement

4.   Anwendungsmöglichkeiten

So definiert hat Prozessmanagement ein weites Anwendungsspektrum. Prinzipiell kommen alle Abläufe in Frage. Da jedoch Prozessmanagement mit einem bestimmten Aufwand verbunden ist, also Regelung der Zuständigkeiten, Planung und Steuerung, Leistungs- und Ressourcenvereinbarungen etc., richtet sich die Anwendung zunächst auf gewichtige Leistungsströme.

Beispiele unternehmensinterner Prozesse:

Bedarf/Anstoß	Prozess	Ergebnis
Kunde hat Bedarf	Geschäftsanbahnung	Kunde ist interessiert
Kunde will Angebot	Angebotserstellung	Kunde bestellt
Kunde hat bestellt	Auftragsabwicklung	Kunde kann Produkt einsetzen
Ware wird benötigt	Distribution	Ware ist termingerecht vorhanden
Bedarf wird artikuliert	Beschaffung	Bedarf ist befriedigt
Menge wird disponiert	Produktion	Menge ist im Lager
Kunde meldet Defekt	Instandhaltung	Defekt ist behoben
Kunde beanstandet Leistung	Reklamation	Kunde akzeptiert Regelung
Anforderungen sind beschrieben	Projektierung	Pläne sind erstellt
Bereich hat Personaldefizit	Personalbeschaffung	Bereich hat erforderlichen Personalstand
Kunde benötigt Liquidität	Kreditvergabe	Kunde kann über Geld verfügen
Neue Produkt entschieden	Produktinnovation	Vertrieb verfügt über Produkt
...	...	...

Kleinere Abläufe lassen sich ebenfalls nach den Prinzipien des Prozessmanagements organisieren. Allerdings wäre der Einsatz der Methoden entsprechend zu dosieren. Es kommt auf die Ausgewogenheit an. Zum Beispiel könnte auf Ressourcen- und Leistungsvereinbarungen mit den beteiligten Stellen verzichtet werden. Bei derartig abgespeckten Applikationen wird häufig auch von „prozessorientierten Arbeitsweisen" gesprochen.

Die Leistungsströme enden nicht notwendigerweise an den Grenzen des Unternehmens. Wenn für die Erstellung einer Leistung das enge, regelmäßige Zusammenspiel zweier oder mehrerer Unternehmen erforderlich ist, kann ein professionelles Management solcher unternehmensübergreifenden Prozesse einen erheblichen Effekt haben. Die Wirkung des Prozessmanagements ist immer dort hoch, wo Barrieren überschritten werden, also in diesem Fall zwischen juristisch unabhängigen Einheiten. Besonders in der virtuellen Welt erfährt dieser Aspekt immer mehr an Bedeutung. Die Arbeitsteilung steigt und mit Hilfe von IT-Plattformen und Prozessmanagement wird der Leistungsstrom sichergestellt. Man möge sich nur ins Gedächtnis rufen, wie viele Gesellschaften an einem „einfachen" Internet-Bestellvorgang partizipieren, wenn die Strecke vom Kundenwunsch über die Beauftragung, die Lieferung und schließlich die Abrechnung erfasst wird.

Das unternehmensübergreifende Prozessmanagement ist eigentlich nicht neu. Es gibt zahlreiche Beispiele, bei denen auf diese Weise verfahren wird, ohne dass dies explizit mit Prozessmanagement bezeichnet würde. So entsteht z. B. eine Fachzeitschrift unter der Federführung des Verlags in der Zusammenarbeit von Druckerei, Transporteur Großhandel, Fachhandel, Freiberufler usw., oder die Startfähigkeit eines Flugzeugs unter der Federführung der Fluggesellschaft in der Zusammenarbeit von Reinigung, Catering, Tanken, Sicherheit etc.

5.   Verknüpfung der Prozesse

Da es viele verschiedenartige Abläufe in der Organisation gibt und entsprechend auch Prozesse definiert werden könnten, sind Überschneidungen zu vermeiden. Es bedarf mithin einer gewissen Ordnung, die den Zusammenhang transparent macht. Der Ansatz kann unterschiedlich sein:

Prozessregister
Hier geht man induktiv vor, d. h. je nach Bedarf werden Abläufe zu Prozessen „erhoben" und in einem Verzeichnis (Prozessregister) festgehalten. Bei der Wahl des Prozesses sowie der Bestimmung von Anfang und Ende ist man generell frei. Lediglich anhand der Prozessregister muss sichergestellt werden, dass es keine kontraproduktiven Überschneidungen gibt. Dieser Ansatz greift meist dort, wo das Prozessmanagement sukzessive zur Anwendung kommt

Prozessarchitektur
In diesem Fall wird der Versuch unternommen, die Prozesse im Rahmen einer Systematik auszulegen. So unterscheidet man z. B. nach der Art zwischen Kern-, Stütz- und Steuerungsprozessen und/oder gemäß der Hierarchie nach Haupt- und Unterprozessen. Die Prozessarchitektur trägt wesentlich zur Performance der Organisation bei, da sie die

Leistungsströme abgestimmt auf den Gesamtzweck ausrichtet. Die Prozessarchitektur verlangt nicht, dass jeder Prozess beschrieben ist und gemanagt wird. Sie gibt vielmehr den Aufbau vor, in der dann sukzessive und bedarfsorientiert das Prozessmanagement erweitert werden kann.

Prozesslandschaft
In der Praxis stellen sich meist Mischformen ein. Es ist durchaus denkbar, dass für die relevanten Geschäftsprozesse eine Architektur entwickelt ist, die übrigen, in der Abstraktionsebene niedrigeren Prozesse jedoch lediglich in einem Verzeichnis erfasst werden.

6.   Überblick: Methoden und Organisation

Das Prozessmanagement vereint eine Vielzahl von allgemeinen Managementmethoden auf sich. Erst durch die Auswahl und Dosierung entsteht im Kontext ein spezifisches Spektrum. Es lässt sich für den Einzelprozess wie folgt skizzieren:

Orientierung
Ausgangspunkt ist die Erfassung der externen/internen Kunden bzw. Kundengruppen, die Ausrichtung des Prozessangebots auf deren dauerhaften Bedarf und die Gewährleistung einer überzeugenden Kommunikation/Vermittlung der zu erbringenden Leistung.

Konfiguration
Dazu gehören die Prozessabgrenzung vom (externen/internen) Kundenwunsch bis hin zu den (externen/internen) Lieferanten, die Analyse und Verbesserung der zugrunde liegenden Abläufe und Funktionsbeiträge, die Beschreibung der Wertschöpfungskette als Ganzes sowie von deren Abschnitten, die Optimierung des Gesamtprozesses und schließlich eine Zeit- und Kostenerfassung

Organisation
Die Zuständigkeiten bedürfen der Klärung: Prozesseigner bzw. Steuerungskomitee für die grundsätzlichen Fragen, Prozessmanager und Teilprozessmanager für Konzepte und kontinuierliche Verbesserung. Die zu definierenden Arbeitsweisen regeln das Zusammenspiel der Beteiligten insbesondere zwischen Prozess und Linie.

Planung/Controlling
Schließlich sind der Erfolg aufzuzeigen und die regelmäßige Optimierung sicher zu stellen. Dazu werden Maßstäbe erforderlich, sind Ziele zu setzen, Leistungen zu vereinbaren, Fortschritte zu überwachen und steuernde Maßnahmen zu ergreifen.

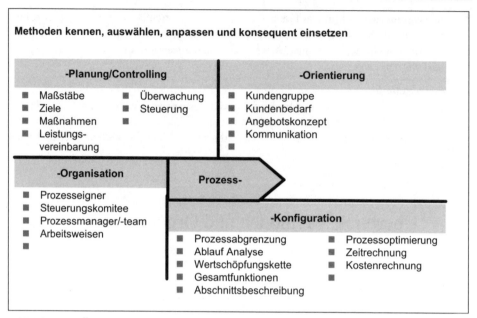

Abbildung 5: Überblick zu Methoden/Organisation des Prozessmanagements

7.   Nutzen des Prozessmanagements

In einem traditionellen Unternehmen die Prinzipien und Methoden des Prozessmanagement lebendig zu machen, bedarf Zeit und Geduld. Das Prozessmanagement lässt sich nicht einfach anweisen. Ohne die Einsicht der Beteiligten in die Vorteile bewegt sich nur wenig. Die bestehende disziplinare Struktur wird dann kaum Raum für den übergreifenden Gedanken des Prozessmanagements geben. Darüber helfen auch die versiertesten Methoden nicht hinweg. Das Prozessmanagement lebt von der Einsicht in seinen Nutzen für das Unternehmen und für jeden selbst. Vor diesem Hintergrund sind die Vorteile möglichst klar herauszustellen und zu kommunizieren:

Nutzen für das Unternehmen

■ *Kosten per Leistungseinheit sinken*
    Da mit Prozessmanagement das wirtschaftliche Ergebnis eine Wertschöpfungskette über die strukturellen Hürden hinweg stärker in das Blickfeld rückt, werden Kostentreiber gezielter angegangen.

▣ *Durchlaufgeschwindigkeit steigt*
Die erforderlichen Arbeitsschritte werden unabhängig von den Interessen der tangierten Abteilungen/Bereiche gestrafft und aufeinander abgestimmt.

▣ *Zielgenauigkeit des Angebots wächst*
Die Orientierung am Kunden, die Erhebung und Analyse des Kundenbedarfs vermeiden sowohl nutzlose also auch unzureichende Leistungen.

▣ *Kundenzufriedenheit nimmt zu*
Die Abnehmer der Leistung des Prozesses erfahren eine intensivere Zuwendung, sie können sich unmittelbarer mit Ihren Wünschen und Vorstellungen einbringen.

▣ *Qualität verbessert sich*
Da das Leistungsversprechen („Prozessangebot") beschrieben und offen gelegt wird, besteht eine starke Verpflichtung zu seiner Erfüllung.

▣ *Reaktionszeiten verringern sich*
Das Prozessmanagement setzt auf die simultane Steuerung der gesamten Wertschöpfungskette. Die sukzessive, sequenzielle Disposition der einzelnen Bereiche erübrigt sich weitgehend.

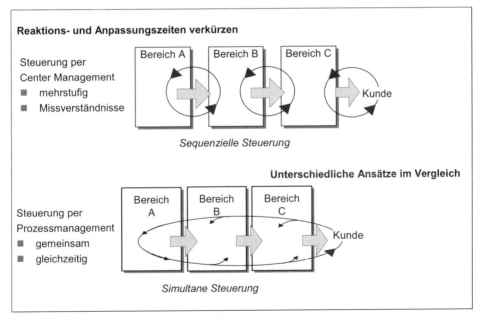

Abbildung 6: Simultane Steuerung mit Prozessmanagement

Nutzen für die Mitarbeiter

■ *Leistungsmaßstäbe objektiver*
An welchen Kriterien die kontinuierliche Leistung des Prozesses dingfest gemacht wird, ist klarer beschrieben und weitgehend in quantitativen Größen definiert.

■ *Entscheidungskompetenz delegiert*
Der Handlungsspielraum der Beteiligten wird im Rahmen der definierten Rollen des Prozessmanagement größer.

■ *Aufgaben verbindlicher*
Regelmäßige Zielvereinbarungen mit den Prozessverantwortlichen und Leistungsvereinbarungen mit den beitragenden Stellen schaffen belastbare Verpflichtungen.

■ *Selbststeuerung verbessert*
Mit den Maßstäben und Zielen erhalten die Beteiligten Orientierung für Verbesserungsmaßnahmen und werden unabhängiger von den hierarchischen Instanzen.

■ *Erfolgserlebnis größer*
Die eigene Leistung wird im Gesamtkontext der Wertschöpfungskette deutlicher und nachvollziehbarer; die Identifikation mit dem Prozessergebnis greift ebenso wie das Engagement für den Erfolg.

Prozessmanagement schafft einen Zusatznutzen, indem es unabhängig bleibende Organisationseinheiten entlang der Wertschöpfungskette zu einer Leistungsgemeinschaft verbindet!

Teil I:

Methoden/Systematik

Prozess-Konfiguration

Die Wertschöpfungskette wettbewerbsfähig machen

Matthias Hirzel

Ein Fall:

„Anspruch und Realität"

Die Methodik:

1. Prozessverständnis

2. Ablauf und Wertschöpfung

3. Aufbau und Beschreibung

4. Analyse und Optimierung

Ein Fall
„Anspruch und Realität"

Der große Wurf

Man ist guter Dinge. Die prozessorientierte Organisation soll eingeführt werden. Die Betriebsorganisation erhält den internen Auftrag für die Durchführung. Die Erwartungen sind hoch: Einer mit der Effizienzsteigerung wäre auch gleich ein relevanter Beitrag in Richtung ISO-Zertifizierung geleistet.

Man macht sich an die Arbeit. „Prozesse" werden benannt und in einer Liste zusammengeführt. Man konzentriert sich auf die Beschreibung der als relevant erachteten Abläufe. Sie erfolgt in Form von so genannten Workflow-Darstellungen. Diese zeigen die Aktivitäten, die Entscheidungspunkte und die jeweiligen Zuständigkeiten auf. Die Ablauferhebungen sind gründlich durchgeführt, präzise und belastbar. Dabei wird besonders darauf

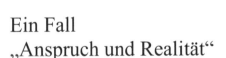

geachtet, dass die Zusammenhänge im Blickfeld bleiben. Der Erfolg bleibt auch nicht aus: Die Dokumentation ist komplett und auch bald die Zertifizierung erreicht.

Dem nächsten Schritt steht jetzt nichts mehr im Wege. Die DV-gestützte Prozessverwaltung und die Prozesskostenrechnung sollen Realität werden. Dies bedarf allerdings sowohl weiterer Planungs- und Durchführungsaktivitäten als auch Schulungsmaßnahmen und Ausbildung „on the job".

Dazu ist die Entscheidung des internen Auftraggebers erforderlich. In der maßgeblichen Besprechung kommen, das war auch irgendwie zu erwarten, die Grundsatzfragen wieder hoch: „Warum machen wir das Ganze? Was bringt es? Weniger ist doch mehr!" In der Tat lässt sich unterm Strich mit der Beschreibung der Abläufe noch nicht recht deutlich machen, was der Gegenwert ist. Sicherlich mag man diese oder jene Verbesserung, die im Laufe der Erhebung als Sofortmaßnahme ergriffen wurden, ins Feld führen; aber das reicht kaum, den Aufwand zu rechtfertigen.

Die kleine Lösung

In Anbetracht der Unsicherheit über das weitere Vorgehen einigt man sich, zunächst „bewährtes Terrain" zu beschreiten, und zwar soll ein E-Procurement implementiert werden. Die hier zu erreichenden Effekte sind überzeugend und nachvollziehbar. Ferner kann die Realisierung des E-Procurement-Projekts weitgehend an externe Dienstleister vergeben werden. Dies sichert eine schnelle Umsetzung und entlastet die eigenen, bereits anderweitig geforderten Organisations- und IT-Ressourcen. Der Erfolg stellt sich auch wie erwartet ein. Die Bestellvorgänge sind durchorganisiert, elektronisch gestützt, schneller und kostengünstiger. Ferner können Einkaufspreise erheblich reduziert werden. Die übrigen Anwendungsbereiche des Prozessmanagements sind derweil in den Hintergrund gerückt. Dies erscheint auch nicht so tragisch, zumal sich das ganze Vorhaben insgesamt gelohnt hat. Die Beteiligten ziehen einen vorläufigen, positiven Schlussstrich. Sicherlich, anfangs schwebte allen die prozessorientierte Organisation vor Augen. Dieses Vorhaben war wohl zu weit gegriffen. Man möge doch nicht unbescheiden sein, die Rationalisierungseffekte lassen sich vorzeigen.

Die Methodik

1.   Prozessverständnis

Die Begriffe „Prozess" und „Prozessmanagement" erfahren vielseitige Interpretationen, je nachdem in welchem Kontext sie verwendet wird. Hier geht es besonders um solche Prozesse, die die Leistungserstellung der Organisation gewährleisten. Sie tangieren in der Regel mehrere Stellen und können ggf. auch mehrere Organisationen verbinden. Die

Betonung liegt auf Management. Es geht also bei der Prozesskonfiguration nicht nur darum, einen Arbeitsablauf näher zu beschreiben und zu verbessern, sondern auch und besonders darum, den Ablauf zum Gegenstand einer ständigen Verbesserung zu machen. Es geht um die Voraussetzungen für eine regelmäßige Planung, Durchführung und Steuerung der bereichsübergreifenden Leistungserstellung bzw. Wertschöpfungskette. Es geht um die Verantwortung, Organisation, Zusammenarbeit und Führung für die Wertschöpfungsketten. Ist dies gegeben oder gewollt, soll hier der Begriff „Prozessmanagement" greifen. Das stete Management des Prozesses findet statt.

2. Ablauf und Wertschöpfung

Die Konfiguration eines Prozesses kann sowohl deduktiv, wenn man so will „top down", als auch induktiv, d. h. „bottom up" erfolgen.

Die einfachste Vorgehensweise, einen Prozess zu konfigurieren, beginnt mit der Erhebung eines Ablaufs. Es wird versucht, die Schrittfolge der Aktivitäten einer Leistungserstellung zu erfassen und nachvollziehbar zu machen. Dabei hängt die Verständlichkeit erheblich von der Form ab. Die erste Annäherung erfolgt mit einem Überblick (Grobablauf), der die wesentlichen Aufgaben der Leistungsschritte und der tangierten Organisationseinheiten schematisch darstellt (siehe Abbildung 1).

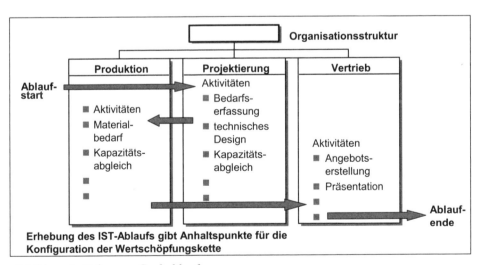

Abbildung 1: Erfassung Grobablauf

Anhand des Grobablaufs lassen sich einerseits die Beteiligten deutlich machen und insbesondere Anhaltspunkte über Beginn und Ende der Leistungserstellung gewinnen.

Die Beschreibung des Detailablaufs wird erforderlich, wenn Verbesserungspotenziale hinsichtlich der Durchführung und des Zusammenspiels der Einzelaktivitäten vermutet werden. Die Darstellungsform erfolgt am verständlichsten mit Hilfe einer „Fieberkurve" wie an einem Beispiel in Abbildung 2 demonstriert.

Aktivitäten	Bear-beitungs-Dauer Tage	tangierte Organisationseinheiten					
		Verkauf	Vertriebs-dispo.	Arbeits-vorb.	Produk-tion	Lager-wirtschaft	...
Auftragserfassung	1	●					
Lager-Check	1		●				
Produktionstermin	2			●			
Liefertermin	1		●				
Auftragsbestätigung	1	●					
Fertigungsauftrag	2			●			
Fertigung	12				●		
Lagereingangsmeldung	1					●	
Lieferdatum	1		●				
Lieferankündigung	1	●					

Abbildung 2: Erfassung eines Ablaufs mit „Fieberkurve"

Die gewählte Form der Darstellung kann beliebig ergänzt werden um z. B. Ablaufdauer, Bearbeitungszeiten, Bearbeitungskosten etc. Dies sind die Zielgrößen für Effizienzsteigerungen z. B. durch Zusammenfassung von Aktivitäten, weniger Anlaufstellen, gezieltere DV-Unterstützung. Soweit handelt es sich hier im gewählten Sprachgebrauch um Ablaufoptimierungen. Sie erfolgen sozusagen systemimmanent.

Dagegen löst sich die Wertschöpfungskette von den Aufgaben und Zuständigkeiten der bestehenden Bereiche und Stellen. Sie ist, was die vorhandene Organisation betrifft, unabhängig d. h. abstrakt. Sie führt die für die Leistungserstellung notwendigen Aktivitäten in der Logik der Veredlung in so genannten Abschnitten zusammen. Dabei wird der Abschnitt einer Wertschöpfungskette so gewählt, dass sich ein möglichst geschlossener Regelkreis an Tätigkeiten bildet, für den dann Verantwortlichkeiten zugeordnet werden können. Schließlich spielt auch die Vergleichbarkeit der Wertschöpfungskette mit externen Leistungen eine Rolle (Basis für Make-or-Buy-Entscheidungen).

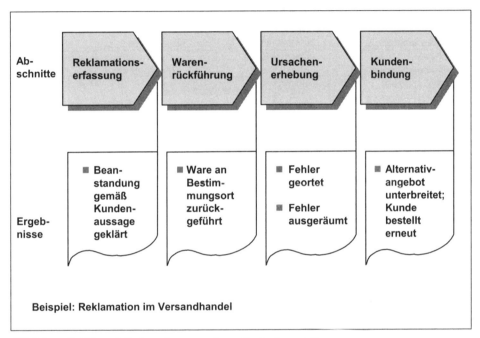

Abbildung 3: Wertschöpfungskette – schematische Darstellung

3. Aufbau und Beschreibung

Die gesamte Wertschöpfungskette mutiert dann zum Prozess, wenn abschnittsübergreifende Strukturen gebildet werden. So lassen sich bei komplexen Prozessen die Abschnitte zu so genannten Teilprozessen bündeln. Schließlich sind die für die Koordination der Teilprozesse und Abschnitte erforderlichen Steuerungsfunktionen zu definieren.

Für den Gesamtprozess sollten die Kunden benannt sein und die Prozessleistungen auf deren Bedarf ausgerichtet werden. Die hier sich anbietende Methodik wird im Buchbeitrag „Prozess-Orientierung" erläutert.

Mit der Entstehung oder Klärung des Bedarfs einerseits und der realisierten Lösung andererseits ist der Prozess hinsichtlich Anfang und Ende abgegrenzt.

Gesamtprozess (Prozessmanager)	Übergreifende Funktionen: ...		Zuständigkeit: ...				
Teilprozess (Teilprozessmanager)	1	Übergreifende Funktionen: ...	Zuständigkeit: ...	2			
Prozess-Abschnitt (Abschnitts-Verantwortlicher)	1.1 Name:	Zuständigkeit:	1.2	...	1.n	...	
Aktivitäten	1.1.1	1.1.2	1.1.3	1.1.n			...
Support	■ DV-Unterstützung ■ Verfahren ■ etc.						...
Input	■ Personal/Kosten ■ Sachen/Kosten ■ Serviceleistungen ■ etc.						...
Output	■ Mengen ■ Dienste etc. ■ Umsatz etc.						...
Messgrößen	■ Kosten per Einheit ■ Dauer per Einheit ■ Qualität ■ etc.						...

Abbildung 4: Prozessbeschreibung

Im Innenverhältnis werden die für die Leistungserbringung erforderlichen Aktivitäten ermittelt. In der Folge sind Input und Output zu definieren sowie, je nach gewünschter Transparenz, Kosten, Zeiten etc. erfasst. Der Abschnitt ist sozusagen die kleinste unternehmerische Einheit (siehe Abbildung 4).

Auf dieser Basis können nunmehr Zuständigkeiten geschaffen werden: Prozessmanager, Teilprozessmanager und Abschnittsverantwortliche. Eine ausführlichere Erläuterung erfolgt im Rahmen der „Prozess-Organisation".

4.   Analyse und Optimierung

Mit der Prozessbeschreibung ist die Voraussetzung für eine nähere Analyse geschaffen. Die Analyse betrachtet und bewertet die Teilprozesse, die Abschnitte und deren Aktivitäten aus unterschiedlichen Aspekten. Folgende Punkte spielen u. a. eine Rolle:

Kernkompetenzen

Was sind besondere Fähigkeiten, d. h. so genannte Erfolgsfaktoren, die die Leistungsabschnitte des Prozesses stützen?

Kostentreiber

Welche Aktivitäten bzw. Prozessabschnitte verursachen Kosten, die nicht direkt zum Nutzen des Kunden beitragen (z. B. anfallende Reisekosten bei einem Instandhaltungsprozess)?

Werttreiber

Welche Aktivitäten bzw. Prozessabschnitte erhöhen den Nutzen der Prozessleistung aus Sicht des Kunden (z. B. Bedienungsanleitung)?

Make or Buy

Welche Aktivitäten bzw. Leistungen lassen sich wirtschaftlicher extern beschaffen und/oder in Kooperation herstellen?

Die Prozessoptimierung richtet sich zunächst auf das Gesamtdesign. Hier wird z. B. geklärt, welcher der Abschnitte wirklich notwendig ist bzw. welche neuen Abschnitte unter Umständen erforderlich werden. So kann bei dem Prozess „Instandhaltung" der Teilprozess „Vorbeugung/Prophylaxe" neu hinzukommen oder an Bedeutung gewinnen. Dies resultiert häufig aus einem besseren Verständnis des Kundenbedarfs, der – um im Beispiel zu bleiben – höheren Wert auf Verfügbarkeit als auf schnelle Reaktion bei Ausfall legt.

Ferner wird, um die Wettbewerbsfähigkeit des Prozesses zu gewährleisten, der Vergleich der Abschnitte mit externen analogen Leistungen erforderlich. Dies kann sich richten auf den Markt und sein Angebot oder aber auf Benchmarks mit ähnlichen Vorgängen.

Schließlich ist eine Vorwärts- oder Rückwärts-Integration zu erwägen. Das heißt, dass der Prozess ggf. erweitert wird. Leistungen des Kunden oder des Lieferanten werden (mit dessen Einverständnis) übernommen oder aber – in gegenläufiger Richtung – Leistungen werden an den Kunden bzw. an den Lieferanten übergeben. Damit einher geht eine Prozessverlängerung oder -verkürzung.

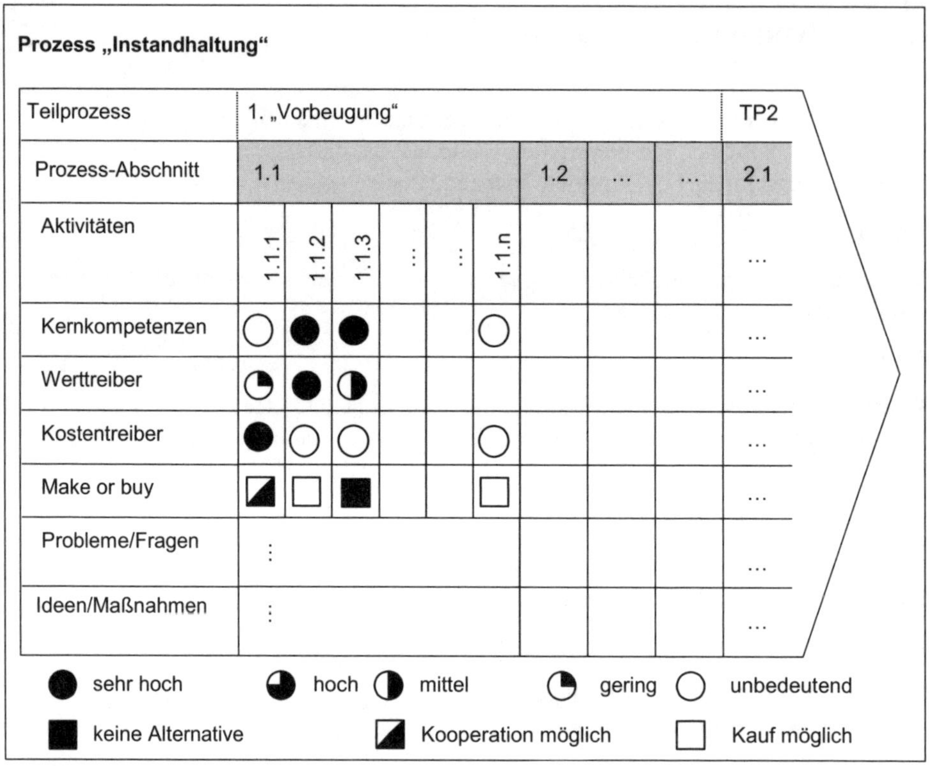

Prozess „Instandhaltung"

Teilprozess	1. „Vorbeugung"								TP2
Prozess-Abschnitt	1.1					1.2	...	...	2.1
Aktivitäten	1.1.1	1.1.2	1.1.3	:	:	1.1.n			...
Kernkompetenzen	○	●	●			○			...
Werttreiber	◔	●	◑						...
Kostentreiber	●	○	○			○			...
Make or buy	◪	☐	◼			☐			...
Probleme/Fragen	:								...
Ideen/Maßnahmen	:								...

● sehr hoch	◕ hoch	◑ mittel	◔ gering	○ unbedeutend
◼ keine Alternative		◪ Kooperation möglich		☐ Kauf möglich

Abbildung 5: Prozessanalyse – Stärken/Schwächen

In einem Folgeschritt werden die Einzelaktivitäten der Prozessabschnitte in ihrem Zusammenspiel und hinsichtlich des Inhalts vereinfacht und gestrafft. Dies erfolgt nach den allgemeinen Prinzipien der Ablaufuntersuchung, die da sind: Zusammenfassung von Tätigkeiten, Reduktion der bearbeitenden Stellen und Überprüfung der erforderlichen DV-Unterstützung.

Ist der Prozess in diesem Sinne bestmöglich modelliert, geht es nunmehr darum, innerhalb des gesetzten Rahmens die Effizienz zu steigern. Wesentlicher Ansatzpunkt ist zunächst die Prozesszeitrechnung. In Anlehnung an die Ablaufanalyse liegt hier der Fokus auf Bearbeitungsdauer und Verweilzeiten. Besonders letztere sollten im Blickfeld sein, da sich hier meist größere Rationalisierungspotenziale bieten (siehe Abbildung 6).

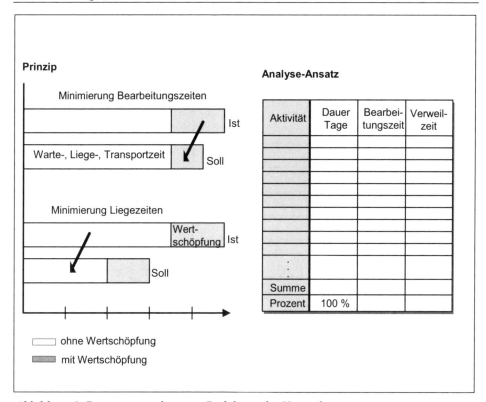

Abbildung 6: Prozesszeitrechnung – Reduktion der Verweilzeit

Erst in zweiter Linie wird man sich der Minimierung der Bearbeitungszeiten widmen, ein in der Regel hartnäckigeres Terrain. Die Prozesszeitrechnung als ein regelmäßiger Vorgang wird immer dann erforderlich werden, wenn einerseits der Geschwindigkeit hohe Bedeutung beigemessen werden muss und andererseits die Erfassung der Kosten als zu aufwendig erscheint. Dabei wird dann unterstellt: „Ist die Zeit erst im Griff, werden auch die Kosten nicht entgleiten".

Ein weiterer Schritt zur Optimierung ist die Prozesskostenrechnung. Hier fungiert der Prozessabschnitt als „Kostenträger", auf den die mit dem Abschnitt ursächlich zusammenhängenden Kostenarten erfasst werden. Dies hat bereits im Rahmen der Kalkulation der Prozessabschnitte stattgefunden. Der Unterschied besteht bei der Prozesskostenrechnung darin, dass sie regelmäßig erfolgt und die Ist-Entwicklung transparent macht. Aufgrund des erforderlichen Aufwands sollte ihr Einsatz wohl abgewogen sein, also nur dort zum Zuge kommen, wo die Kostenentwicklung eine essentielle Bedeutung hat. Dabei ist das Prinzip der Vollkostenrechnung kompromisslos einzuhalten. Nur so wird eine Transparenz geschaffen, die objektive Entscheidungen zulässt.

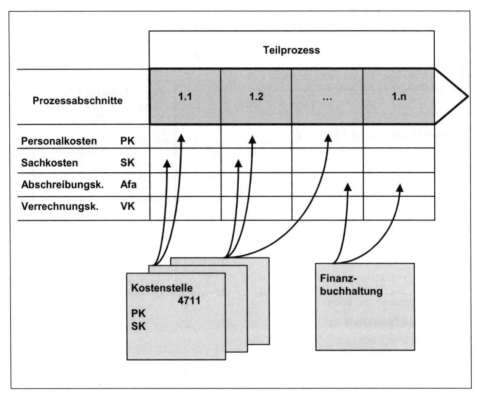

Abbildung 7: Prozesskostenrechnung – Schaffung von Kostentransparenz –

Um auf den eingangs geschilderten Fall Bezug zu nehmen: Die Beschreibung der Abläufe allein bringen nicht den Effekt. Es bedarf der Übersetzung in Wertschöpfungsketten, ihrer Analyse und Neuausrichtung sowie der für die nachhaltige Verbesserung erforderlichen Verantwortlichkeiten.

Optimal ist der Prozess, der permanent optimiert wird!

Prozess-Orientierung

Leistungsangebot auf Kundenbedarf ausrichten

Matthias Hirzel

Ein Fall:

„Angebot und Nachfrage"

Die Methodik:

1. Leistungsspektrum erfassen

2. Kundenbedarf erkennen

3. Angebot fokussieren

4. Wettbewerbsvorteile schaffen

Ein Fall
„Angebot und Nachfrage"

Der unzufriedene Kunde

Es war klar, dass hinsichtlich der internen DV-Unterstützung etwas passieren musste. Mit der Frage nach dem Stand der Anwendungen, ihrer Verfügbarkeit und dem Service-grad konnte man bei den Nutzern nur resignierte Kommentare ernten. Zwar hatte man gerade kürzlich das Prozessverständnis der zuständigen DV-Abteilung gestärkt, ja sogar einen die Abteilung übergreifenden Prozess beschrieben und die Verantwortlichen fest-gelegt, doch der Erfolg wollte sich nicht so recht einstellen. Irgendwie konnte man es niemandem recht machen. Vor diesem Hintergrund erfolgt eine Befragung der Nutzer. Das Ergebnis bestätigte, was schon vermutet wurde: Die Anforderungen sind äußerst vielfältig, zum Teil auch widersprüchlich, in jedem Fall aber – auch beim besten Willen – kaum zu erfüllen. Eine massive personelle Aufstockung kam nicht in Frage und wäre der Situation auch nicht adäquat. So blieb alles wie es war. Die Prozessverantwortlichen einerseits und die Nutzer andererseits fügten sich ins Improvisieren und in die Verwaltung des Mangels.

Die suboptimale Lösung

Es war mehr Zufall als Absicht, dass sich in der Folge die Lage zum Besseren wendete. Manche Nutzer engagierten externe Dienstleistungen am internen Service vorbei, manche suchten das Gespräch mit den Prozessverantwortlichen und einigten sich auf wenige definierte Leistungen, die dann aber mit der gebotenen Qualität und angemessenen Zeit erledigt werden sollten. So wurde das Leistungsangebot allmählich mit vielen Versetzungen angepasst und anderweitig ggf. extern ergänzt. Der Nutzer hat aus der Not geboren die Initiative ergriffen. Die Prozessbeteiligten haben reagiert. So ist ein Modus vivendi entstanden, der sich allmählich, mühsam und mithin aufwändig eingestellt hat. Keiner der Beteiligten würde ihn als optimal bezeichnen.

Die verpasste Gelegenheit

Rückblickend hätte man sicher manches anders gemacht. Das Pferd wurde von hinten aufgezäumt. Die unterschiedlichen Nutzer haben unterschiedliche Bedarfe. Ihnen einen Bauchladen an Diensten anzubieten, genügte keinem so recht. Die Erkenntnis ließ sich schnell skizzieren. Man hätte – so wie man es im externen Markt tut – beim Kunden und dessen Bedürfnissen beginnen sollen. Für sie eine spezifische Leistung verfügbar zu machen, auf die dann in der Folge die erforderliche Leistungserstellung ausgerichtet wird, wäre wohl die richtige Reihenfolge gewesen. Warum eigentlich nicht gleich richtig? Schade, eine verpasste Gelegenheit.

Die Methodik

1.   Leistungsspektrum erfassen

Beim Prozessmanagement geht es nicht lediglich um die Verbesserung von Abläufen in der Organisation, sondern auch um den durch sie geschaffenen Nutzen. Um sich dieser Frage zu nähern, bedarf es zunächst der Beschreibung der Leistung eines Prozesses. Dies erscheint leichter als es sich tatsächlich darstellt. Insbesondere bei nachgelagerten Service- und Stützprozessen ist in der Regel eine Präzisierung gefragt. Wie lässt sich z. B. die Leistung der Instandhaltungs-, Beschaffungs- oder Logistikprozesse definieren? Was ist der „Output" von Prozessen wie Unternehmenssteuerung, Personalentwicklung oder Verfahrensentwicklung? Die Schwierigkeit liegt darin, dass der Prozess nicht mit der den gleichen Namen tragenden Organisationseinheit gleichgesetzt werden kann. Die Leistung des Prozesses „Controlling" entspricht nicht der der Abteilung „Controlling".

Letztere stellt sicherlich Kompetenzen bereit und übernimmt maßgebliche Funktionen, ggf. bis hin zur Führung des Prozesses. Für einen funktionsfähigen Controllingprozess müssen aber auch die der Abteilung vor- und nachgelagerten Stellen mitwirken.

Wie wird nun das Leistungsspektrum eines solchen übergreifenden Prozesses beschrieben? Stichworte reichen hier wohl kaum aus. Es kommt auf die Überprüfbarkeit bzw. Messbarkeit der Leistung an. Wenn bezüglich des Prozesses „Steuerung Geschäftsentwicklung" z. B. eine Leistung mit „Deckungsbeitragsrechnung" bezeichnet wird, ist das zu wenig. Hier bedarf es der Spezifikation hinsichtlich zeitlichem Zyklus, Deckungsbeitragskategorien, aufbereiteter Form etc. Der Konkretisierungsgrad sollte dabei gerade so weit getrieben werden, dass keine Missverständnisse über die Leistung entstehen können.

In der Praxis wird man ein Leistungsverzeichnis anlegen und Schritt für Schritt vervollständigen bzw. auf die wesentlichen Punkte fokussieren (siehe Abbildung 1).

	Leistungsart	Spezifikation	Zeitaspekt	Kostenaspekt
Wert-schöpfungs-kette	Neukunden-gewinnung	1 Auftrag/Monat 3 Angebote/Monat	Monatlicher Check	x% Prozess-kostenreduktion
	Bekannt-heitsgrad	⌀ 50% potenzielle Kunden kennen Unternehmen	Jährlicher Check	---
	Vermarktung Kernleistung	30% Produkte A 20% Produkte B 50% übrige	Monatlicher Check	X Akqui-sitionskosten per Auftrag
	Präsenz in Kunden-gruppen	Marktanteil mindestens 10% in Kundengruppe	Halbjährlicher Check	---
	....	.....	....	....
	....	.....	....	....

Abbildung 1: Beispiel Leistungsspektrum Prozess „Geschäftsanbahnung" (Ansatz)

2.   Kundengruppen erkennen

Ein Prozess hat Abnehmer seiner Leistung. Sind es externe Abnehmer, ist hier der Begriff Kunde geläufig. Bezogen auf interne Serviceprozesse fällt es schon schwerer, von Kunden zu sprechen. Schließlich ist man doch in einem Boot. Es besteht häufig eine Kontrahierungsverpflichtung, der Abnehmer kann nicht wählen, wenn er z. B. eine Anpassung des DV-Programms für die Auftragsdisposition wünscht. Er muss sich an die IT-Abteilung wenden und die wiederum ist, was ihre personellen Ressourcen betrifft, abhängig von der Personalabteilung etc.

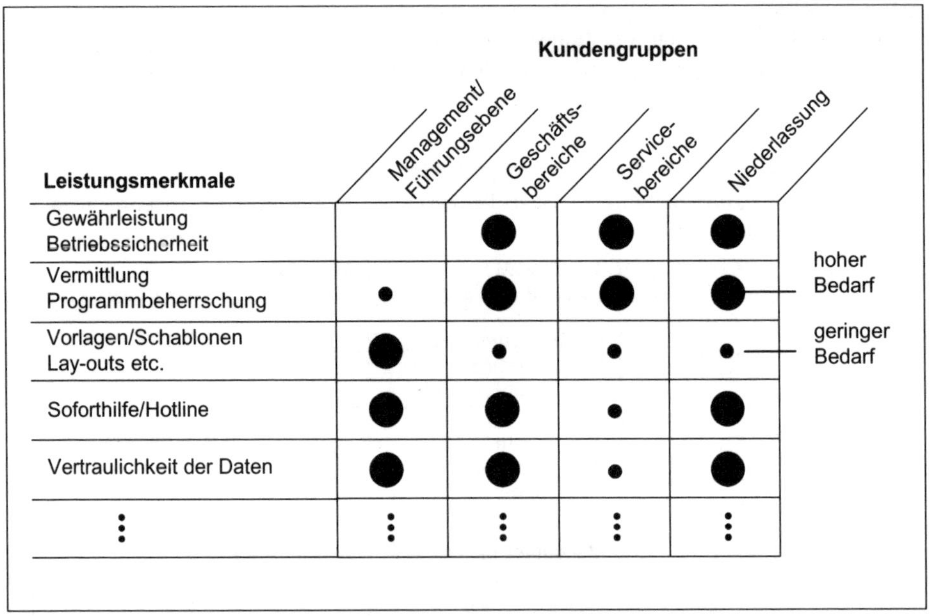

Abbildung 2: Beispiel Bedarfserfassung der Kundengruppen

Eben dieser Weg durch die Instanzen und die strukturellen Hindernisse soll mit Prozessmanagement überwunden werden. Marktwirtschaftliche Prinzipien finden Anwendung. Das Zusammenspiel der Organisationseinheiten soll wirtschaftlich sein. Der Prozess stellt dieses Zusammenspiel sicher und muss sich messen lassen. Die erbrachte Leistung wird verglichen. Sie steht auch dann im Wettbewerb, wenn es um interne Abnehmer geht. Letztere mutieren zu Kunden, vergleichen und können Alternativen ins Spiel bringen. Vor diesem Hintergrund reicht es kaum, dass der Stützprozess eine selbst definierte Leistung erbringt. Vielmehr ist er gehalten, sich nicht nur irgendwie zu legitimieren, sondern einen echten, spürbaren Nutzen für den Prozess seiner Kunden zu bringen. Kommt doch die Leistung eines Prozesses der Wertschöpfungskette eines anderen Prozesses zugute. Also der Instandhaltungsprozess nützt dem Produktionsprozess. Insofern ist ein Kernprozess (in unserem Beispiel die Produktion) der Kunde eines stützenden oder nachgelagerten Prozesses (hier der Instandhaltung).

In der Praxis werden Prozesse durch die Organisationseinheiten koordiniert und vertreten, die von ihnen am stärksten tangiert sind, also um im Beispiel zu bleiben: Abteilung „Instandhaltung" managt Prozess „Instandhaltung". Auf die Frage: Wer sind die Kunden bzw. Kundengruppen des den Prozess vertretenden Bereichs, tritt besonders bei marktfernen Servicebereichen Irritation auf. Mancher Bereich hat sich hierüber nur wenig Gedanken gemacht.

Erfasst werden sollten Abnehmer des Prozesses mit gleichartigem, dauerhaftem Bedarf. Sie bilden eine Kundengruppe (siehe auch Abbildung 2). Dies können für Controlling-prozesse unterschiedliche Hierarchiestufen sein, also z.B. Vorstand oder Bereichsleiter, aber auch Projektleiter oder Prozessmanager. Für den Personalrekrutierungsprozess z. B. können sich die Kundengruppen durchaus an den gegebenen Organisationseinheiten orientieren, also Vertrieb, Finanzen, F&E etc. In einer konsequent auf Prozesse ausgerichteten Organisation wären prinzipiell Prozesse wiederum die Kunden von Prozessen (siehe Abbildung 3).

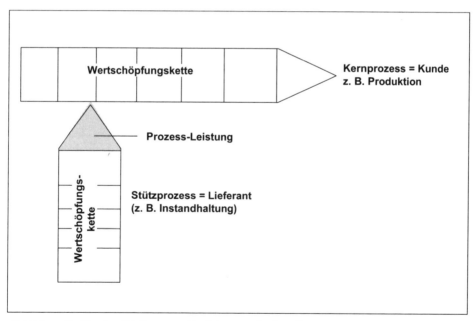

Abbildung 3: Kunden/Lieferanten-Beziehung zwischen Prozessen

Neben der kurzfristigen Anpassung der Leistung des Prozesses an den vakanten Kundenbedarf sollte auch eine langfristige Orientierung artikuliert werden.

Ist die „Nachfrageseite" geklärt, gilt es die bereits skizzierten Leistungen des Prozesses näher zu beschreiben. Dazu gehören ausgehend von der

▪ Definition der Kundengruppen und der

▪ Erfassung ihrer dauerhaften Problemstellung

folgende drei weiteren Dimensionen:

▪ Angebotskonzept:
  Welche Leistung soll zukünftig welchen Bedarf des Kunden befriedigen?

▪ Kommunikationskonzept:
  Wie sind die Kunden zu adressieren? Wie soll die Vermittlung der Leistung erfolgen?

▪ Kompetenzkonzept:
  Welches sind die besonderen Fähigkeiten in der Wertschöpfungskette?

Aspekt	Kundengruppe Management/obere Führungsebene
Kundenbedarf Dauerhafte Problem- stellung	▪ Wirtschaftlicher Einsatz der DV ▪ Betriebssicherheit ▪ Programm-Beherrschung ▪ Kompatibilität ▪ Satzspiegel, Lay-outs, Schablonen, Vorlagen ▪ Strukturierungshilfen ▪ Soforthilfe
Angebot Botschaft, Kern- und Randleistung	▪ Bedarfsorientierte Schulung der Nutzer ▪ Feuerwehreinsätze bei Ausfällen jeglicher Art ▪ Hotline ▪ Learning on the job
Kommunikation Ansprache/ Vermittlung	▪ LAN-Auftritt allgemein ▪ Monatliche Info „Tips und Tricks" ▪ „Jetzt helfe ich mir selbst" Portal
Kompetenzen Besondere Fähigkeiten	▪ Erstellung von verständlichen Selbsthilfeprogrammen ▪ Rekrutierung von Personal mit „Allgemeinbildung" ▪ Verfügbarmachung von spezieller, externer Expertise

(Links am Rand: Wert-schöpfungs-kette)

Abbildung 4: Prozesspositionierung" am Beispiel „IT-Service" für die Kundengruppe „Management/Führungsebene"

Für den Stützprozess „Kommerzielle IT-Anwendungen" (Betreuung der Nutzer kommerzieller DV-Programme) kann sich das Leistungsfeld hinsichtlich der Kundengruppe „Management/Obere Führungsebene" wie in Abbildung 4 gezeigt darstellen.

3.   Angebot fokussieren

Nicht jede Kundengruppe muss alle Leistungen des Prozesses beziehen. In der Regel zielt der Wunsch der Kundengruppe auf einen bestimmten Teil ab und hier mit unterschiedlicher Intensität. Demnach wird pro Leistungsart des Prozesses geklärt werden müssen, inwieweit

- sie dem Bedarf der Kundengruppe/des Kunden entspricht,

- sie lieber von anderen Anbietern bezogen würde,

- ob weitere Leistungen erwartet werden oder

- der Kunde geneigt ist, die Leistung selber zu übernehmen.

Hilfestellung kann eine Tabelle zur Leistungsadjustierung (wie in Abbildung 5 gezeigt) geben.

Der Abgleich der Prozessleistungen mit dem Bedarf der Abnehmer erfolgt durch eine Leistungsvereinbarung und extern in Gesprächen mit führenden Kunden. Die Erfolge solcher Verständigungsbemühungen sind immer wieder verblüffend – auch dann, wenn im Tagesgeschäft eine rege Kommunikation besteht und man annehmen müsste, dass doch alles gesagt sei. Gerade in der Routine kommt man nicht zu den relevanten Punkten. Die Ergebnisse von derartigen Leistungsvereinbarungen schlagen sich in einem fokussierten Angebot nieder: Bestimmte Leistungen werden angepasst oder fallen weg, neue kommen hinzu. Die Glaubwürdigkeit der Prozessverantwortlichen steigt und der Kunde fühlt sich verstanden.

Bei Serviceprozessen mit internen Kunden sollten die Kosten der angebotenen Leistungen auch dann offengelegt werden, wenn keine Verrechnung erfolgt. Es fördert das unternehmerische Denken und bereitet die Beteiligten auf eine preisliche Steuerung vor.

Leistungsvereinbarung hin oder her, letztlich wird das Prozessangebot nicht um einen Vergleich mit dem Wettbewerb herumkommen. Schließlich sollte man – wo auch immer – nur das selbst tun, was man besser oder zu mindestens gleich gut kann. Andernfalls wird das Überleben des Prozesses gefährdet. Es stellt sich also die Frage: „Wer sind die Wettbewerber und welche Kriterien gelten?". Gibt es einen Markt für die Leistung, sind alternative Anbieter zu orten.

Beispiel Controlling-Prozess / Leistungsarten	% - Anteile	Bekannt	Nicht verlangt	Besser von anderer Stelle	Kann entfallen	Besser in eigener Regie	Entspricht nicht Erwartungen	Gründe / Kommentar
Bereichsergebnisrechnung		X					X	
Produkterfolgsrechnung		X	X				X	ggf. Marketing
Auftragsabrechnung		X	X					
Erzeugniskalkulation		X	X				X	ggf. Rechnungswesen
Wirtschaftlichkeitsrechnung				X				
Hochrechnungen		X	X		X			
Benchmark				X				
⋮		⋮	⋮	⋮	⋮	⋮	⋮	⋮

Abbildung 5: Beispiel Beurteilung Leistungsangebot „Controlling-Prozess" durch Kundengruppe

Der Vergleich selbst erfolgt an Hand weniger kritischer Erfolgsfaktoren. Sie sind das Substrat einer Marktanalyse und stellen die „Eintrittskarte zum Spiel" dar. Der Prozess hat dann seine Rechtfertigung, wenn er orientiert an den Erfolgsfaktoren Wettbewerbsvorteile aufweisen kann, und dies natürlich bei angemessenen Preisen/Kosten.

Schwieriger wird der Vergleich, wenn sich kein Markt anbietet. Mit wem soll sich z. B. der Distributionsprozess eines Unternehmens, das elektrische Steckverbinder vermarktet, messen? Zunächst bieten sich Parallelen innerhalb der Branche an. Das kann aber zu kurz gegriffen sein. Weiter reichend ist hier der Vergleich innerhalb der „Zunft". So könnte bei dem erwähnten Beispiel der Maßstab durchaus der Distributionsprozess eines

Apothekengroßhandels sein. Hier besteht große Erfahrung in der kurzfristigen und zu-
verlässigen Verteilung kleiner Mengen.

| Kritische Erfolgsfaktoren z. B.: | Gewicht | Wettbewerber | | | | Im Vergleich mit Wettbewerbern: |
		(selbst)	A	B	...	
Qualität	30	+	++	0		0 = schlecht
Liefer-geschwindigkeit	20	+	0	++		+ = gleich
Beratungs-Know-how	40	++	+	0		++ = besser
⋮	⋮	⋮	⋮	⋮		
⋮	⋮	⋮	⋮	⋮		
	100					

Abbildung 6: Wettbewerbsvergleich mit alternativen Anbietern

Solche Betrachtungen führen natürlich zu der Frage: Make, Cooperate or Buy? Das ist ja
auch gewollt. Nicht selten treten durch den Wettbewerbsvergleich grundsätzliche Überlegungen hinsichtlich Outsourcing, Vergabe oder Zusammenarbeit auf. So könnte eine
Kooperation, wenn es sich um Stützprozesse handelt, durchaus mit den Wettbewerbern
des eigenen Unternehmens erfolgen.

4.   Wettbewerbsvorteile schaffen

Um einen überzeugenden Beitrag für die Organisation zu gewährleisten, sollte die Prozessleistung langfristig besonderen Nutzen aufweisen. Dabei wird es nicht gelingen,
hinsichtlich aller erkannten Erfolgsfaktoren überlegen zu sein. Es gilt eher ausgewählte,
dauerhafte Wettbewerbsvorteile aufzubauen, d. h. Strategien zu entwickeln. Meist bedeutet dies weniger Schwächen auszugleichen als vielmehr Stärken zu stärken.

Bezogen auf den bereits erörterten Prozess „IT-Anwendungen" kann das wie folgt lauten:

▪ Ein besonders gutes Verständnis der Tätigkeit und Probleme der Kunden.

▪ En besonderes Augenmerk auf vorbeugende Aktivitäten zur Förderung der Betriebssicherheit.

▪ Lediglich durchschnittliche Leistung hinsichtlich Reaktionsgeschwindigkeit, Programmaktualisierung etc.

Besteht Einverständnis hinsichtlich einer derartigen Positionierung, so ist für alle Beteiligten des Prozesses deutlich, wo investiert wird bzw. in welche Richtung die Anstrengungen gehen sollen. Derartige Überlegungen kann man als strategisch bezeichnen. Sie sind langfristig angelegt und geben jederzeit Orientierung für das aktuelle Handeln.

Um konsequent zu sein, wird man die Strategie mit messbaren Zielen und dazugehörigen Maßnahmen unterlegen. Dabei sollte geklärt sein, was unter den verschiedenen Begriffen zu verstehen ist:

Strategie

▪ Zeitunabhängiger Weg zu dauerhaftem Wettbewerbsvorteil.

▪ Die Strategie fokussiert die Verwendung von verfügbaren Ressourcen und beantwortet die Frage, wo freiwerdende Mittel erfolgreich investiert werden sollten (Einsatz des Grenz-Euro).

▪ Beispiel: *„Maßgeschneiderte Problemlösungen für spezifische Kundengruppen"*

Ziele

▪ Wichtige, messbare Ergebnisse, die in einem bestimmten Zeitraum (mit begrenzten Ressourcen) erreicht werden sollen, um den Strategien gerecht zu werden.

▪ Mehrere Ziele können zur Verfolgung einer Strategie beitragen, und ein Ziel kann mehreren Strategien dienen. Ziele können sich auch in Projekten niederschlagen. Für die Ziele sind persönliche Zuständigkeiten geklärt.

▪ Beispiel: *„Umsatz mit neuen, maßgeschneiderten Produkten soll bei der Kundengruppe XX im Jahr YY einen Anteil von ZZ haben; verantwortlich NN"*

Maßnahmen

▪ Klare, eindeutige Aufgaben mit Kosten, Terminen und Zuständigkeiten zur Erfüllung von Zielen. Mehrere Maßnahmen können zur Erreichung eines Ziels beitragen.

▪ Beispiel: *„Kundenspezifische Anpassung des Produkts AA bis zum Zeitpunkt DD mit einem Aufwand von KK ; verantwortlich VV"*

In der Praxis werden Ziele/Maßnahmen-Bündel tabellarisch dargestellt. Dadurch entstehen für alle Beteiligten ein guter Überblick der Zusammenhänge und zugleich die Voraussetzung eines Maßnahmen-Controlling.

Strategien	Ziele			Maßnahmen			
Welche dauerhaften Wettbewerbsvorteile sollen aufgebaut werden?	Was soll bis wann erreicht werden?			Was muss bis wann mit welchen Kosten getan werden?			
	Inhalt	Zeit	Zust.	Inhalt	Zeit	Kosten	Zust.
▪ Fokus auf Standard: wenige, einfache, selbsterklärende Produkte	▪ Reduktion der Produktpalette um 20%	12/J2	xx	▪ Analyse Produktpalette	4/J2	10	yy
				▪			
▪				▪			
				▪			
				▪			
				▪			
▪	▪			▪			

Abbildung 7: Strategie/Ziele/Maßnahmen-Bündel (Beispiel: Prozess Produktinnovation)

Intensität und Aufwand für die Prozessorientierung hängen von Umfang und Bedeutung des Prozesses ab. Das geschilderte Vorgehen kommt sicherlich bei Kern- und Stützprozessen zur Anwendung. Hingegen werden für untergeordnete Subprozesse lediglich bestimmte Aspekte erforderlich. Dies sollten in jedem Fall sein: Leistungsspektrum, Kundengruppen, Leistungsfeldbeschreibung und Angebotsfokussierung.

Wer den Kunden nicht kennt, wer nicht weiß welchen Nutzen er stiftet, für den ist jede Leistung die richtige!

Prozess-Organisation

Das Management der Wertschöpfungskette etablieren

Matthias Hirzel

Ein Fall:

„Prozessoptimierung ohne Management"

Die Methodik:

1. Prozessstruktur und -organisation

2. Arten der Prozessorganisation

3. Festigung durch Prozessorgane

4. Durchführung und Leistungsvereinbarung

5. Nutzen der Prozessorganisation

Ein Fall
„Prozessoptimierung ohne Management"

Die Ausgangssituation

Die Gesellschaft „Schlissag" stellt mechanische und elektronische Schlösser her. Sie steht im harten Wettbewerb zu Niedrigpreisanbietern aus Osteuropa. Neben der hohen Produktqualität hat die Schlissag einen besonderen Wettbewerbsvorteil mit ihrer flächendeckenden Präsenz. Zahlreiche Außendienstmitarbeiter betreuen und akquirieren vor Ort die Fachhändler, Bauunternehmer sowie die Industrie. Um diese Position zu halten und auszubauen, bedarf es engagierter und kompetenter Verkäufer. Hier aber gerade hapert es. Die gewünschte Sollstärke kann schon seit längerem nicht gehalten werden. Diverse Maßnahmen wurden bereits ergriffen, allerdings mit wenig Erfolg. Eine besondere Schwäche scheint die Rekrutierung neuen Personals zu sein. Das gilt sowohl für Verkäufer als auch für Personal in anderen Bereichen. Die Personalbeschaffung zieht sich in der Regel über Monate hin, freie Stellen bleiben vakant, was sich negativ auf das Geschäft auswirkt. Die Personalabteilung wird hier den Erwartungen nicht gerecht. Zwar hat man schon das eine oder andere verbessert, aber der richtige „Durchbruch" gelingt nicht.

Grundsätzlich sind an der Personalrekrutierung diverse Stellen im Hause beteiligt, so die Personalbetreuung (Bedarfserfassung und Personalsuche), die Personalentwicklung (Schulung hinsichtlich der spezifischen Anforderungen der Schlissag), die Personalverwaltung (formale Erfassung), das Marketing (Vermittlung der notwendigen Produktkenntnisse) und nicht zuletzt die anfordernde Stelle, also hier der Verkauf (Einarbeitung der neuen Mitarbeiter).

Der Lösungsweg

Der Bereichsleiter Personal wollte das Thema nun grundsätzlich angehen. Zwar sollten die disziplinaren Strukturen beibehalten werden, doch wollte man mit einem „überlagerten" Prozessmanagement mehr „Performance" schaffen.

Hierfür bot sich an, die Betriebsorganisation einzuschalten. Ein Projekt wurde initiiert. Es lief gut: Das Team beschrieb die Wertschöpfungskette des Personalrekrutierungsprozesses und konnte auch einen wirklich überzeugenden Optimierungsvorschlag anbieten. Dieser wurde zur Entscheidung gebracht und schließlich zur Realisierung freigegeben. Wesentliche Widerstände gab es kaum. Die Beteiligten waren in der Regel hilfreich und auch daran interessiert, die Dinge nun besser in den Griff zu bekommen. Alles in allem wurde das Projekt als Erfolg bezeichnet, auch weil die Verbesserung in Zahlen deutlich gemacht werden konnte. Vor diesem Hintergrund wurde das Projekt offiziell beendet und ein Abschlussbericht erstellt.

Die Ernüchterung

Irgendwie war jedoch nach Projektabschluss die Luft raus. Man ging zur Tagesordnung über und das, was in den Probeläufen gut klappte, wollte nicht so recht zum Normalzustand werden. Mancher Skeptiker erhielt die Oberhand. Alles, was so schön gedacht war, kam irgendwie nicht ins Laufen. Die Optimierung an sich warf keine Zweifel auf, wohl aber die Konsequenz der Anwendung. Was war passiert? Die Betriebsorganisation warf den Linieneinheiten vor, nicht genügend nachzuhaken, diese ihrerseits vermissten ein längerfristiges Engagement der Betriebsorganisation. Die im Rahmen der Prozessoptimierung erforderliche Zusammenarbeit der Fachbereiche untereinander ließ ebenso zu wünschen übrig. Missverständnisse und Vorwürfe zeugten von Ernüchterung. Wenn das also das Ergebnis von Prozessorganisation war, dann lieber erst gar nicht damit beginnen!

Das treibende Moment

Die Beteiligten scheinen von Anfang an die Prozessoptimierung als eine Einmal-Aktion verstanden zu haben. So gesehen hatten sie auch Erfolg, denn es war eklatant, welche

Effektivität und Effizienzsteigerung erzielt werden konnte. Was allerdings nicht von vornherein eingeschlossen wurde, war der Gedanke an eine kontinuierliche Verbesserung. Es reicht also nicht, alle fünf Jahre eine Optimierung vorzunehmen. Vielmehr bedarf es einer permanenten Verbesserung des Prozesses.

So gesehen wäre von Anfang an der Aspekt „Management" mit einzubauen und zwar in der Weise, dass am Ende des Projekts das Prozessmanagement auch funktionsfähig ist und mithin die Aufgabe der kontinuierlichen Verbesserung übernimmt. So hätte der Prozess einen Anwalt, eine Steuerungseinheit und wäre mit dem bestehenden Linien-Management verknüpft. In der Sprache des Prozessmanagements ausgedrückt: Die „Prozessorganisation", d. h. die Frage, wer was wann zukünftig im Rahmen des Prozesses übernimmt und verantwortet, ist im geschilderten Fall weder beschrieben noch vereinbart worden. Das ist der Unterschied zwischen Prozessoptimierung und Prozessmanagement.

Die Methodik

1. Prozessstruktur und -organisation

Damit die Prozessoptimierung nicht in eine Einmal-Aktion mündet und mithin einer Ablaufrationalisierung gleichgesetzt werden kann, sind Zuständigkeiten für den jeweiligen Prozess zu schaffen. Ihnen obliegt es nunmehr, sich des Geschäftsprozesses anzunehmen und für eine Steuerung zu sorgen. Dies ist erforderlich, da der Erfolg des Prozesses ja nicht eine statische Angelegenheit ist, sondern über den Zeitverlauf betrachtet werden soll. Hinzu kommen noch die Arbeitsweisen und Entscheidungsprocedere. Erst wenn hierüber Klarheit besteht und die Beteiligten dieses Procedere annehmen, wird der Prozess in der Praxis lebendig und erfolgreich sein. Das Unterscheidungsmerkmal des Prozesses zum Ablauf liegt in der kontinuierlichen Verbesserung und dafür wiederum ist eine Prozessorganisation erforderlich. Mit ihr wird der Bezug zum Linienmanagement hergestellt sowie die Zuständigkeiten und Verantwortlichkeiten geklärt.

Es geht nun nicht darum, lediglich ein kleines Team aus den gerade verfügbaren Mitarbeitern für einen Prozess zusammenzustellen. Sondern es kommt darauf an, sich an der dem Prozess zugrunde liegenden Wertschöpfungskette zu orientieren. Sie lässt die Unterscheidung in Teilprozesse und so genannten Abschnitte zu. Dementsprechend sind Zuständigkeiten zu schaffen: Prozessmanager, Teilprozessmanager und Abschnittsverantwortlicher. Dabei kann durchaus bei einfachen Prozessen die Ebene der Teilprozesse entfallen. Diese linienübergreifende Zuordnung fordert und fördert die Identifikation mit dem Anliegen des Prozesses. Die Gefahr, dass sich die Prozessbeteiligten eher als Interessenvertreter der Linieneinheiten verstehen, ist reduziert. Die Chance, das Anliegen des Prozesses glaubhaft zu vertreten, steigt.

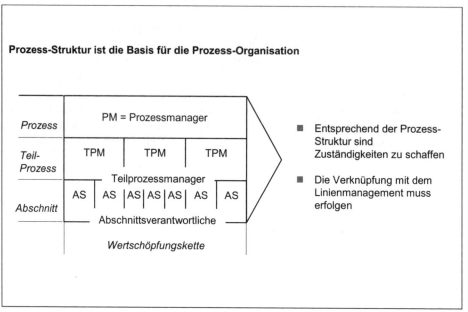

Abbildung 1: Prozessstruktur

2.   Arten der Prozessorganisation

Damit keine Missverständnisse aufkommen: Die Prozessverantwortlichen bleiben in ihren Linienfunktionen und nehmen dort auch ihre üblichen fachlichen Aufgaben wahr. Die Prozessverantwortung ist für sie quasi ein zweiter Hut. In dieser Rolle konzentrieren sie sich auf die Entwicklung von Konzepten, die Formulierung von Zielen und Maßnahmen zur Optimierung des Prozesses. Die Umsetzung wird mit den Linienbereichen vereinbart und dem Prozessmanagement obliegt es, Abweichungen festzustellen und steuernd zu wirken. Diese Art der überlagerten Prozessverantwortung wird auch als „integriertes Prozessmanagement" bezeichnet.

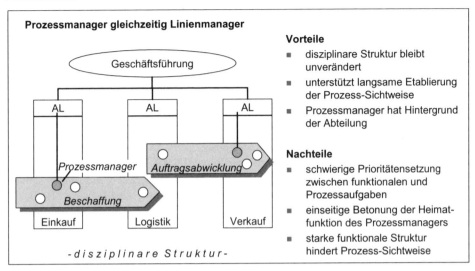

Abbildung 2: Integriertes Prozessmanagement

Wenn für relevante Kernprozesse ggf. Prozessmanager oder weitere Prozessverantwortliche sozusagen hauptamtlich fungieren, spricht man auch von institutionalisiertem Prozessmanagement. Hier berichtet der Prozessmanager direkt an eine übergeordnete Leitungsebene, in der Regel Geschäftsführung, Bereichsleitung etc.

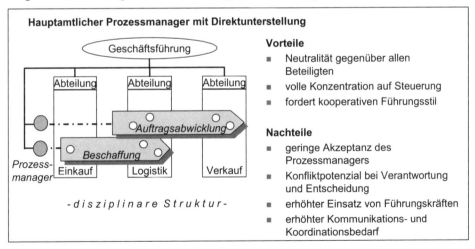

Abbildung 3: Institutionalisiertes Prozessmanagement

Die Abschnittsverantwortlichen jedoch bleiben disziplinar in ihren Linienbereichen. Sie bilden das Scharnier zwischen Prozess- und Linienmanagement.

3.   Festigung durch Prozessorgane

Die Regel wird das integrierte Prozessmanagement sein. Es schafft mehr Bewegungsfreiheit und gibt den Prozessverantwortlichen eine Heimat in ihren Linienfunktionen. Gerade aber bei einer derartigen, überlagerten Organisationsform kommt es sehr darauf an, dass das Prozessmanagement einen eigenen, von der Linie unabhängigen Berichtsstrang hat, also von unten nach oben: Abschnittsverantwortlicher an Teilprozessmanager, Teilprozessmanager an Prozessmanager. Dem Abschnittsverantwortlichen kommt hier eine besondere Rolle zu. Als Bindeglied zwischen Prozess- und Linienmanagement ist er gehalten, gleichermaßen entlang der Linie zu berichten. Damit wird gewährleistet, dass nicht gegen, sondern mit den Organisationseinheiten gearbeitet wird.

Was den Prozessmanager betrifft, so wird er von dem Prozesseigner autorisiert und berichtet an ihn direkt. Der Prozesseigner muss nicht disziplinar Vorgesetzter des Prozessmanagers sein.

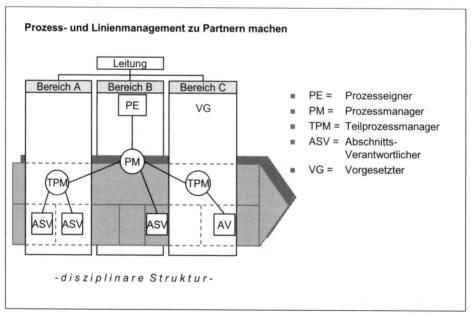

Abbildung 4: Prozess- und Linienorganisation

Bei wertigen oder kritischen Prozessen kann vom Prozesseigner ein Steuerungsausschuss eingerichtet werden. Er setzt sich in der Regel aus den zwei bis drei Leitern der wesentlich vom Prozess tangierten Organisationseinheiten zusammen.

Der Prozessmanager seinerseits bildet zusammen mit der nächsten Prozessebene das Prozessteam. Ihm gehören bei überschaubaren Prozessen die Abschnittsverantwortlichen an bzw. bei komplexeren Prozessen die Teilprozessmanager. Letztere bilden dann zusammen mit den Abschnittsverantwortlichen die Teilprozessteams.

Den Prozessorganen wachsen folgende Aufgaben zu:

Prozesseigner

▧ ist Auftraggeber des Prozessteams,

▧ gibt Richtungen vor,

▧ ist verantwortlich für Effizienz und Effektivität im Geschäftsprozess,

▧ verantwortet Zielsetzungen und Ergebnisse des Prozesses,

▧ stellt Verfügbarkeit der Ressourcen sicher,

▧ trifft grundsätzliche Entscheidungen,

▧ hat dauerhafte Verantwortung.

Prozessmanager

▧ sorgt für Zielvereinbarungen und Zielerreichung,

▧ plant, steuert und kontrolliert prozessorientierte Instrumente,

▧ ist verantwortlich für Zielerreichungen,

▧ schafft breite Kommunikation,

▧ sorgt für Entscheidungsfindung,

▧ managt Wertkonflikte im Team.

Prozessteam

▧ fokussiert sich auf Zielvereinbarungen,

▧ misst Leistungsparameter,

▧ schlägt Verbesserungen vor, gestaltet neu,

▧ setzt Verbesserungen um,

▧ unterstützt breite Kommunikation,

▧ ist ein interfunktionales Problemlösungsgremium.

Prozessausschuss

■ nimmt vom Auftraggeber delegierte Aufgaben in definiertem Umfang wahr,

■ berät den Auftraggeber,

■ stellt die Ausrichtung und prozessübergreifende Koordination sicher,

■ prüft Verbesserungsvorschläge, Konzepte und Pläne,

■ überwacht den Fortschritt der Verbesserungen,

■ sorgt für allgemeine Unterstützung,

■ gibt den neuen Prozess abschließend frei.

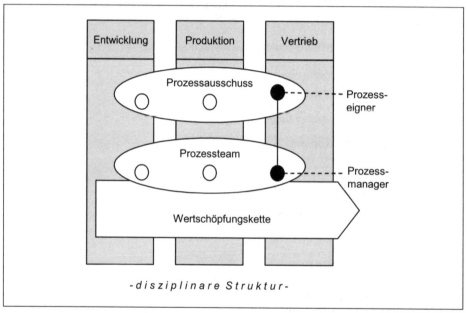

Abbildung 5: Prozessorgane

4.   Durchführung und Leistungsvereinbarung

Es ist ja nun nicht selbstverständlich, dass die Linienbereiche den Belangen des organisationsübergreifenden Prozesses genügen. Andererseits hat das Prozessmanagement in
der Regel keine direkte Weisungsbefugnis. Insofern kommt es insbesondere darauf an,

seitens des Prozessmanagements die tangierten Organisationseinheiten mit dem Anliegen des Prozesses vertraut zu machen. Weiter noch: Die zu ergreifenden Maßnahmen sind mit ihnen zu vereinbaren. Ist also das Konzept erstellt, sind die Optimierungsüberlegungen erfolgt und in erforderliche Maßnahmen übertragen, so gilt es die Umsetzung sicherzustellen. Dazu wenden sich der Prozessmanager als auch der Abschnittsverantwortliche an die Leitung der tangierten Organisationseinheit. Mit ihr werden die erforderlichen Aktivitäten besprochen und sie gibt sie für die Umsetzung in dem eigenen Verantwortungs- oder Zuständigkeitsbereich frei. Dieses Vorgehen sichert einerseits die Belastbarkeit der Zusagen der Organisationseinheit und zum anderen wird die Kompetenz der Linie nicht in Frage gestellt. Es handelt sich also um eine Leistungsvereinbarung zwischen dem Prozess- und dem Linienmanagement.

Dieses Vorgehen gilt analog für Prozessabschnitte, die nicht im eigenen Hause sondern in externen Unternehmen erfolgen.

Sollte es bei der Leistungsvereinbarung zu Dissonanzen kommen, zum Beispiel hinsichtlich Prioritäten oder fachliche Meinungsverschiedenheiten, dann ist ggf. die Entscheidung auf eine höhere Ebene zu verlagern. Dies ist in der Regel der Prozesseigner oder der ggf. eingerichtete Steuerungsausschuss.

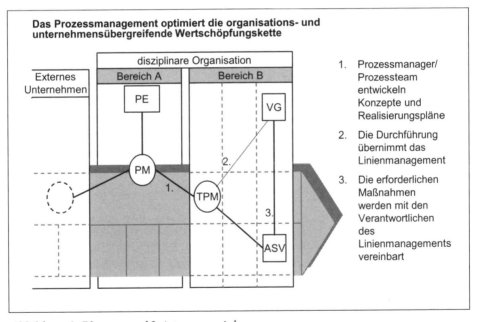

Abbildung 6: Planung und Leistungsvereinbarung

5.   Nutzen der Prozessorganisation

Die Klärung von Zuständigkeiten und Rollen im Prozessmanagement hat folgende Vorteile:

■ Die organisationsübergreifenden Wertschöpfungsketten erhalten einen „Anwalt" im Unternehmen.

■ Freistellungen zur Abstimmung und Optimierung können auf adäquater, hierarchischer Ebene adressiert werden.

■ Dort, wo „der kleine Dienstweg" nicht greift, greift die Prozessorganisation; der lange Weg über die Instanzen entfällt.

■ Die Prozessorganisation gewährleistet die regelmäßige Überprüfung der Orientierung und Ausrichtung sowie die kontinuierliche Verbesserung der Effektivität und Effizienz der Wertschöpfungskette.

■ Die Fachaspekte der Linie und die organisationsübergreifende Ergebnisorientierung des Prozesses erfahren eine konstruktive Regelung; Linien- und Prozessmanagement werden zu Partnern.

Prozessmanagement überlagert die disziplinaren Strukturen und trägt zur Dynamisierung der Organisation bei.

Prozess-Steuerung

Mit Maßstäben Performance steigern

Matthias Hirzel

Ein Fall
„Steuerung ohne Prozess"

Die Methodik:

1. Blindflug mit klassischen Controlling

2. Erweiterung der Steuerungsdimensionen

3. Orientierung mit Steuerungscockpit

4. Zufriedenheit des Kunden

5. Qualität der Leistungserbringung

6. Produktivität der Leistungserstellung

7. Handlungsfähigkeit mit Prozesssteuerung

8. Nutzen der Prozesssteuerung

Ein Fall
„Steuerung ohne Prozess"

Die Situation

Die VUF-AG ist Versicherer und Finanzdienstleister. Sie gliedert sich in die großen Bereiche Shared Services, Produktgeber (Lebensversicherungen und Sachversicherungen) sowie diverse Vertriebe. Letztere sind nach Vertriebswegen entsprechend den Vermarktern/Vermittlern aufgeteilt: Makler, Banken, Strukturvertriebe, Direktvertriebe und andere.

Der Wettbewerb in der Versicherungsbranche – und das spürt auch die VUF-AG – ist härter geworden. Dies gilt insbesondere bei der Lebensversicherung. Während früher das Geld mit der Vermögensverwaltung verdient wurde, ist dies wegen sinkender Anlageerträge kaum noch möglich. Die Ergebnisse müssen mithin in den marktnahen Bereichen entstehen. Ein Vorgang, der zuweilen mit „Value Migration" (Wertschöpfungswanderung) bezeichnet wird. Gerade aber in der Vertriebsstrecke tut sich die VUF-AG schwer. Dies gab Anlass, eine Prozessarchitektur zu erstellen und die Kern- und Stützprozesse zu optimieren

In diesem Zusammenhang wird auch der am Vertriebsweg orientierte Prozess „Maklergeschäft" erfasst und neu konfiguriert. Die wesentlichen Abläufe wurden erhoben und die Wertschöpfungskette liegt im Entwurf vor. Ferner ist bereits ein Prozessteam benannt. Es setzt sich zusammen aus Mitarbeitern der Bereiche Maklervertrieb, Lebensversicherung, Sachversicherung und Finanzen. Das Prozessteam soll die Belange der für alle Vertriebswege zuständigen Produktgeber der VUF-AG mit den spezifischen Interessen des Maklergeschäfts in Einklang bringen. Dies stellt sich als nicht so einfach heraus: Die Produktgeber haben das Geschäft mit den Endkunden im Fokus und wollen hier möglichst Standards etablieren, die für alle Vertriebswege (Makler, Banken, Strukturvertrieb etc.) gleichermaßen gelten. Anderseits will die Organisationseinheit „Maklervertrieb" dem Bedarf der Makler (als Endverkäufer) gerecht werden – schließlich steht man hier auch im Wettbewerb z. B. mit maklereigenen Produkten oder anderen Anbietern der Versicherungsbranche.

Zu den regelmäßigen Dienstleistungen des Prozess „Maklergeschäft" gehören die Bearbeitungen von Versicherungsanträgen, Vertragsänderungen, Statusauskünften, Unterlagenbereitstellung, Vertragsinterpretationen, Reklamationsbearbeitung, Bearbeitung und Beurteilung von Leistungsansprüchen, Schadensregulierung, Schadensprophylaxe u. a. m. Die Vielzahl der Makler will eine sehr intensive Betreuung, um im Wettbewerb bestehen zu können. Gefragt sind hier möglichst selbsterklärende Produkte, Akquisitionsunterlagen, DV-Animationen, Tools für Beispielrechnungen, konkrete Analyse der Kundensituation. Hinzu kommen leicht verständliche Versicherungsantragsformulare, elektronische Vorlagen und die dazugehörigen Erläuterungen. Schließlich sind auch Informationen über die Entwicklung des Marktes, der Gesetzgebung etc. gewünscht. Ganz besonders wird von den Maklern Wert auf Ansprechbarkeit und kompetente Auskunft bei Rückfragen gelegt. Schließlich kommt es den Maklern auf eine gute Betreuung der Endkunden durch die VUF-AG auch nach Abschluss an. Worunter der Makler besonders leidet, sind Beschwerden des Kunden, die durch die Administration der Versicherung verursacht werden.

Der Auftrag

Der Vorstand will sich mit der unklaren Situation nicht abfinden. Um die Geschäftsprozesse zu fokussieren, hält er eine konsequente Performancemessung für erforderlich. Wegen der Bedeutung für das Unternehmen ist nun das Controlling aufgefordert, ein Steuerungskonzept für den Maklerprozess vorzulegen.

Der Ansatz

Das Controlling wählt zur Orientierung ein Profitcenter-Modell. Der Prozess wird wie ein Unternehmen im Unternehmen verstanden. Entsprechend werden die Messgrößen gewählt; dazu gehören Umsatz, Kosten, Deckungsbeitrag etc. Die Daten sind durch Verteilungsschlüssel bzw. interne Kostenzuweisungen zu unterlegen. Die finanziellen Entwicklungen lassen sich – wenn auch mit gewissen Aufwand – ermitteln und mithin das Maklergeschäft hinsichtlich seiner Wirtschaftlichkeit beurteilen.

Das Ergebnis

Die Prozessbeteiligten können die erarbeiteten Messgrößen nur bedingt nutzen. Sie stellen sich eher als ein Rückblick auf das gelaufene Geschäft dar. Hilfestellungen für ihr vorwärts orientiertes Handeln geben sie weniger. Davon abgesehen hat sich – so das Prozessteam – ein Wandel im Verhalten eingestellt. Die Organisationseinheit „Maklervertrieb" versteht sich mehr und mehr ausschließlich als Profitcenter. Sie interpretiert ihre Aufgabe dahingehend, die Versicherungsprodukte bei den internen Produktgebern einzukaufen und an die Makler weiter zu verkaufen. Der ursprünglich angedachte, organisationsübergreifende Prozess „Maklergeschäft", an dem alle tangierten Einheiten des Hauses mitwirken, verliert an Bedeutung. Es geht jetzt eher wieder darum, günstige interne Verrechungen (Preise) herauszuhandeln. Aus dem gewollten, am Prozess ausgerichteten Miteinander wird eher ein Gegeneinander. Nur mühselig können die Produktgeber für die Spezifika des Maklergeschäfts bewegt werden. Das organisationsübergreifende Prozessteam findet nur noch selten zusammen. Es gipfelt in der resignierten Aussage: „Der Prozess ist tot, es lebe die Organisationseinheit"!

Die Methodik

„Der Markt wird in das Unternehmen geholt." Die einzelnen Abläufe mutieren zu Prozessen mit internen/externen Kunden und Lieferanten. Ihre „Existenzberechtigung" leitet sich aus dem erbrachten Nutzen und den Ergebnissen ab. Dabei stellt sich die Frage, wie die Leistung gemessen werden soll. Wie kann zum Beispiel der Erfolg des Instandhaltungsprozesses oder des Personalentwicklungsprozesses oder eben des Prozesses „Maklergeschäft" festgestellt werden?

Die Prozesssteuerung zeigt hier einen Mix an quantitativen und qualitativen Instrumentarien auf, die die Planung und das Controlling der Leistung effektiv machen.

1.   Blindflug mit klassischem Controlling

Für die Unterstützung der Prozesssteuerung ist das klassische Controlling denkbar schlecht gerüstet. Es richtet sich hauptsächlich auf monetäre Ergebnisgrößen, wie zum Beispiel Kostenstellen, Kostenarten, Kostenträger, Deckungsbeiträge, Umsatzentwicklung. Für die Gesamtsteuerung des Unternehmens mit jährlicher Einschätzung der Funktionen und Teilbereiche erscheint dies vielleicht ausreichend, jedoch kaum aus der Sicht der einzelnen Leistungsprozesse.

Mit der Prozesskostenrechnung erfolgt ein erster Schritt in die richtige Richtung. Sie ist allerdings recht aufwändig, zementiert meist den Ist-Zustand und wird darüber hinaus hinsichtlich der praktischen Relevanz angezweifelt. Da werden Kosten gemäß Inanspruchnahme oder per Schlüssel auf die einzelnen Prozessabschnitte gebucht, ohne dass hier eine Vereinbarung zugrunde liegt. Der Prozessmanager kann sich schlecht ins Nachhinein wehren und so ist das, was das Controlling üblicherweise zu bieten hat, nicht hinreichend für eine erfolgreiche Steuerung von Leistungsprozessen.

Schon allein die Frage: „Wie gut ist eigentlich der Prozess beziehungsweise was macht seinen Erfolg aus?" lässt sich kaum beantworten. Die so genannte „Existenzberechtigung" ist schlecht nachzuweisen. Es entsteht mehr und mehr Rechtfertigungsdruck, besonders für die Stützprozesse. Der Nutzen für das Ganze muss nachgewiesen werden.

Vor diesem Hintergrund ist das Controlling neu gefordert, und zwar in drei Stoßrichtungen:

1. Das, was der eigentliche nutzbringende Beitrag (Performance) der einzelnen Leistungseinheit ist, muss methodisch besser gegriffen werden.

2. Der Regelkreis „messen – analysieren – Ziele setzen – überwachen – Maßnahmen ableiten – handeln" ist enger zu ziehen. Es gilt, die Steuerung sensibler zu machen, um frühzeitig Kursabweichungen festzustellen.

3. Controlling ist nicht mehr nur Sache des Bereichs Controlling, sondern wird zur allgemeinen Fähigkeit jedes Mitarbeiters beziehungsweise Managers. Das Stichwort ist hier Selbststeuerung. Also weg von dem „Leitplanken-Controlling", bei dem das Fahrzeug quasi seitlich geführt auf der Strecke gehalten wird und hin zu der unmittelbaren, direkten Steuerung (Selbstcontrolling), bei dem das Fahrzeug in eigener Regie gelenkt wird und den Leitplanken lediglich bei Versagen eine Funktion zukommt.

2.   Erweiterung der Steuerungsdimensionen

Der Steuerungsbedarf eines Prozesses lässt sich von zwei Aspekten her betrachten:

- Unterscheidung zwischen Effektivität (wird das Richtige getan?) und Effizienz (wird es richtig getan?)

- Unterscheidung zwischen klassisch-monetären Controlling-Größen (wie entwickelt sich die wirtschaftliche Situation?) und Controlling der kritischen Erfolgsfaktoren (in welchem Ausmaß werden die als steuerungsrelevant erkannten Faktoren beherrscht?).

Die Aspekte lassen sich in einem Portfolio (siehe Abbildung 1) darstellen.

	Effizienz Wird es richtig getan? (Wie)	**Effektivität** Wird das Richtige getan? (Was)
Controlling der kritischen Erfolgsfaktoren (In welchem Ausmaß werden die kritischen Erfolgsfaktoren beherrscht?)	**II** **Wie wettbewerbsfähig ist der Leistungs-erstellungsprozess?** z. B. Ausfälle Durchlaufzeit	**I** **Welchen Kundennutzen hat das Leistungsangebot?** z. B. Kundenzufriedenheit Zuverlässigkeit
Controlling der klassischen (monetären) Größen (Wie entwickeln sich die wirtschaftlichen Daten?)	**Wie wirtschaftlich ist der Prozess?** z. B. Prozess-Kostenrechnung Kosten per Einheit **III**	**Was kommt unter dem Strich heraus?** z. B. Prozessergebnis Deckungsbeitrag **IV**
Steuerungslücken erkennen und schließen		

Abbildung 1: Portfolio der Controlling-Instrumente

Wenngleich nicht ganz trennscharf, ergeben sich vier Kategorien:

I.   Der Nutzen ist dann besonders hoch, wenn das Richtige getan wird (Effektivität), und dies, bezogen auf definierte Merkmale (kritische Erfolgsfaktoren), vergleichsweise gut erfolgt. Für den Personalentwicklungsprozess kommt es zum Beispiel darauf an, die internen „Kundengruppen" klar zu definieren und ihnen ein maßgeschneidertes inhaltliches Angebot zu präsentieren. Zum Beispiel kann auch die Kenntnis über Kundengruppen für den Geschäftsanbahnungsprozess weitaus wichtiger sein als z. B. ein spezifisches Produkt-Know-how.

II. Die Art der Leistungserbringung trägt zur Effizienz bei. So kann es im Rahmen des Personalentwicklungsprozesses wichtig sein, dass möglichst viele Übungen und Fallstudien den Inhalt untermauern und damit die Transferwirksamkeit steigt.

III. Aussagen über die Produktivität sind gewohnte Größen. Die Kosten der Personalentwicklung pro Teilnehmer machen dies zum Beispiel deutlich.

IV. Schließlich interessiert das Ergebnis unterm Strich: Wie viele neue Kunden konnten durch die Schulung der Verkäufer vor Ort gewonnen werden? Oder aber welche Einsparungen bzw. Umsatzsteigerungen wurden realisiert?

Verortet man die derzeitig angewendeten Controlling-Instrumente in diesem Portfolio, wird die Steuerungslücke recht deutlich. Der Quadrant III, „Effizienz", gemessen mit klassischen Controlling-Größen, ist in der Regel gut besetzt. Alle anderen Quadranten weisen weiße Flecken auf.

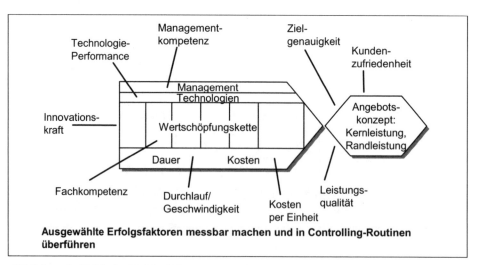

Abbildung 2: Kritische Erfolgsfaktoren

Zuweilen bestehen Zweifel, was kritische Erfolgsfaktoren sind. Sie hängen auf jeden Fall von der Art des Prozesses ab. So kommt es zum Beispiel bei dem Vermarktungsprozess einer Bank auf ganz andere Faktoren an als bei dem Logistikprozess eines Industrieunternehmens. Die Erfolgsfaktoren sollten jedoch unabhängig von der eigenen Position als neutrale, „objektive" Merkmale für einen Prozess geortet werden. Sie sind sozusagen die Eintrittskarte für das Spiel: Man muss sie beherrschen, um dabei sein zu können. Orientierung kann hier der Leistungsprozess mit seinem Angebotskonzept sein. In der Abbildung 2 sind in allgemeiner Form diverse Erfolgsfaktoren, orientiert an einem Modellprozess, aufgezeigt.

In jedem Fall kommt es darauf an, ausgehend vom Kundenbedarf die kritischen Erfolgsfaktoren für das Leistungsangebot und Leistungserstellung zu orten. Die als relevant erachteten Faktoren sind messbar zu machen und schließlich per regelmäßiger Zielvereinbarung und -überwachung in eine Controlling-Routine zu überführen.

3.   Orientierung mit Steuerungscockpit

Bei der Auswahl der Controllinginstrumente sind zu berücksichtigen:

1. Angebotsorientierte Controllinginstrumente

Hierher gehört die bedarfsbezogene Definition der Leistungspalette, einschließlich der sie ausmachenden Merkmale (Zielgenauigkeit des Leistungsspektrums).

Beim Check der Leistungserbringung greifen drei Aspekte ineinander:

- Die Leistungserwartung des Kunden im Rahmen des definierten Angebotes,

- das von der Organisationseinheit explizit formulierte Leistungsversprechen und

- die tatsächlich erbrachte Leistung, also was wirklich verfügbar gemacht wird.

Daraus ergeben sich zwei Aspekte:

- Qualität ist dann gegeben, wenn die Leistungsversprechung der Leistungserbringung entspricht. Sie kann in diesem Zusammenhang die Leistungserwartung des Kunden treffen, oder aber darüber hinausgehen – das heißt: eine zunächst nicht explizit geforderte Qualität wird verfügbar gemacht (Überleistung). Mangel liegt vor, wo ein Leistungsversprechen nicht eingehalten wird (und gegebenenfalls eine Reklamation erfolgt).

- Die Kundenzufriedenheit ist eine subjektive Größe und besteht dort, wo die Leistungserwartung mit der Leistungserbringung übereinstimmt. Hier ist nicht das Leistungsversprechen die relevante Bezugsgröße, sondern die Erwartungshaltung des Abnehmers.

2. Produktionsorientierte Controllinginstrumente

Hierher gehören Instrumente, die die Wirtschaftlichkeit der Leistungserbringung transparent machen. Zwei Aspekte greifen ineinander:

■ Faktoren, die die Effizienz steigern und zugleich dem Kundennutzen dienen (also zum Beispiel Standardisierung der Angebotspalette), oder

■ Faktoren, die sich bezüglich des Leistungsversprechens neutral verhalten (also zum Beispiel Erstellungskosten per Leistungseinheit).

Wirkungsvolle Controllinginstrumente verbinden Effizienz mit Kundennutzen und beziehen sich zugleich auf als relevant erachtete kritische Erfolgsfaktoren (zum Beispiel Geschwindigkeit der Auftragsabwicklung).

Für die praktische Anwendung wird es wesentlich darauf ankommen, die Controllinginstrumente einfach und leicht verständlich zu halten. Als Anregung mag das Bild des Cockpits dienen. Es macht den Zweck der Selbststeuerung plastisch. Jeder Prozess sollte also über ein auf seine Belange ausgerichtetes Cockpit verfügen (siehe Abbildung 3).

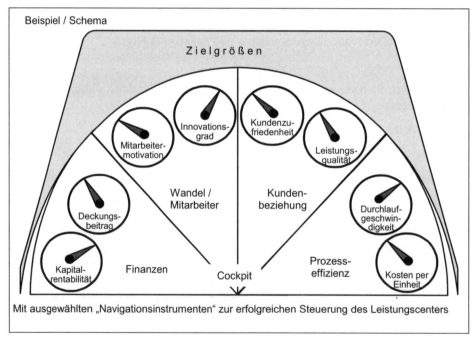

Abbildung 3: Prozesscockpit in den „Balanced Scorecard"-Dimensionen

Die im Cockpit dargestellten Controllinginstrumente decken die wichtigsten Fragestellungen zur Steuerung eines Prozesses ab. In diesem Zusammenhang sind auch die Messzyklen zu bedenken. So kann es sein, dass bei Durchlaufzeiten und Kosten die Messungen häufiger erfolgen, während die Information über die Zielgenauigkeit des Angebotes (Effektivität) im Jahresrhythmus durchaus genügen.

4.   Zufriedenheit des Kunden

Die Kundenzufriedenheit macht sich nicht an einem einzelnen Faktor fest. Vielfältige Eindrücke prägen das Bild. Diesem Umstand wird mit einem Spektrum an Fragen (Kriterien) Rechnung getragen. Es kann bei gegebener Leistungspalette zum Beispiel folgende Dimensionen mit den dazugehörigen Kriterien haben:

- Kompetenz:
  - fachliche Kompetenz
  - kommunikative Kompetenz
  - Vertrauenswürdigkeit
  - Erscheinungsbild

- Zuverlässigkeit:
  - Zuständigkeit
  - Absprachen
  - Termineinhaltung
  - Leistungsumfang

- Einsatzbereitschaft:
  - Erreichbarkeit
  - Arbeitsgeschwindigkeit
  - Flexibilität
  - Grundhaltung

Das Procedere sieht zunächst eine Eigeneinschätzung der Prozessbeteiligten vor. In der Folge wird die Rückmeldung in einem Gespräch (Leistungsvereinbarung) oder, wenn zahlreiche Kunden vorhanden, per Fragebogen eingeholt.

Für die Darstellung der Ergebnisse bietet sich das Kundenzufriedenheitsthermometer an (siehe Abbildung 4). Skaliert auf „Wärmetemperatur" wird sehr deutlich, wo der optimale Bereich liegt, beziehungsweise wie das Klima abkühlen kann. Auch eine zu hohe Kundenzufriedenheit ist aus wirtschaftlichen Überlegungen für den Prozess unbefriedigend.

Abbildung 4: Controlling der Kundenzufriedenheit

5.   Qualität der Leistungserbringung

Wie bereits erläutert, wird die Qualität der Leistung als eine nachvollziehbare Größe verstanden, nämlich gemessen am Grad der Deckungsgleichheit zwischen Leistungsversprechen und Leistungserfüllung. Dies ist unabhängig davon, inwieweit das Leistungsversprechen den Kundenwünschen entspricht.

Voraussetzung für die Messung ist die exakte Umschreibung des Leistungsversprechens. Dies erfolgt anhand von Leistungsmerkmalen (siehe Abbildung 5). Eine diffizile Aufgabe, wenn man bedenkt, dass bei einer Vielzahl der Prozesse die Leistung nicht messbar dargestellt ist. Andererseits fördert schon gerade diese Präzisierung zahlreiche Verbesserungsanregungen.

Der Grad der Leistungserfüllung sollte möglichst von neutraler Stelle gemessen und mit den Beteiligten erörtert werden.

Beispiel Einkauf

„Angebots-merkmale"	Gewicht	Leistungsversprechen		
Ansprechbarkeit	2	8-18 Uhr werktags	80	160
Vergleichsangebot	1	1, wenn über TDM 50 2, wenn über TDM 100	50	50
Geschwindigkeit Bedarf - Lieferung	3	1 Woche (B-Teile)	70	210
⋮				
	10			680

$$\text{Qualitätsindex \% =} \frac{\Sigma \text{ Gewichtung x \%-Einlösung}}{10} = \frac{680}{10} = 68\%$$

Objektivierung der Leistungsqualität als Orientierung für die Verbesserungsanstrengungen

Abbildung 5: Controlling der Qualität

6. Produktivität der Leistungserstellung

Um die Effizienz der Leistungserstellung in den Griff zu bekommen, ist auf die Wertschöpfungskette des Prozesses zurückzugreifen. Hier werden die einzelnen Veredelungsschritte in logischer Folge von der Bedarfserfassung bis zur Leistungserbringung zusammengestellt. Auf dieser Basis lassen sich dann Leistungskriterien entwickeln. In der Regel spielt neben dem „activity based costing" die Geschwindigkeit eine Rolle. So kann zum Beispiel für den Stützprozess „Personalrekrutierung" dies die Strecke von der Bedarfsmeldung bis hin zur Einarbeitung eines neuen Mitarbeiters deutlich machen. Für den Prozess besteht dann der Maßstab darin, wie viele Tage für die Stellenbesetzung in Anspruch genommen werden. Bei gegebener Qualität ist somit die Leistung umso höher, je schneller die vakante Position besetzt wird (Abbildung 6).

Der Vorteil einer derartigen Messgröße besteht darin, dass sie sich über mehrere Bedarfsmeldungen addieren lässt und einen gesamten „Personalbeschaffungsindex" für den Prozess „Personalrekrutierung" ermöglicht.

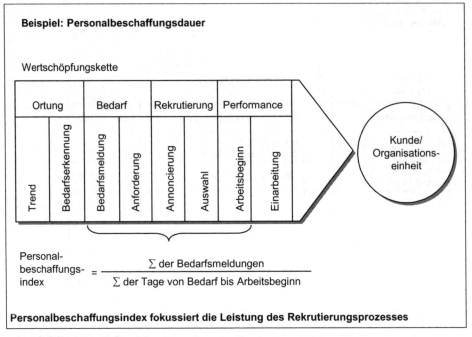

Abbildung 6: Controlling der Leistungserstellung

Ein Blick auf die Wertschöpfungskette macht ferner deutlich, dass zur Verbesserung des Index die Vakanzzeiten zu reduzieren sind, d. h. mehr Energie in den Prozessabschnitt Ortung gelegt werden sollte. Je früher der Bedarf erkannt wird, desto eher kann gehandelt werden. Der Maßstab fördert mithin die Kundenorientierung der Prozessbeteiligten.

7.   Handlungsfähigkeit mit Prozesssteuerung

Die besondere Leistung der Prozesssteuerung besteht in der Implementierung eines kontinuierlichen Procedere. Es reicht nicht, in einer Einmal-Aktion festzustellen, wo man steht und Maßnahmen zu ergreifen. Es ist vielmehr angesagt, die Abfolge „messen, analysieren, Ziele setzen, überwachen, Maßnahmen ergreifen und handeln" in die routinemäßige Arbeit zu verankern. Erst dann kann der Aspekt der Selbstregulierung Platz greifen. Die Beteiligten wissen, worauf es ankommt, und richten ihre Handlungsweisen und Verhalten direkt am Erfolg des Prozesses aus.

Dabei sind einige Prinzipien einzuhalten:

- Die Messung muss objektiv erfolgen, am besten durch Neutrale (Externe).

- Vor Veröffentlichung der Ergebnisse sind die Betroffenen zu informieren.

- Ihnen wird, zum Beispiel in einer Gruppenarbeit, Gelegenheit zur Kommentierung und Analyse gegeben.

- Erst wenn das Messergebnis, die Kommentierung und die neue Zielsetzung klar sind, können die Ergebnisse „veröffentlicht" werden.

- In der Folge sind die Prozessmitarbeiter aufgerufen, Maßnahmen für die neue Zielerreichung zu entwickeln und arbeitsteilig in die Umsetzung zu überführen.

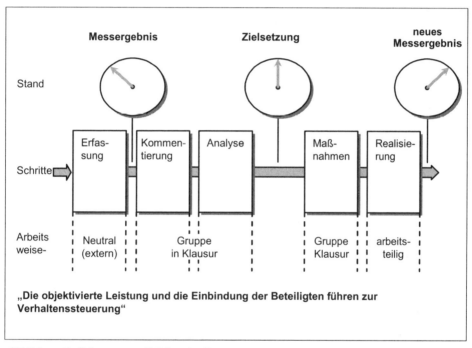

Abbildung 7: Schema zur Abfolge der Prozesssteuerung

Es sei besonders darauf hingewiesen, dass die erörterten Controllinginstrumente nicht ohne eine gezielte „Einstimmung" auf die neue Denkweise eingesetzt werden sollten. Erfolg oder Misserfolg stehen in engem Zusammenhang mit der Implementierung des Selbstcontrolling. Hier wächst dem zentralen Controlling ein anderes Rollenverständnis zu: Es hat sich eher als Coach zu verstehen, der animiert, Controllinginstrumente anbietet und die neue Arbeitsweise in der Einführung betreut. Das praktische Controlling ist dann schließlich Sache der einzelnen Prozesse. Die professionellen Controller sind aufgerufen, die Qualitätsstandards zu halten, die Vergleichbarkeit sicherzustellen und eine schlüssige „Controlling-Architektur" der Prozesse aufzubauen.

8. Nutzen der Prozesssteuerung

- Die einzelnen Prozesse der Organisation werden kundenorientiert und richten ihre Leistung stärker nach deren Bedarf aus.

- Die Prozessmitarbeiter orientieren sich an dem Kundennutzen und weniger an dem „dafür halten" der oberen Führungsebene. Für beide Seiten bedeutet dies ein Wandel des Rollenverständnisses: Hier Spieler und Systemanwender und dort Coach und Systemausrichter.

- Die Messbarkeit der Prozess-Performance steigert die Leistungsbereitschaft, motiviert und ist Basis für mehr Selbststeuerung.

- Aus der Anwendungserfahrung des Performance-Controlling der Prozesse lässt sich die quantitative Wirkung prognostizieren: Die Effektivität steigt etwa um 10 bis 20 Prozent, gemessen an der Korrektur bzw. dem Wegfall von diversen Aktivitäten. Die Effizienz steigt etwa um 5 bis 10 Prozent.

Prozess-Architektur

Die Prozesse im Kontext ausrichten

Matthias Hirzel

Inhalt:

1.   Haupt- und Subprozesse

Eine Darstellung der Vielzahl der Prozesse in der Organisation ist die Prozesshierarchie. Hier geht man von den wenigen übergreifenden Geschäftsprozessen aus; dies sind z. B. Geschäftsanbahnung, Auftragsabwicklung, Logistik, Produktion, Beschaffung, Produktinnovation etc. Jeder dieser Hauptprozesse wird in Untermengen, d. h. Subprozesse untergliedert, die dann wiederum in weitere „Subsubprozesse" differenziert werden können (siehe Abbildung 1). Die Detaillierung lässt sich beliebig fortsetzen. Unterste Ebene sind einzelne Abläufe.

Das tayloristische Prinzip der Prozesshierarchie hat Vor- und Nachteile: Zum einen lässt sich dadurch eine Organisation komplett abbilden. Zum anderen stößt der eher statische Ansatz an Grenzen, wenn dem permanenten Wandel Rechnung getragen werden soll. Der Aufwand für die kontinuierliche Anpassung steht in keinem Verhältnis zum Nutzen. In der Praxis wird man daher nur dort untergliedern, wo ein konkreter Steuerungsbedarf besteht.

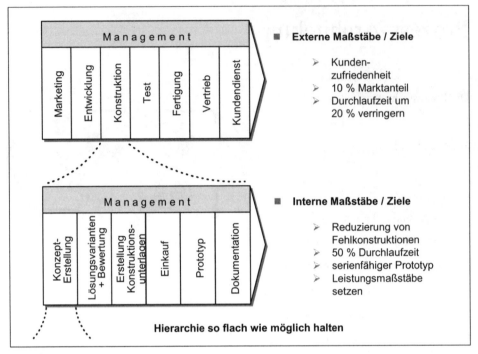

Abbildung 1: Prozesshierarchie

2.   Kern-, Stütz- und Steuerungsprozesse

Die wohl nützlichste Darstellung der Prozesse unterscheidet zwischen der Art des Beitrags zum Geschäft. Orientierung gibt die strategische Ausrichtung der Organisation. Diejenigen Wertschöpfungsketten, mit denen dauerhafte Wettbewerbsvorteile geschaffen werden sollen, sind Basis für die Kernprozesse.

Will z. B. ein Unternehmen sich besonders durch Innovation und Nähe zum Kunden positionieren, werden die Kernprozesse entsprechend definiert wie etwa Produktinnovation, Geschäftsanbahnung und Vertriebsweg. Anders würde dies sich bei einem Unternehmen darstellen, das auf Wettbewerbsvorteile in der kostengünstigen Herstellung setzt; hier wären die Kernprozesse eher Auftragsabwicklung, Produktion und Beschaffung.

Die für das Funktionieren von Kernprozessen beitragenden Wertschöpfungsketten bilden die so genannten Stützprozesse. Diese können z. B. sein: Instandhaltung, Logistik oder

Informationsverarbeitung. Hier ist es wichtig, auf dem Stand der Kunst zu sein. Insofern stehen sie im Wettbewerb zu ähnlichen Kompetenzen in oder außerhalb der eigenen Branche. Sie müssen sich einem „Benchmark" stellen, d. h. sie werden nur dann in eigener Regie erfolgen, wenn sie besser oder zu mindestens gleich gut betrieben werden können. „Make, Cooperate or Buy" ist die permanente Frage. Es wird nur das selbst getan, was man besser kann.

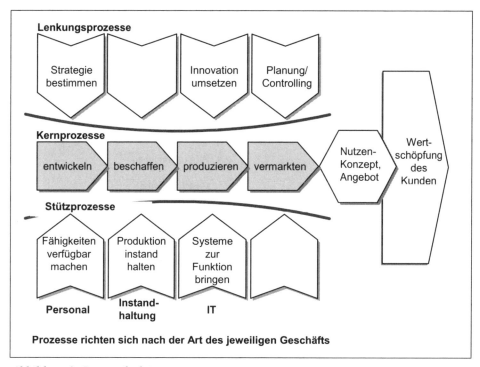

Abbildung 2: Prozessfunktionen

Damit das Zusammenspiel der Prozesse untereinander und mit den in der Organisationsstruktur vorgehaltenen Kompetenzen funktioniert, sind ferner die relevanten, koordinierenden und steuernden Aufgaben in so genannten „Steuerungsprozessen" zu erfassen. Sie orientieren sich ebenfalls an den Kernprozessen und können sich z. B. beziehen auf Planung und Controlling, Synergie, Kompetenzplattformen, Wissensmanagement etc.

3.   Stringente und flexible Prozesse

Mitunter bietet sich an, die Prozesse nach ihrer Stringenz bzw. Flexibilität zu unterscheiden. Ein Produktions-, Logistik- oder Auftragsabwicklungsprozess wird sehr exakt und detailliert beschrieben sein. Abweichungen sind kaum vorgesehen und auch nicht gewollt, da der Effekt eben gerade in der Rationalisierung gesucht wird. Diese Prozesse bedürfen einer präzisen Planung und Steuerung. Anders verhält es sich bei Prozessen wie Produktinnovation, Akquisition oder Personalentwicklung. Hier wird es stärker auf den Rahmen, die Grundsätze, die Arbeitsweisen etc. ankommen. Sie bedürfen einer verstärkten Führung und situativen Anpassung.

Stringente Prozesse	Flexible Prozesse
z. B.	z. B.
■ Produktion	■ Produktinnovation
■ Auftragsabwicklung	■ Geschäftsanbahnung
■ Beschaffung	■ Personalentwicklung
■ Kundenservice	■ Wissenstransfer
■ Instandhaltung	■ Projektierung
■ Reklamation	■ ...
■ ...	
Betonung auf	Betonung auf
■ Wertschöpfungskette	■ Wertschöpfungskette
■ Detailabläufe	■ Abschnittsbeschreibung
■ Handlungsvorgaben	■ Arbeitsweisen
■ Quantitative Messgrößen	■ Qualitative Maßstäbe
■ Fehlererfassung	■ Abweichungsanalyse
■ Korrekturanpassung	■ Situatives Management

4.   Unternehmensübergreifende Prozesse

Prozesse kennzeichnet insbesondere, dass sie abteilungs- bzw. bereichsübergreifend sind. Dieses Prinzip, nämlich sich an der Wertschöpfungskette zu orientieren, muss aber nicht an den juristischen Grenzen einer Organisation ungültig werden. Im geschäftlichen Zusammenspiel tauschen die Unternehmen Waren und Dienste aus. Traditionell wird beim Übergang der Leistung von einer zur anderen juristischen Einheit eine eindeutige Trennungslinie gezogen. Ein Prozess endet, ein anderer beginnt. So werden mitunter stark ineinander verzahnte Veredlungsstrecken gewissermaßen künstlich oder auch willkürlich unterbrochen. Hier bieten sich gerader in einer arbeitsteiligen Welt große Rationalisierungspotentiale.

Klassiker einer solchen Betrachtung sind z. B. Waren, die extern bezogen werden und unmittelbar in der Weiterverarbeitung des Kunden münden. Der Lieferant führt eine Ausgangs-, der Abnehmer gleichermaßen eine Eingangskontrolle durch. Wird die Strecke als ein Prozess verstanden, bedarf es nur der Verständigung auf eine Qualitätssicherung; ein Ansatz, der heute schon als übliche Praxis bezeichnet werden kann. Geleitet von derartigen Überlegungen lassen sich nun weitere Prozessoptimierungen nutzen. So kann z. B. der Lieferant quasi selbst den Bestellvorgang auslösen, wenn er Zugang zu den Lager- und Fertigungsdispositionen des Kunden erhält.

5.   Referenz- und Masterprozesse

Prinzipiell lässt sich die gesamte Organisation mit Prozessen darstellen. Die Grenzen liegen wohl beim Verlust der Übersichtlichkeit und dem steigenden Aufwand der Handhabung. Es bietet sich daher an, nach Vereinfachungen zu suchen. Die Antwort kann in der Modularität und Standardisierung liegen. Hat das Unternehmen gleichartige Einheiten wie z. B. Geschäftsbereiche A, B und C oder Beschaffungsbereiche I, II und III, dann werden ähnliche Prozesse in den gleichartigen Einheiten erforderlich sein. Dementsprechend können so genannte Master- oder Referenzprozesse erstellt und dann auf die spezifischen Anwendungen hin appliziert werden.

Liegt z. B. ein Geschäftsanbahnungsprozess prinzipiell als Master bzw. Standard vor, kann er durch „Trimmen" (streichen oder hinzufügen von Elementen) ohne größeren Aufwand auf die besonderen Erfordernisse der Geschäftsbereiche „Industrie", „Handel" oder „Dienstleistung" angepasst werden. Dieses Prinzip ist bei Kettenkonzernen (Handelshäuser, Franchising, etc.) üblich und keine Besonderheit. Es wird dort interessant, wo zwar Gleichartigkeiten bestehen, diese aber zunächst nicht augenfällig sind.

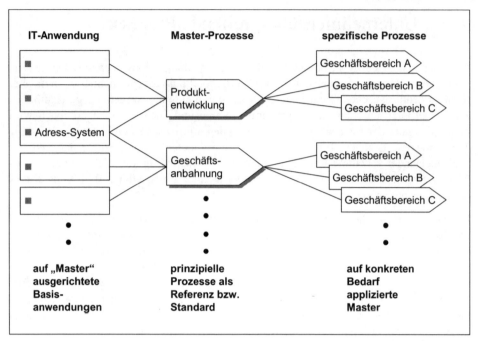

Abbildung 3: Zusammenhang Masterprozesse und spezifische Prozesse sowie IT-Anwendungen

Unterscheidet z. B. eine Einrichtung für angewandte Forschung zwischen Betätigungs-feldern wie Verkehr, Umwelt und Energie, so lassen sich doch für alle Felder gemein-same Prozessplattformen finden, so zum Beispiel Rekrutierung von Fördermitteln, Ver-marktung der Ergebnisse, Planung und Steuerung der Forschungsaktivitäten.

Ein besonderer Vorteil eines Masterprozesses liegt darin, dass die IT-Unterstützung zunächst auf ihn ausgerichtet wird, um dann auf die Spezifika ausdifferenziert zu wer-den.

6.   Anwendung und Nutzen

Die Prozessarchitektur versteht sich weder als Gliederungsübung noch als die komplette Aufzählung der unterschiedlichen Wertschöpfungsketten. Vielmehr geht es darum, den Zusammenhang zu kennen, auch dann wenn in der Folge lediglich zwei bis drei Prozesse näher beschrieben, ausgerichtet und gemanagt werden. Man spricht hier zuweilen auch von „Prozesslandschaft". Damit soll der den Gegebenheiten innewohnenden Unterschiedlichkeit und Dynamik Rechnung getragen werden. Da die Prozesse die bestehenden, disziplinaren Strukturen überlagern, fällt die Anpassung an Änderungen leichter; aufreibende Dissonanzen über Zuschnitt und Besetzung von Stellen entfallen weitestgehend.

Vor diesem Hintergrund liegt es nahe, bei der Beschreibung eines Unternehmens neben dem klassischen Organigramm auch die Prozessstruktur aufzuzeigen. Erst wenn die Verantwortlichkeiten hinsichtlich Funktions- und Fachbereichen und hinsichtlich der Wertschöpfungsketten dargestellt sind, können sich alle Beteiligten ein gutes Bild über die Zusammenhänge machen. Nicht zuletzt hat man so auch die Möglichkeit, unterschiedliche Managementebenen und -entwicklungen aufzuzeigen.

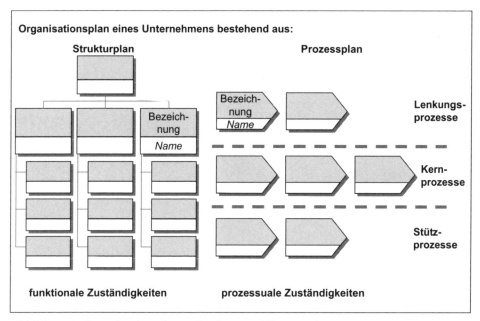

Abbildung 4: Organisationsplan = Struktur- und Prozessplan

Der Nutzen der Prozessarchitektur lässt sich wie folgt zusammenfassen:

- Vereinheitlichung ähnlicher Wertschöpfungsketten

- Ausschöpfung von Synergien zwischen den Prozessen

- Gezielte Steuerung der Kosten und Zeiten entlang der Wertschöpfungsketten

- Grundlage für die Durchführung von Benchmarks und Beurteilung von „Make, Cooperate or Buy"

■ Feststellung von Überschneidungen und Lücken von Prozessen; Klärung der Nahtstellen

■ Fachabteilungen können sich besser verorten und wissen, welche Leistungen sie
  wann, in welcher Qualität zu welchen Kosten bereitstellen sollen.

*Prozess- und Strukturplan sind die zwei Seiten einer Münze – sie beschreiben die Orga-
nisation aus unterschiedlichen Blickrichtungen*

Teil II:

Anwendungen/Praxisbeispiele

Design von Dienstleistungsprozessen

Ingo Gaida, Matthias Wanner, Thilo-J. Werners

Inhalt:

1.   Merkmale modernen Prozessmanagements

Angesichts der komplexen Abläufe in einem Großunternehmen und der erwünschten Wertschöpfung stellt die Optimierung von Arbeitsorganisation und Arbeitsprozess eine ständige Herausforderung für den Unternehmer und den Arbeitnehmer gleichermaßen dar. Die funktionale Organisationsform mit ihrer hierarchischen Aufgabenteilung und ihren bereichsorientierten Einzelentscheidungen ist der Komplexität und dem ständigen Wandel der Wertschöpfungskette in aller Regel nicht gewachsen. Quer zur Linienorganisation verlaufen die tatsächlichen Unternehmensprozesse von der Forschung und Entwicklung über die Produktion bis hin zum Controlling (siehe Abbildung 1).

Dabei mag der Unternehmer das Folgende unter dem Begriff „Prozess" verstehen:

Ein Unternehmensprozess ist ein strukturiertes System aus Aktivitäten, Personen, Informationen und Ressourcen, das für das Unternehmen ein Ergebnis von Wert schafft.

Eine prozessorientierte Unternehmensorganisation verlangt eine intensive, sachorientierte und qualifizierte Zusammenarbeit, die um eine ständige Verbesserung der Wertschöpfung des Unternehmens bemüht ist, während die nicht wertschöpfenden Prozesse bewusst und dauerhaft verbannt werden.

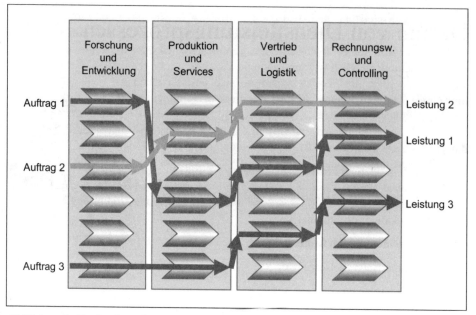

Abbildung 1: Verlauf von Prozessen quer zur Linienorganisation

Prozessmanagement ist nicht eine neue Sicht auf die alten Dinge, sondern die Einführung eines neuen Organisations- und Managementansatzes, der die klassische Linien- oder Matrixorganisation überlappt, um die wertschöpfenden Arbeitsprozesse in den Vordergrund zu stellen. Damit vereint Prozessmanagement die Aspekte Struktur und Ausführung im Unternehmen miteinander.

Um die Prozesswelt systematisch, strukturiert und unternehmensspezifisch entwickeln und verbessern zu können, ist eine Methode zur Darstellung der Prozesse hilfreich.

Ein Unternehmensprozess kann mit Hilfe einer Methode in einem strukturierten Prozessmodell abgebildet werden, das alle wesentlichen Inhalte hinreichend berücksichtigt.

Ein Prozessmodell ist also der erste Schritt in Richtung einer prozessorientierten Unternehmensorganisation. Das Prozessmodell sollte die erforderlichen Aktivitäten, Ressourcen, Informationen, Daten und Dokumente und die Rollen der beteiligten Personen beinhalten. Welche Methode zur Prozessmodellierung am besten einzusetzen ist, hängt sowohl von prozessspezifischen (intrinsischen) Faktoren ab wie z. B. Art des Prozesses, Komplexität, Risiken, Kosten, Schnittstellen und Verantwortlichkeiten, als auch von ressourcen- und informationsspezifischen (extrinsischen) Faktoren wie Anzahl, Ausbildung und Kultur der beteiligten Personen, Anzahl, Art und Bekanntheit der eingesetzten Technologien oder Verständlichkeit und Vertraulichkeit der Informationen.

Diese Faktoren sind bei der Auswahl der Modellierungsmethode zu berücksichtigen. Dabei gilt es die Angemessenheit zu wahren und nicht mit Kanonen auf Spatzen zu schießen. Deshalb sollte für Prozesse mit geringen Kosten oder Risiken eine möglichst einfache Methode gewählt werden, während Prozesse mit hohen Kosten oder Risiken es im wahrsten Sinne des Wortes wert sind, sich umfassenderer Methode zu bedienen. Bewährte Instrumente und Methoden, die die Prozessmodellierung und ihre Umsetzung im Unternehmen unterstützen, sind z. B. Total Quality Management, Kaizen oder Six Sigma. Alle diese Methoden und ihre praktischen Umsetzungen haben vor allem zum Ziel, die prozessspezifischen Risiken mit angemessenem Aufwand in den Griff zu bekommen, ohne den zugrunde liegenden Wertschöpfungsprozess zu gefährden.

Ein Unternehmensprozess mit geringen Risiken sollte mit einfachen Methoden, ein Prozess mit hohen Risiken mit umfassenderen Methoden entwickelt, strukturiert und gesteuert werden.

Obwohl diese Aussage trivial klingen mag, bleibt sie allzu oft unberücksichtigt. So werden heute in Unternehmen die meisten Prozesse entweder mit Präsentationssoftware oder mit reinen Grafiktools visualisiert und kommuniziert. Das mag gelegentlich für die Darstellung eines einfachen Prozesses wie z. B. einer Reisebuchung angemessen sein, ist jedoch für die Planung und Durchführung des Energiemanagements oder der Rohstoffversorgung im industriellen Umfeld oder für die Datensicherheit und Datensicherung im Bankengeschäft vollkommen unzureichend.

Für ein erfolgreiches Arbeiten in Prozessen ist ein gemeinsames Verständnis der direkt und indirekt Beteiligten erforderlich. Prozessbeteiligte sind in diesem Zusammenhang nicht nur die Prozessverantwortlichen oder die Bearbeiter von Teilprozessen, sondern auch die Unternehmensleitung, das mittlere Management, Linienvorgesetzte, Mitarbeiter in Lenkungsausschüssen und Stabsstellen, Kunden, externe Dienstleister wie auch externe Berater, die die gegebene Prozesslandschaft weiterentwickeln oder neu organisieren und damit die zukünftige Prozesswelt im Unternehmen stark beeinflussen. Die Basis für das gemeinsame Verständnis können Leitbilder, Vorträge, Rundschreiben, Dokumentationen oder Verträge bilden. Letztendlich muss dieses Verständnis im Unternehmen Tag für Tag gelebt werden, damit das Ziel, in Prozessen zu denken und zu arbeiten, erreicht werden kann.

Warum ist es sinnvoll, eine prozessorientierte Arbeitsorganisation im Unternehmen zu etablieren? – Was ist der unternehmerische Nutzen von Prozessmanagement? – Jeder Unternehmer sieht es als seine ständige Herausforderung an, dass die Arbeit in seinem Unternehmen so effizient und effektiv wie möglich durchgeführt wird. Dabei wird hier Effektivität als derjenige Zustand angesehen, in dem die „richtigen Dinge getan werden", während Effizienz einen Zustand meint, in dem „die Dinge richtig getan werden". Eine fundamentale Voraussetzung dafür ist, die „Dinge zu verstehen". Entsprechend machen groß angelegte Effizienzprogramme nur dann Sinn, wenn die zugrunde liegenden Prozesse und ihre Risiken hinreichend verstanden sind. Der damit verbundene iterative Lernprozess kann schematisch als Regelkreis verstanden werden (siehe Abbildung 2).

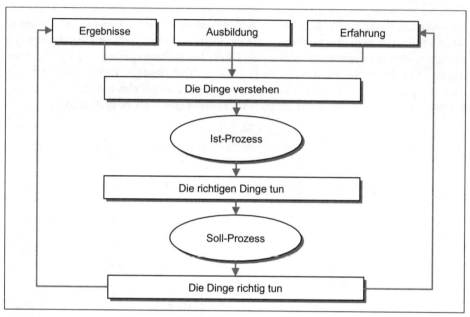

Abbildung 2: Kontinuierlicher Lernprozess

Für ein erfolgreiches Prozessmanagement im unternehmerischen Sinne gibt es verständlicherweise je nach Branche und Prozessart unterschiedliche Erfolgsfaktoren. Abgesehen von diesen spezifischen Faktoren lassen sich grundsätzlich folgende Merkmale identifizieren:

Prozessmanagement erfordert eine besondere Organisationsform.

Erfolgreich ist Prozessmanagement vor allem dann, wenn es im Unternehmen von oben nach unten verstanden und gelebt wird. Die Linienorganisation muss die Unternehmensprozesse optimal unterstützen. Verändert sich der Prozess signifikant, so ändert sich in aller Regel auch die Organisationsform. Prozesse besitzen einen Prozessverantwortlichen mit einer Management- und Controllingfunktion. Der Prozess selbst wird durch ein Team ausgeführt, das gemäß den Prozessanforderungen zusammengesetzt ist. Es ist die Aufgabe des Prozessverantwortlichen, diejenige Organisationsform zu finden, zu entwickeln und zu überprüfen, die zur Prozessdurchführung und zur Erreichung der Prozessergebnisse am besten geeignet ist. Die damit verbundenen organisatorischen Schnittstellen müssen dabei klar herausgearbeitet werden. Dabei wird es keine ultimative Organisationsform für einen Prozess geben, sondern die einen Prozess unterstützende Organisationsform und ihre Schnittstellen sind entsprechend den veränderlichen Unternehmensgegebenheiten dynamisch zu verstehen.

Prozessmanagement erfordert ein besonderes Personalmanagement.

Das Personalmanagement sollte sich an den dynamischen Unternehmensprozessen orientieren und dabei klare Verantwortlichkeiten definieren. Die Personen sind so einzusetzen, dass sie gemäß ihrem Ausbildungsstand und ihrer Berufserfahrung die Prozessverantwortlichkeiten leben können. Um es etwas deutlicher zu sagen: „Ein prozessorientiertes Unternehmen besetzt keine Stellen, sondern Prozessrollen." Die Arbeit wird in Teams aus Experten verrichtet. Diese Spezialisten arbeiten nicht nur effizient und verbessern nicht nur in regelmäßigen Abständen die Prozessabläufe, sondern sie müssen auch eine hohe Selbstdisziplin und Prozessdisziplin in die Praxis umsetzen. Somit ergibt sich, dass das Personalmanagement der Dynamik der Prozessentwicklung folgt und in Abhängigkeit von verfügbaren Personen und Kompetenzen flexibel agiert.

Prozessmanagement erfordert ständige Anpassungen und Verbesserungen.

Prozesse sind keine ultimativen Rezepte. Wie oft es zu kleinen oder großen Anpassungen kommt, hängt vor allem mit der Markt- und Konkurrenzsituation zusammen oder ergibt sich aus der Art des Prozesses selbst. Grundsätzlich lässt sich als „Daumenregel" jedoch empfehlen, einmal im Jahr die praktizierten Prozesse, ihre Wirksamkeit und ihren Nutzen kritisch unter die Lupe zu nehmen. Die Erfahrung hat gezeigt, dass diese normalen Prozessanpassungen am besten dezentral, zum Beispiel auf Abteilungsniveau, eigenverantwortlich durchgeführt werden.

Prozessmanagement erfordert systematisches und strukturiertes Arbeiten.

In Prozessen zu denken und zu arbeiten, erhöht die Systematik und Transparenz im Tagesgeschäft wie auch das Verständnis für die anstehenden Aufgaben. Das gilt für Mitarbeiter wie für Kunden und Lieferanten. Die typischen Arbeitspakete, die zugehörigen Verantwortlichkeiten und die gewünschten Arbeitsergebnisse werden klar strukturiert und festgelegt. Idealerweise können unterstützende IT-Systeme die prozessspezifischen Arbeits- oder Projektpläne erzeugen. So wird die Prozessdarstellung aktiv genutzt, um den idealen Weg aufzuzeigen, wie und in welcher Reihenfolge die Arbeiten zu erledigen sind, ohne wichtige Schritte zu vergessen oder Doppelarbeit zu leisten.

Prozessleistungen und Prozessergebnisse sind messbar.

Aussagekräftige Prozess-Kennzahlen festzulegen und diese zu messen, um die Prozess-Performance objektiv einzuschätzen und ggfs. zu verbessern, ist eigentlich zwingend. In der Praxis zeigt sich jedoch, dass die Festlegung sinnvoller Kennzahlen schwierig ist und die Messergebnisse nur mit Bedacht und Weitblick zu interpretieren sind. Auf jeden Fall ist die Ermittlung von Prozesskosten äußerst hilfreich. Vor allem bei Dienstleistungs- und Verwaltungsprozessen können Prozesskostenanalysen Schiefstände in der Arbeitsorganisation offenlegen.

Prozessmanagement erfordert Kontinuität.

Es ist nicht von der Hand zu weisen, dass Projekte zum Business Process Reengineering, Effizienzprogramme oder Kostensenkungsprojekte mit prozessorientierten Ansätzen oft nicht die geforderten Ziele erfüllen. Nüchtern betrachtet stellt sich oft heraus, dass vor allem der Bruch in der Kontinuität ein Hauptgrund für das Scheitern solcher Unternehmungen ist. Besonders ein Personalwechsel und Job-Rotationen an den Schlüsselpositionen wirkt sich in diesem Zusammenhang extrem negativ aus. Nur dort, wo die Unternehmensführung das Thema Prozessmanagement über Jahre aktiv und kontinuierlich begleitet und unterstützt, können die notwendigen Veränderungen in der Arbeitsorganisation und der Unternehmenskultur ihre Früchte tragen.

2.   Prozessorientierung in Dienstleistungsorganisationen

Die Dienstleistungsbranche hat in den letzten Jahren einen deutlichen Wandel vollzogen. Großunternehmen, die noch vor Jahren viele oder fast alle Dienstleistungen aus eigener Kraft und mit eigenem Personal erbracht haben, konzentrieren sich zunehmend auf ihr strategisches Kerngeschäft und kaufen notwendige Dienstleistungen extern ein. Mergers & Acquisitions ebenso wie Outsourcing ließen in den letzten zehn Jahren viele neue Geschäftsbeziehungen zwischen Dienstleistern und Produzenten entstehen. Siemens, Daimler, Bayer oder Thyssen-Krupp, um nur einige zu nennen, haben ihr ehemals internes Dienstleistungsgeschäft zum Teil auf eigene Beine gestellt. Verbunden damit ist ein Paradigmenwechsel für die betroffenen Prozesse. Während sie vormals unterstützender Art waren, sind die Dienstleistungsprozesse für externe Kunden wertschöpfender Natur und gehören damit zum Kerngeschäft des nun eigenständigen Dienstleisters. Während vorher zentrale Fachbereiche Querschnittsaufgaben mit hoheitlichem Mandat erbracht haben, die firmenintern auf Kostenstellenniveau abgerechnet wurden, so treten nach der Eigenständigkeit an die Stelle der Zentralbereiche die Competence Center der Dienstleistungsfirmen. Der ehemals interne Querschnittsprozess entwickelt sich zu einem firmenübergreifenden Dienstleistungsprozess. Zusatzaktivitäten wie „Vertrag abschließen", „Angebot erstellen" oder „Rechnung fakturieren" bringen erhöhten Schnittstellen- und Verwaltungsaufwand, auf der anderen Seite werden die tatsächlich erbrachte Leistung und ihre Kosten transparenter. Aufgrund dieser besseren Nachvollziehbarkeit kann dann gegebenenfalls ein differenzierterer, aktiver Leistungsverzicht geübt werden.

Die gestiegene Komplexität bei der Abwicklung von Dienstleistungen liegt natürlich weder im Interesse des Kunden, noch im Interesse des Dienstleisters, der sich für seine Preisgestaltung über den Dienstleistungsprozess und die zugehörigen Prozesskosten ein genaues Bild machen will. Typische Fragen sind deshalb:

■ Welche Aktivitäten müssen durchgeführt werden?

■ Welche Sachmittel und Informationen sind erforderlich ?

■ Welche Mitarbeiter werden benötigt?

■ Wie lange dauert die Durchführung?

Die Beantwortung dieser Fragen ist nicht nur Voraussetzung für die Ermittlung eines Preises, sondern hilft, den Dienstleistungsprozess so reibungslos wie möglich durchzuführen, weil Schwachstellen, Risiken oder mögliche Fehler erkannt und nach Möglichkeit eliminiert oder zumindest reduziert werden. Damit kommt das Management eines Dienstleistungsunternehmens den Anforderungen des Marktes nach und steigert die Produktivität.

Dabei hat die Produktivität im Dienstleistungsbereich immer eine quantitative wie auch eine qualitative Komponente. Im Vergleich zu quantitativ unmittelbar messbaren Kenngrößen ist das Thema Qualität deutlich schwieriger in den Griff zu bekommen. Gute Erfahrungen wurden mit der Entwicklung in drei Schritten gemacht:

1. Dienstleistungen als Prozesse einführen und umsetzen

2. Prozesse im Rahmen eines Qualitätsmanagement-Systems verankern

3. Kunden- und Lieferantenzufriedenheitsanalysen durchführen

Die Dienstleistungsprozesse bilden die Basis, die den Mitarbeitern verdeutlicht, welche Aufgaben sich stellen, was der Bestandteil ihrer Arbeit ist, welche Daten und Dokumente sie erbringen müssen und welchen Verantwortungsbereich sie haben.

Aufbauend auf diesem Fundament ist es möglich, ein Qualitätsmanagement-System nach der prozessorientierten ISO-Norm einzuführen. Die Anforderungen der Norm sind einfach zu erfüllen, wenn die Dienstleistungsprozesse zuvor angemessen spezifiziert wurden. Die Einführung des QM-Systems ist dann weniger aufwändig und hält die Mitarbeiter nicht lange von ihrer Arbeit im Tagesgeschäft ab. Zudem kommt es im Lauf der Zertifizierungsarbeiten zu einer objektiven Prüfung der eingeführten Prozessstrukturen. Gleichzeitig sind zwei wesentliche Aspekte mit diesem Instrument und diesem Schritt verbunden: die Verankerung der Kundenorientierung und die Durchführung kontinuierlicher Verbesserungen.

Im dritten Schritt ist dann zu prüfen, was letztendlich beim Kunden und Lieferanten ankommt. Die Grundidee der prozessorientierten Norm (siehe Abbildung 3) fordert eine kontinuierliche Verbesserung der „Prozesswelt", um dem Wandel am Markt gerecht zu werden und die Kundenanforderungen zu erfüllen. Die Wirksamkeit der Dienstleistungsprozesse kann so durch sinnvoll gestaltete Lieferanten- und Kundenzufriedenheitsanalysen geprüft werden.

Zusammenfassend lassen sich somit folgende Anforderungen an eine prozessorientierte Dienstleistungsorganisation identifizieren:

- Leistungsziele bestimmen
- Arbeitsaufgaben klären
- Verantwortlichkeiten festlegen
- Innovationen und Verbesserungen umsetzen
- Lieferantenanforderungen berücksichtigen
- Kundenanforderungen erfüllen

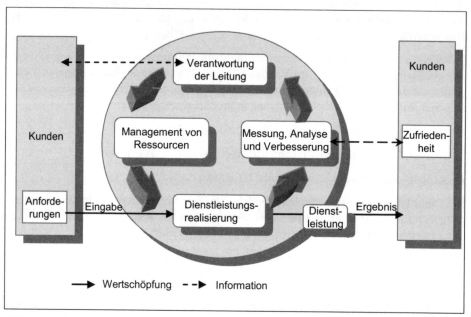

Abbildung 3: Ständige Verbesserung der Dienstleistungsprozesse

In der Folge stellt sich die Frage, welche Methode sich eignet, um die anstehenden Aufgaben und die damit verbundenen Dienstleistungsprozesse festzulegen und die kontinuierlichen Verbesserungen und Veränderungen zu unterstützen.

3.   Kommunikationsstrukturanalyse

Die Entwicklung eines Prozessmodells ist der erste Schritt in Richtung einer prozessorientierten Unternehmensorganisation. Das Prozessmodell sollte die erforderlichen Aktivitäten, Ressourcen, Sachmittel, Informationen, Daten und Dokumente und beteiligten Personen umfassen und die tatsächlichen Arbeitsprozesse in hinreichender Form und Struktur wiedergeben. Im Bereich von Dienstleistungsprozessen hat sich die so genannte Kommunikationsstrukturanalyse in der industriellen Praxis bewährt, die im Folgenden in einer leicht erweiterten Form vorgestellt wird (siehe auch: H. Krallmann, L. Feiten, R. Hoyer, G. Kölzer, „Die Kommunikationsstrukturanalyse (KSA) – zur Konzeption einer betrieblichen Kommunikationsstruktur" in K. Kurbel, P. Mertens, A.W. Scheer (Hrsg..): Interaktive betriebswirtschaftlich Informations- und Steuerungssysteme).

Dienstleistungs- und Verwaltungsprozesse zeichnen sich im Vergleich zu teilweise hoch standardisierten Produktionsprozessen durch einen größeren Anteil von Informationsflüssen aus. Hierzu zählen Telefonate, E-Mails, Briefe, Protokolle, Arbeitspläne, Bestellungen, Abrufaufträge oder andere Daten und Dokumente.

Ein Mitarbeiter kann zum Beispiel aufgrund eines Softwarefehlers sein Email-Programm nicht mehr bedienen und ruft bei seinem DV-Support an, erläutert den Fehler und löst auf Basis dieser Informationen eine Dienstleistung aus. Analog beauftragt ein Kunde einer Autowerkstatt eine Inspektion, die durch einen genauen Arbeitsplan festgelegt ist und die auf dieser Basis beauftragt wird. Diese beiden Beispiele weisen ähnliche Strukturen auf, indem die Arbeitsaktivitäten durch die Weitergabe qualifizierter Informationen aufeinander aufbauen.

Der Bearbeiter erledigt seine Aufgaben in einem Spannungsfeld zwischen internen wie externen Lieferanten und Kunden (siehe Abbildung 4). Typische Hilfsmittel sind dafür Telefon, Computer, Werkzeuge, Fahrzeuge sowie erforderliche Informationen wie Auftrag, Erlaubnisscheine, Genehmigungen, Lieferadressen usw. Darüber hinaus basiert die Ausführung der Arbeit und die Qualität der erzielten Ergebnisse auf den Strukturen und Regeln der beteiligten Organisationen, mit Berücksichtigung ihrer unternehmensspezifischen und gegebenenfalls verschiedenen nationalen Kulturen.

Die Kommunikationsstrukturanalyse stellt den Kommunikationsprozess in den Mittelpunkt und fragt damit nach dem „Wie" und „Warum" bestehender Arbeitsprozesse fragt. In diesem Rahmen wurde ebenfalls die Frage nach einem angemessenen und nutzbaren rechnergestützten Analyse- und Planungssystem aufgeworfen.

Ausgehend von der oben dargestellten, strukturierten Systemanalyse unter Berücksichtigung von

- Aufgaben und Rollen
- Kunden und Lieferanten

- Kommunikationsorganisation

- Sachmitteln

- Arbeitsorganisation

- Unternehmensorganisation, -strategie und -kultur

werden die Aktivitäten und Ressourcen, Informationen und Daten bis hin zu konkreten Dokumenten und beteiligten Personen in einem Prozessmodell abgebildet.

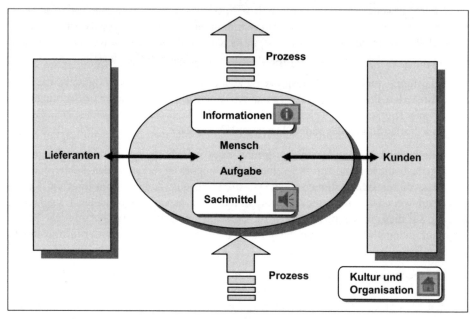

Abbildung 4: Aspekte der Kommunikationsstrukturanalyse (KSA)

Im Mittelpunkt der Analyse steht der Informationsfluss. Hierbei wird nicht nur die Art des Informationstransportes, sondern auch der Zweck betrachtet. In betrieblichen Situationen mit hohem Kommunikationsanteil, wie sie typischerweise im Einkauf, Vertrieb, Controlling oder Verwaltungsbereich vorkommen, zeigt sich der Nutzen der KSA-Methode besonders deutlich. Die Verhandlung von Einkaufs- wie Verkaufskonditionen und -verträgen, die Umsetzung einer globalen Absatz- und Umsatzplanung wie auch die Steuerung von Investitionsprojekten ist durch komplexe und wiederkehrende Informations- und Kommunkationsstrukturen geprägt, die mit Hilfe der KSA-Methode umfassend abgebildet und verbessert werden können. Ihre konsequente Nutzung spürt prozessbedingte Informationsdefizite und ineffiziente Kommunikationswege auf und hilft, ausgehend von der Ist-Situation, eine Verbesserung der Kommunikation im Unternehmen herbeizuführen.

Wenn die „Prozesswelt" hinreichend genau ausmodelliert worden ist, können auf Basis der KSA Methode die Anzahl und Art der

- Medienbrüche (Wechsel des Informationsträgers)
- beteiligten Organisationseinheiten
- verwendeten Geräte (technische Vielfalt)
- verwendeten Software
- verwendeten Dokumente
- abteilungsübergreifenden Schnittstellen

analysiert werden. Dabei ist es in der Regel sehr ernüchternd, welche Software und Dokumente im Rahmen der normalen Arbeitsabläufe tatsächlich benutzt werden und welche nicht. Typische Ergebnisse einer solchen Analyse können sein, dass Genehmigungsprozesse z. B. zu viele beteiligte Stellen durchlaufen oder dass Kundenanforderungen bei der Produktentwicklung nur indirekt berücksichtigt werden.

4.   Prozessoptimierung im weiteren Sinne

Die Optimierung eines Prozesses reicht natürlich über die Kommunikationsanalyse hinaus. Hierbei geht es um Anpassungen der Bearbeitungszeiten, Verbesserung der Qualität, effizientere Konfiguration der Abläufe in jeglicher Hinsicht. So werden in den Prozessen zum Beispiel Bearbeitungs-, Transport- und Liegezeiten als auch Verteilzeiten betrachtet. Letztere sind dem Prozess zwar zugeordnet, hängen jedoch nicht direkt mit einzelnen Arbeiten und Aufgaben zusammen. Sie umfassen zum Beispiel die allgemeine Vorbereitung des eigenen Arbeitsplatzes. Die Verteilzeit im Dienstleistungsbereich liegt je nach Unternehmen und Branche zwischen 10 und 20 Prozent. Sie kann durch Optimierung des Ressourceneinsatzes und der Arbeitsumgebung minimiert werden.

Für Dienstleistungsprozesse kann eine Analyse der Prozesszeiten und zugehörigen Prozesskosten ausgesprochen hilfreich sein, um typische Kostentreiber zu identifizieren und Prozesse effizienter und effektiver zu gestalten (siehe Tabelle 1).

Man sollte sich jedoch in jedem Fall vor einer Überinterpretation solcher Analysen hüten und an falscher Stelle Geld sparen wollen. Gerade die Einführung prozessorientierter Methoden erfordert Umsicht, denn bei aller Nähe zum wirklich gelebten Ablauf müssen auch Prozessmodelle die Wirklichkeit an der einen oder anderen Stelle vereinfachen. Dies gilt es bei der Interpretation von Systemanalysen angemessen zu berücksichtigen.

In der Praxis reicht es oft aus, in einem ersten Schritt den grundsätzlichen Arbeitsablauf festzulegen, sowie typische Schwachstellen, Engpässe oder Risiken zu identifizieren und angemessene Gegenmaßnahmen zu ergreifen.

Des weiteren können mit Hilfe der Methode kritische Aktivitäten identifiziert und ggf. durch entsprechende Zusatzaktivitäten reduziert werden. Typischerweise existieren z. B. dort prozesstechnische Risiken, wo mindestens zwei unterschiedliche Informationen aus dem Verantwortungsbereich unterschiedlicher Bearbeiter oder Abteilungen vorliegen müssen, um den Gesamtprozess fortzuführen. In der Praxis sind solche Teilprozesse durch erhöhte Liegezeiten ausgezeichnet.

Tabelle 1: Prozesskostenanalyse „Abschluss Dienstleistungsverträge"

Aktivität	Bearbeiter	Kapazität	Bearbeitungszeit/ MA	Kosten/h	Gesamtkosten
Team bilden			7		1.610
Teamanforderungsprofil ermitteln	Manager	1	2	150	300
Experten identifizieren	Manager	1	1	150	150
Team zusammenstellen	Manager	2	1	150	300
Kick-off durchführen	Team	4	2	100	800
Projektplan kommunizieren	Sachbearbeiter	1	1	60	60
Ist-Zustand ermitteln			14		4.240
Beteiligte Personen ermitteln	Team	4	2	100	800
Informationen beschaffen	Team	4	8	100	3.200
Vertragsentwurf beschaffen	Sachbearbeiter	1	1	60	60
Ist-Zustand dokumentieren	Sachbearbeiter	1	3	60	180
Zielvorgaben definieren			25		5.140
Strategische Ziele ermitteln	Team	4	1	100	400

Aktivität	Bearbeiter	Kapazität	Bearbei-tungszeit/ MA	Kos-ten/h	Gesamt-kosten
Operative Ziele ermitteln	Team	4	2	100	800
Gesetzliche Vorgaben ermitteln	Team	4	2	100	800
Vertragsziele entwickeln	Team	2	8	100	1.600
Verhandlungsstrategie festlegen	Team	4	1	100	400
Vertragsentwurf aktualisieren	Sachbearbeiter	2	8	60	960
Vertragsverhandlungen planen	Sachbearbeiter	1	3	60	180
Vertragsverhandlungen führen			22		7.200
Vertrag verhandeln	Team	4	16	100	6.400
Vertragsentwurf aktualisieren	Sachbearbeiter	1	4	100	400
Vertrag unterzeichnen	Geschäftsführer	1	2	200	400
SUMME			68		18.190

Im Anschluss an die Analyse lässt sich auf einer sachorientierten Ebene klären, inwieweit z. B. die Bearbeitungszeit insgesamt verändert und angepasst oder inwieweit die Qualität der Dienstleistung verbessert werden kann bzw. inwieweit neue Arbeitsabläufe den Prozess effizienter und effektiver machen. Auch lässt sich auf diese Art und Weise ermitteln, welche Aktivitäten zu Erledigung der anstehenden Aufgaben mindestens erforderlich sind, so dass sich die minimal möglichen Prozesskosten ergeben.

Unter der Voraussetzung, dass die vergleichbaren Marktpreise bekannt sind (Benchmarks), können so konkrete Dienstleistungsangebote erstellt und die korrespondierenden Margen ermittelt werden.

5.   Unternehmerische Zielsetzungen

Der Unternehmer hat die Schaffung von Werten im Auge, wenn er Arbeitsabläufe analysiert und optimiert. Für komplexe oder unternehmensübergreifende Arbeitsprozesse ist es oft erforderlich, Strukturen und Transparenz zu schaffen, um die Aufgaben sorgfältig zu planen und zu steuern. Dabei kann der Einsatz einer prozessorientierten Methode wie z. B. der KSA und der sinnvolle Einsatz von Informationssystemen sehr hilfreich sein. Vor allem in der Dienstleistungsbranche leistet der Einsatz von Prozessmanagement gute Dienste. Grundsätzlich werden dabei die folgenden Zielsetzungen systematisch unterstützt:

- Steigerung der Produktivität

- Verbesserung der Qualität

- Erhöhung der Kundenorientierung

- Verbesserung der Arbeitszufriedenheit

- Steigerung der Transparenz

- Verringerung der Bearbeitungszeiten

- Senkung der Kosten

- Vermeidung von Doppelarbeit

- Klärung von Verantwortlichkeiten

Zusätzlich lässt sich auf Basis der bekannten Arbeitsprozesse die Prozess-Performance durch Kennzahlen oder „Key Perfomance Indicators" messen, so dass ein sinnvolles „Führen durch Ziele" auf Basis der bestehenden Arbeitsprozesse im Unternehmen etabliert werden kann.

Letztendlich stellt das Prozessmanagement eine Möglichkeit für den Unternehmer dar, seine Wertschöpfungskette optimal zu organisieren, systematisch zu verbessern und an neue Kundenanforderungen anzupassen, um die Erreichung seiner strategischen Ziele zu unterstützen und Wettbewerbsvorteile zu erarbeiten oder auszubauen.

Handelshaus setzt auf Prozessmanagement

„Was passiert in Keinheim?"

Ein Fall

Frank Kühn

Inhalt:

1.   Öffentlichkeit

Auslöser ist ein Artikel in der Regionalzeitung.

Die Öffentlichkeit ist irritiert. Was passiert im zwar ortsansässigen, aber überregional agierenden Handelshaus – immerhin auch wichtiger Arbeitgeber und kommunales Aushängeschild? Kann man den Medien glauben? Was sagt die Unternehmensführung dazu?

Eine genauere Recherche tut not. Was geschah im Einzelnen? Die Unternehmensführung ist im Rahmen ihrer Organisationsentwicklung an einer Fallbeschreibung interessiert. Ein Fachjournalist wird beauftragt und liefert folgende Geschichte.

Keinheimer Wochenanzeiger

Handelshaus setzt auf neue Managementmethoden
Umstrukturierung führt zur Kündigung

Keinheim, 12.09.xx - Was offenbar so gut anfing, erlitt gestern einen empfindlichen Rückschlag. Das führende Handelshaus unseres Ortes befindet sich mitten in einer Umorganisation. Die Modernisierung soll die Zukunft eines der wichtigsten Arbeitgeber in dieser Region sichern. Hierzu setzt die Geschäftsführung auf neue Management-Methoden, die bei vielen Abteilungsleitern allerdings auf Skepsis stoßen. Gestern kam es zur Auseinandersetzung zwischen Befürwortern und Gegnern des neuen Konzeptes, was zur Kündigung eines Abteilungsleiters führte, der auch als Mitglied des Gemeinderats bekannt ist. Bei der nächsten Sitzung sollen die Vorkommnisse erörtert werden. **- hb**

Gekündigt: Alfons Schmidt

2.   Fallbeschreibung

Hierarchie schlägt Effizienz – Abteilungsleiter sabotiert Prozesseinführung

▪ Ein Organisationsprojekt wird aufgesetzt

Ziel der Neuorganisation ist es, den Wareneingang des Handelsunternehmens prozessorientiert zu optimieren. Hierzu lässt sich die Geschäftsführung von einer externen Managementberatung unterstützen. Schließlich fällt die Entscheidung, das Vorhaben als Organisationsprojekt anzugehen. Frau Meinkel aus der Abteilung Betriebsorganisation übernimmt die Projektleitung.

▪ Übergreifende Prozessoptimierung ist angesagt

Im ersten Schritt wird die Ausgangssituation mittels Organisationshandbuch und Interviews festgestellt: Der Wareneingang ist bisher in verschiedene Abteilungen untergliedert, die auf Warengruppen spezialisiert sind. In jeder der Abteilungen sind die Abläufe sehr arbeitsteilig ausgelegt: Jeder Mitarbeiter hat einen Arbeitsinhalt, der zehn bis zwanzig Sekunden umfasst. Der eine Mitarbeiter nimmt die Ware verpackt an, der nächste packt sie aus, dann überprüft der dritte die Qualität der enthaltenen Ware, der vierte leitet sie ggf. weiter zur Verarbeitung, der fünfte schickt sie bei Mängeln an den Lieferanten zurück. Für Rückfragen an den Lieferanten ist wiederum eine andere Person zuständig, der man eine besondere Kompetenz für kritische Telefonate zutraut. Mehrere Arbeitsabschnitte sind einem Gruppenleiter zugeordnet.

Den Überblick über den ganzen Ablauf haben nur die Abteilungsleiter, den Mitarbeitern wird die Transparenz verwehrt: „Kümmern Sie sich um Ihren Teil, um den Rest kümmern sich andere." Nichtsdestoweniger haben sich die Mitarbeiter in der Not beholfen und einen informellen Informationsfluss eingerichtet. Wenn zum Beispiel der Auspacker ein Qualitätsproblem bemerkt (was nicht seine Aufgabe ist), gibt er der Ware eine diesbezügliche Notiz für den Prüfer mit. Insofern ist die Bereitschaft, den Prozess in Gänze zu verstehen und sich gesamtverantwortlich zu verhalten, auf der Arbeitsebene offensichtlich gegeben. Offengelegt wird das jedoch nicht, weil de facto die Zuständigkeitsgrenzen der Gruppenleiter überschritten werden. Genau das ist aber nicht gewollt. Da liegt es auf der Hand, dass die Idee, den Prozess grenzüberschreitend und ganzheitlich zu optimieren, von den Mitarbeitern insgeheim begrüßt wird (siehe Abbildung 1).

■ Prozessverantwortung wird etabliert

Die verschiedenen Arbeitsabschnitte sollen gebündelt in Prozessteams bearbeitet werden. Jedes Prozessteam ist für eine Warengruppe zuständig. Dementsprechend sind auch heute schon die Abteilungen gegliedert und so kann im ersten Schritt das dort gesammelte, spezifische Know-how weiter genutzt werden. Außerdem wird es dadurch möglich, mit dem Prozessteam in einer der bestehenden Abteilungen die Entwicklung pilothaft auszuführen, den Erfolg festzustellen, daraus zu lernen und dann im nächsten Schritt die Implementierung abteilungsübergreifend vorzunehmen. Dieses sukzessive Vorgehen wird im Vorstand beschlossen. Die Pilotabteilung ist schnell gefunden, der Abteilungsleiter (Müller) der Entwicklung gegenüber sehr positiv eingestellt.

Abbildung 1: Prozessoptimierung baut auf eine kooperative, linienübergreifende Zusammenarbeit und Kommunikation

Jetzt wird es auch konkreter. Mit der weiteren Konzipierung wird klar, dass die Prozess-teams für die Warengruppen die Verantwortung für den ganzen Prozess mit allen Prozessabschnitten übernehmen sollen, die bislang getrennt in die Zuständigkeitsbereiche der Gruppenleiter fielen. Die Verantwortung der neuen Prozessteams bezieht sich auf Produktivität, Kosten und Qualität sowie auf die ständige Verbesserung des Prozesses. Vieles ist für die Mitarbeiter neues Terrain, wird aber begrüßt nachdem geklärt ist, dass zum Beispiel betriebswirtschaftliche Schulungen der Mitarbeiter die Entwicklung flankieren werden. Für die Prozessteams sind auch bestimmte Arbeitsweisen neu, z. B. sich am Tagesanfang zu treffen und den Tag eigenverantwortlich zu organisieren, Verbesserungsmöglichkeiten zu überlegen und sich mit den betriebswirtschaftlichen Zahlen auseinanderzusetzen. Hierfür werden Besprechungsecken eingerichtet und mit den notwendigen Arbeitsmitteln versehen.

Abbildung 2: Die Selbstorganisation in den Prozessteams unterstützt gleichermaßen Verantwortungsübernahme und Motivation

■ Die Prozessorganisation stößt auf Akzeptanzprobleme

Was sich in der einen Abteilung gut entwickelt, wird von den anderen Abteilungen und insbesondere deren Führungskräften argwöhnisch beäugt. Fragen, die sich jeder stellt: Wie soll das auf meine Mitarbeiter übertragbar sein? Welche neuen Gepflogenheiten werden hier geübt? Wie werden meine Mitarbeiter mit den neuen Freiheiten umgehen? Wie werden die neuen Führungsanforderungen an mich selbst sein? Kann und will ich mich noch entsprechend verändern? Und: Um wie viel produktiver werden die neu gestalteten Prozesse sein gegenüber dem, was ich selbst als Führungskraft über zehn Jahre gepflegt habe? Welche Versäumnisse werden mir vielleicht vorgeworfen werden? Zumal unter der Hand erzählt wird, die bisherigen Führungskräfte seien aus Sicht des Personalbereichs für die neuen Führungsaufgaben wenig tauglich.

So entsteht ein Gefühl der Unbehaglichkeit und Bedrohung (siehe Abbildung 3). Zwar wird man zu den Präsentationen der Projektleiterin und der Pilotabteilung eingeladen, aber dort kann man sich nur ein ungefähres Bild machen, das im übrigen das Unbehagen eher noch vergrößert. Denn die Produktivität und Zufriedenheit in den neuen Prozessen entwickelt sich tatsächlich deutlich besser als in den bisherigen Abläufen. Und der Leiter der Pilotabteilung nimmt sichtbar eine Sonderstellung ein, mit besonderer Aufmerksamkeit der Geschäftsführung.

Abbildung 3: Konsequente Prozessorientierung heißt von liebgewonnenen Gewohnheiten und Machtgefügen der vertikal orientierten Hierarchie Abschied nehmen.

■ Wirkungsvolle Störungsversuche

Die Abteilungsleiter reagieren unterschiedlich. Einige beginnen mit Vorüberlegungen zur Übertragung des Konzepts auf den eigenen Verantwortungsbereich. Andere begeben sich in den Zustand anhaltender Verzweiflung.

So auch Abteilungsleiter Schmidt. Was er sieht, darf doch nicht wahr sein! Schmidt entwickelt eine überaus kritische Einstellung, die sich bald in einem Eklat offenbart.

Als Schmidt seinen regelmäßigen Betriebsrundgang macht, führt ihn dieser zufällig (wie Schmidt später beteuert) auch durch die Pilotabteilung. Dort sieht er zu seinem wirklichen Entsetzen, wie das Prozessteam intensiv den Tag plant und es sich dabei gut gehen lässt: Eine Kollegin trinkt Kaffee, ihr Kollege bietet der Runde gerade froh gelaunt Zigaretten an.

Schmidt besinnt sich auf seine Linienautorität, drückt das auch in seiner Haltung deutlich aus und gibt dem Team zu verstehen: „Ich sehe das nicht gerne, wenn während der Arbeit getrunken und geraucht wird. So etwas gibt es bei mir nicht. Sind das die neuen Gepflogenheiten des Prozessmanagements?"

Das sitzt, wie Schmidt mit Zufriedenheit bemerkt. Die Kollegen im Prozessteam zittern, ihnen fallen fast Kaffeetassen und Zigaretten aus der Hand. Sie wissen nicht, wie sie aus ihrer Position heraus dem Abteilungsleiter begegnen sollen und fühlen sich hilflos und schlecht, zu tief sitzt noch die jahrelang geübte Linienhörigkeit. Die Stimmung ist verdorben, die Leistungen für den Rest des Tages sind unterdurchschnittlich.

■   Die Situation eskaliert

Das Vorkommnis beschäftigt das Team und schließlich tragen sie es auch ihrem Abteilungsleiter Müller vor. Müller beruhigt das Team und stellt noch einmal klar, dass Schmidt hier nichts zu sagen hat und es dem Team freigestellt ist, sich selbst zu organisieren, d. h. gegebenenfalls unter Zeitdruck den Tagesplan auch schon mal in einer Arbeitspause zu diskutieren. Schließlich kommt es auf das Ergebnis an, nicht auf überkommene Vorstellungen von Wohlverhalten. Müller bemerkt allerdings auch, dass er diese Punkte schon einmal mit dem Kollegen Schmidt besprochen hat, sie aber von diesem wohl nicht verinnerlicht worden seien.

Gleichzeitig macht Schmidt an anderer Stelle Stimmung. Er stellt die Verrohung der Sitten in dem Pilotprozess in den Vordergrund und es gelingt ihm tatsächlich, der Prozessentwicklung bei vielen seiner Kollegen einen negativen Beigeschmack zu verleihen. Schließlich muss der Leiter der Pilotabteilung zusammen mit der Projektleiterin bei der Geschäftsführung („Wir wollen doch – bei allen Modernisierungen – immer unsere guten Sitten wahren, nicht wahr?") zu dem Vorfall Stellung nehmen.

Müller ist natürlich vorgewarnt und kann mit seiner Präsentation vor der Geschäftsführung zuerst die Leistungsverbesserungen in seinem Prozessteam darstellen. Anschließend führt er selbst aktiv in den Problemfall ein, beschreibt das Vorkommnis und schlägt vor, dass er zwecks Klärung selbst auf seine Kollegen zugeht und das Ergebnis in der nächsten Geschäftsführungssitzung berichten darf. Außerdem wird er veranlassen, dass seine Mitarbeiter für den Umgang mit erfolgskritischen Situationen trainiert werden, die neben fachlichen Problemstellungen insbesondere auch Kooperations- und Konfliktverhalten betreffen. Die Geschäftsführung begrüßt die Vorschläge von Müller.

Das Gespräch zwischen Meinkel, Müller und Schmidt verläuft ergebnislos, eine wirkliche Verständigung erfolgt nicht. Der Fall wird der Geschäftsführung vorgetragen. Schmidt kann angesichts der besseren Leistungen in den neuen Prozessteams nicht überzeugen und ereifert sich gegenüber der Geschäftsführung, dass er diesen Weg nicht mitgehen werde. Daraufhin stellt ihm die Geschäftsführung anheim, seine Karriere in einem anderen Unternehmen fortzusetzen. Die Projektleiterin Meinkel wird gebeten, die Kommunikation des Projekts zu verbessern, um die Akzeptanz nachhaltiger sicherzustellen.

3.   Nachspiel

Was ist der aktuelle Stand im Projekt?

Mittlerweile ist eine Stakeholder-Analyse erstellt worden, in der die Interessensgruppen und Interessen rund um das Projekt erfasst sind (siehe Abbildung 4). Hierauf wurde ein Kommunikationskonzept mit entsprechenden Maßnahmen ausgerichtet, die von Einzelgesprächen bis zum Tag der offenen Tür in der Pilotabteilung führen.

Bei der Erstellung des Kommunikationskonzepts fiel noch einmal aufgefallen, dass auch die Geschäftsführung nicht optimal in das Projekt einbezogen wurde und keine aktive Rolle als Promotor übernommen hatte. So waren mangels frühzeitiger und expliziter Aussagen der Geschäftsführung zugunsten des Prozessmanagements vermutlich die Störung durch Schmidt begünstigt.

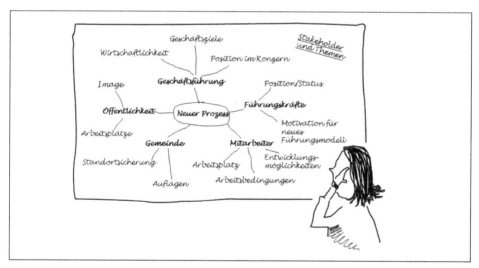

Abbildung 4: Eine Stakeholderanalyse hilft, frühzeitig die Interessen rund um das Projekt zu orten und ein Kommunikationskonzept zu erstellen.

Was ist noch passiert? Abteilungsleiter Müller und Projektleiterin Meinkel mit ihrem Team nahmen eine Auswertung der Geschehnisse vor (siehe Abbildung 5). Sie beabsich-

tigten jetzt, mit den praktischen Projekterfahrungen den bislang recht bürokratisch an-
mutenden Projektmanagementleitfaden ihres Unternehmens zu bereichern. Da Frau
Meinkel selbst in der Betriebsorganisation tätig ist, die für den Leitfaden verantwortlich
zeichnet, dürfte diese Verbesserung reibungslos gelingen.

Hallo Herr Müller,
hier habe ich die Lernpunkte aus unserem Auswertungsgespräch
zusammengefasst,
Gruß, Meinkel

Unsere Lernpunkte
- Stakeholderanalyse immer als erster Schritt: Tangierte Personen und
  Einheiten – Relevanzen und Interessen, hemmende und förderliche Kräfte?
- Bewusstsein für Double Binds schaffen (z. B. Prozessorientierung predigen
  und Hierarchie leben)
- Einbindung kritischer Kollegen aus der Linie in eine Projektinstanz (z. B. in
  Beratungsrunde)
- Behandlung kritischer Situationen frühzeitig auf der richtigen Ebene (z. B.
  nicht Mitarbeiter mit Konflikten auf Leitungsebene belasten),
  entsprechende Frühwarnsignale ernst nehmen
- Hinweis und ggf. Schulung der beteiligten Mitarbeiter für kritische
  Situationen
- (Pro-)Aktives Berichten über Erfolg und Vorgehen in der Geschäftsführung

---

Abbildung 5: Lernpunkte aus dem Projektreview

Prozess im Prozess

„Was heißt hier Prozess?"

Eine Fallbeschreibung

Frank Kühn, Michael Kempf, Axel Klimek

Inhalt:

1.   Der Kontext

Die Frage nach dem „Wie", also wie die Veränderung von betrieblichen Prozessen bzw. die Steigerung ihrer Effektivität und Effizienz erreicht wird, ist Ausgang dieser Fallbeschreibung. Kurzum, es geht um den „Prozess im Prozess".

Konkreter Gegenstand der Fallbeschreibung ist die Auftragsbearbeitung. Die Beteiligten lösen sich hierbei von ihrer operativen Aufgabe, um sich aus der erforderlichen Vogelperspektive den abteilungsübergreifenden Prozess der Auftragsabwicklung anzuschauen und Verbesserungsmöglichkeiten zu finden. In der gemeinsamen Arbeit an dieser Fragestellung erleben die Beteiligten, wie eine effiziente Lösung entwickelt und der Transfer von Verbesserungsideen für den Prozess in die betriebliche Praxis sichergestellt werden kann.

2.   Erster Kontakt

Ein Tagungshotel.

Herr Keil und Herr Müller treffen sich beim Abendessen am Ende einer Konferenz über Prozessmanagement und die beiden kommen ins Gespräch.

Keil

„Guten Abend, darf ich mich zu Ihnen setzen? ... Mein Name ist Keil, ich habe hier auch an der Konferenz teilgenommen."

Müller

„Guten Abend, mein Name ist Müller. Tja, die Konferenz ..."

Es erfolgt rund um das Thema Prozessmanagement ein allgemeiner Austausch, quasi ein Warming up. Die beiden Gesprächspartner „outen" sich dabei, der eine als Manager, der andere als Berater.

Herr Keil ist neu in einem mittelständischen Familienunternehmen der Metallindustrie tätig, genauer gesagt des Ladenbaus – es werden Metallgestelle für Ladeneinrichtungen hergestellt. Als Manager hat er die Aufgabe, die Zukunftsorientierung des Unternehmens zu sichern. Das Unternehmen: erfolgreich, aber hart im Wettbewerb, ISO-zertifiziert.

Herr Müller arbeitet branchenübergreifend als Berater in einem kleinen Verbund von Kollegen. Er unterstützt seit Jahren Unternehmen in der Umsetzung von Veränderungen, ausgehend von neuen strategischen Herausforderungen bis hin zur Entwicklung und Implementierung neuer Prozesse und Arbeitsweisen.

Keil

„Wir haben eine ISO-Zertifizierung, weil von den Kunden so verlangt. Aber der Einzige, der sich richtig darin auskennt, ist unser Organisator und Qualitätsmann, der unser Organisationshandbuch hauptsächlich verfasst hat. Ansonsten wird das Buch nur zur Suche von Schuldigen herangezogen, wenn etwas schief gegangen ist."

Müller

„Was denken Sie denn, nützt Ihnen ISO?"

Keil

„Eines ist sicherlich mit ISO bei uns erreicht worden: Die Mitarbeiter wissen genauer, was sie zu tun haben, ... wenn Sie das Organisationshandbuch gelesen haben. Und natürlich die Kundenakzeptanz aufgrund des Standard-Zertifikats. Andererseits: Ich kann nur feststellen, dass wir trotz ISO nur wenig in Prozessen denken, allenfalls in Aktivitäten, und das auch oft nur bis an Bereichsgrenzen."

Müller

„Was heißt denn für Sie „in Prozessen denken"?"

Keil

„,In Prozessen denken' heißt für mich, die Bedürfnisse unserer Kunden termintreu und effizient zu befriedigen, indem wir die Leistung bereichsübergreifend optimal gestalten und ausführen. Alle Mitarbeiter erkennen dabei ihre Aufgaben als einen Beitrag, den Kundennutzen zu verbessern. Aber da haben wir sicherlich noch Verständnisschwierigkeiten und unsere Führungskräfte fürchten um ihre Positionen in der Hierarchie."

Müller

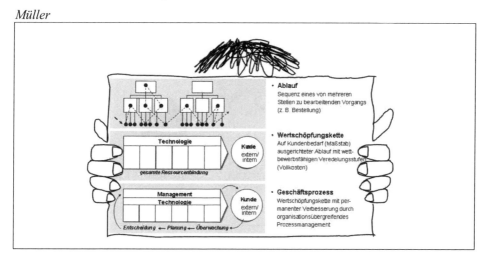

„Also ungefähr so (Herr Müller zeigt ein Bild aus der Konferenzmappe) – vielleicht auch in der Abgrenzung zu anderen Begriffen und Vorläufern des heutigen Verständnisses von Prozessmanagement, damit meine ich Ansätze wie Ablaufoptimierung und die Sicht auf Wertschöpfungsketten.

Wenn ich in Ihrem Unternehmen die Führungskräfte fragen dürfte, was sie unter ‚Denken in Prozessen' verstehen, was glauben Sie würden die sagen?"

Keil

„Fragen Sie bitte nicht unseren Juristen (und lacht). Aber im Ernst: Unser Qualitätsmanager bezieht sich auf das Organisationshandbuch und macht die Führungskräfte für die mangelnde Umsetzung verantwortlich. Die Führungskräfte sehen Prozesse beschrieben, die eine Mischung sind zwischen dem, was ist, und dem, was sein sollte. Außerdem finden sie die Prozessbeschreibungen sehr starr. Viele ignorieren auch die Prozessbeschreibungen und folgen dem, was sie über Jahre in Zusammenarbeit mit guten Kollegen eingeübt haben – das sind doch auch Prozesse? Ich fürchte übrigens den Tag, an dem unsere Mitarbeiter den Dienst nach ISO-Vorschrift machen – haha, Spaß muss sein. Aber was sind denn überhaupt Ihre Erfahrungen und Vorstellungen?"

Müller

„Ich erlebe oftmals Vorbehalte in Unternehmen, weil man das Ganze schnell als neuen Managementansatz sieht und die Mannschaft unter vorgehaltener Hand sich zuraunt: ‚Der Chef treibt wieder eine neue Sau durchs Dorf.' Diesmal geht es – salopp gesagt – um die Prozesssau und um das hierarchische Dorf.

Aber ein Problem, das ich sehe, ist, dass oft mehr auf die Form und Methode geachtet wird, um daran die Ablehnung des Neuen festzumachen. Bis zur Nutzenargumentation kommt man selten. Viele unserer Klienten sagen, dass sie ISO doch nur aufgrund des Kundendrucks eingeführt haben. Ein Problem ist auch, dass solche Fragestellungen schnell an Stabsstellen delegiert werden und damit oft die Akzeptanzprobleme bei den Praktikern eingebaut werden.

Da haben sich andere Ansätze für die betriebliche Realität als Erfolg versprechender erwiesen. Wenn wir zum Beispiel einen wichtigen Prozess mit verantwortlichen Führungskräften durchgehen und eine übersichtliche, praxisadäquate Prozessbeschreibung verwenden, finden wir schnell Verbesserungspotentiale. Dazu sollten Sie nach unserer Erfahrung einen Prozess mit hohem Wertschöpfungsbeitrag auswählen, der gleichzeitig auch mehrere Bereichshürden überspringen muss und dort auch seine Optimierungsmöglichkeiten hat. Das wäre zum Beispiel die Produktentstehung oder Auftragsabwicklung."

Keil

„Das leuchtet mir ein und ich möchte gerne Ihrer Anregung folgen, meine Führungskräfte schnell einzubinden. Lassen Sie uns einen Tag nehmen, um das Thema in einem kleinen Führungskreis – da denke ich an ca. zehn Kollegen – anhand eines Prozesses zu vertiefen. Vielleicht haben wir die Chance, unsere (überlegt) ... Auftragsabwicklung anzugehen. Da kann ich mir viel Verbesserungspotenzial vorstellen. Das wird mit den Beteiligten aber nicht ganz einfach sein, weil wir schon seit Jahren dran sind, aber nicht den richtigen Durchbruch erzielen."

Denkt: Das ist etwas unfair, weil's eine harte Nuss ist. Die Gesichter der zuständigen Leute kann ich mir schon vorstellen! Aber hier lohnt sicher der Einsatz eines Externen. Da gehört Verschleißen zum Berufsrisiko.

„Wie wollen wir vorgehen?"

Guckt auf die Uhr.

Müller

„Ich sehe, Sie schauen auf die Uhr, o. k. Lassen Sie uns eben noch unsere Visitenkarten austauschen. Wen kann ich in Ihrem Unternehmen noch anrufen, um einige zusätzliche Informationen zu erhalten? (Er erhält einige Namen). Mein Vorschlag: Ich rufe Ihr Büro an, um einen Termin zu fixieren und schicke einen Designvorschlag für einen Workshop. In einigen Tagen rufe ich auch Ihre Mitarbeiter an; es wäre sicherlich hilfreich, wenn Sie das ankündigen könnten."

Keil

„So machen wir's!"

Die beiden verabschieden sich.

3.   Weitere Informationen ergänzen das Bild

Herr Müller ruft einige Tage später Herrn Wierig, den Abteilungsleiter Vertrieb Innendienst, an.

Müller

„Guten Morgen, Herr Wierig. Hier ist Jürgen Müller von der Beratungsfirma Müller+Walter. Ihren Namen habe ich von Herrn Keil erhalten, es geht um das Thema Prozessmanagement und, genauer auch, um einen Workshop, den wir zu diesem Thema in Ihrem Hause durchführen wollen. Sind Sie darüber schon informiert?"

Wierig

„Guten Morgen, Herr ... Müller. Ich bin hier über nichts informiert. Wie kann ich Ihnen helfen?"

Müller

Berichtet über die Entstehungsgeschichte der Workshopidee.

Wierig

„Im Augenblick kommt's mir etwas ungelegen ... können wir heute Nachmittag noch einmal telefonieren?"

Herr Wierig will sich in der Zwischenzeit über den Vorgang und über den Berater informieren.

Fortsetzung des Gesprächs am Nachmittag ...

Wierig

„Es ist wie immer – der Chef entscheidet selbstherrlich. Tja, das mit dem Prozess – nötig wär's eigentlich schon. Ich bin mir aber nicht sicher, ob das der Prozess ist, bei dem am meisten rauskommt. Auf eines sollten Sie in jedem Fall vorbereitet sein: Es wird sehr unterschiedliche Meinungen geben, wo die Verbesserungspotenziale liegen können. Da müssen Sie sich auf einiges einstellen."

Müller

„Wie ich schon dargestellt habe, sehe ich meinen Auftrag darin, mit Ihnen gemeinsam vor dem Hintergrund einer bestimmten Methodik für die Arbeit an Prozessen Verbesserungspotenziale und mögliche Vorgehensweisen zur Optimierung exemplarisch an der Auftragsabwicklung auszuarbeiten. Wären Sie denn bereit, mir einige Informationen zur Vorbereitung zu geben?"

Wierig

„Na klar, aber fragen Sie doch noch zusätzlich meine Kollegen (nennt zusätzliche Namen). Was wollen Sie wissen?"

Müller

„Ich möchte gern etwas mehr über Ihr Geschäft erfahren. Was ist aus Ihrer Sicht als Hintergrundwissen wichtig, wenn wir über die Auftragsabwicklung sprechen wollen?"

Wierig

Erläutert das Geschäft. Deutlich wird die Unterteilung in Seriengeschäft und Objektgeschäft. Dadurch besteht auch eine interne Konkurrenz in der Produktion und ein hoher Anteil von Schnittstellen zwischen Architekturplanung, Verkauf, technische Projektplanung, Produktion und Logistik. Da hat auch die Beschreibung nach ISO nichts genützt, es brodelt unterhalb der theoretischen Beschreibung.

Müller

Zeichnet für sich das „Eisberg"-Modell und fragt weiter nach.

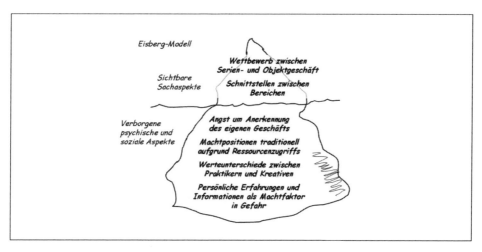

Wierig

„Da gibt es Verteilungskämpfe um Ressourcen zwischen den Beteiligten in den beiden Geschäften. Schuldzuschreibungen sind an der Tagesordnung. Die Verständigung zwischen den Beteiligten fällt immer wieder schwer, und dann stimmt der Ton nicht mehr. Sie werden sicherlich auch Zielkonflikte zwischen Vertrieb und Produktion bemerken. Und Werteunterschiede zwischen Design, Individualgeschäft und Seriengeschäft finden. Aber alles möchte ich Ihnen vorher auch nicht erzählen, dazu werden die Kollegen auch noch etwas zu sagen haben."

Müller

Bedankt sich, informiert über die nächsten Schritte: Zusammenführen der Informationen und Workshopdesign, verabschiedet sich.

4.   Ziele werden geklärt

Müller

Herr Müller ruft Herrn Keil an, um sich nach den Telefonaten mit Herrn Keil noch einmal über die Ziele zu verständigen.

„... Herr Keil, lassen Sie uns vielleicht noch einmal – auch nach den Eindrücken, die ich gewonnen habe – über die Ziele des Tages verständigen."

Keil

„Ich dachte, das wäre klar? Wir wollen die Auftragsabwicklung optimieren!"

Müller

„So habe ich Ihr Vorhaben insgesamt auch verstanden. Ich möchte aber gerne noch einmal mit Ihnen gemeinsam genau hinschauen, mit welchen konkreten Ergebnissen wir nach diesem einen Tag auseinander gehen wollen."

Keil

„Ach so. Tja, was lässt sich erreichen an einem Tag? Na, meine Leute müssen verstanden haben, was zu optimieren ist und wir müssen Maßnahmen beschließen. Die Maßnahmen müssen natürlich hinsichtlich ihres Nutzens möglichst auch quantifiziert sein."

Müller

„Was müssen wir also gemeinsam schaffen ..." – denkt laut nach:

- ▣ „Ein Grundverständnis für das Thema Geschäftsprozessmanagement sollte im Teilnehmerkreis geteilt sein (das ist nicht trivial, weil in den Telefonaten hierzu doch Klärungsbedarf deutlich wurde),

- ▣ eine Darstellung der Auftragsabwicklung sowohl für's Objektgeschäft als auch für das Seriengeschäft sollte vorliegen (nicht im Detail, aber so, dass sich Potenziale erkennen lassen),

- ▣ die Potenziale müssen herausgearbeitet sein,

- ▣ Maßnahmen sollen zusammengestellt sein und für diese sollte eine erste Kosten/Nutzen-Einschätzung vorliegen.

Lassen sich die Ziele aus Ihrer Sicht so beschreiben?"

Keil

„Ja, Sie haben die Punkte gut zusammengefasst. Wie geht es jetzt weiter?"

Müller

„Vorschlag: Ich sende Ihnen per E-Mail einen Entwurf für den Workshopablauf und wir telefonieren dann noch einmal darüber."

Die beiden verabschieden sich.

5.   Ein Workshop-Design wird vereinbart

Herr Müller mailt Herrn Keil ein Grobdesign für den Workshop zu:

***

Guten Tag Herr Keil,

nach unserem Gespräch fasse ich die Zielsetzung für unseren Workshop wie folgt zusammen:

▨ Grundverständnis für das Thema Geschäftsprozessmanagement geschaffen

▨ Prozesse Auftragsabwicklung im Objektgeschäft und im Seriengeschäft dargestellt

▨ Potenziale herausgearbeitet

▨ Maßnahmen mit ersten Kosten-/Nutzen-Einschätzungen vereinbart

Der Vorschlag für den Ablauf:

1. Auftrag und Zielsetzung für den Workshop

2. Meinungsbild der Teilnehmer zum Prozess „Auftragsabwicklung"

3. Situationsanalyse:
    Prozessbeschreibung in ISO und Prozessrealität
    Differenzen und Möglichkeiten des Geschäftsprozessmanagements
    Verständigung auf eine Methode der Prozessbeschreibung

4. Bearbeitung des Auftragsabwicklungsprozesses für Objektgeschäft und Seriengeschäft

5. Vergleich der Ergebnisse und Austausch über Optimierungspotenziale

6. Priorisierung der Ansatzpunkte zur Optimierung

7. gemeinsame Standortbestimmung und Verabredung zur weiteren, internen Bearbeitung

8. Feedback zum Tag

Betrachten Sie diesen Vorschlag bitte als Diskussionsgrundlage. Zur weiteren Abstimmung rufe ich Sie in den nächsten Tagen an.

Mit freundlichen Grüßen,

Frido Müller / Managementberatung MW

***

Müller

Herr Müller ruft Herrn Keil an, um den Termin zu vereinbaren und ein Grobdesign mit Herrn Keil abzustimmen. Nach der Vergewisserung, dass Herr Keil das E-Mail bekommen und gelesen hat, schlägt Herr Müller vor, die einzelnen Schritte zu erläutern.

„Herr Keil, lassen Sie uns die Schritte noch einmal durchgehen und dabei unsere eigenen Rollen im Ablauf klären." (Denkt: Die Klärung der Rollen ist eine zusätzliche Information, darauf müsste sich der Manager gerne einlassen, und die implizite Verständigung über die Ablaufschritte erscheint nicht redundant zum Mail).

Keil

„Na, Sie werden uns schon sagen, was zu tun ist, und uns richtig durch das Programm führen!"

Müller

„Die Moderation kann ich übernehmen, so hätte ich meine Rolle auch verstanden. Nur die Verantwortung für den Auftrag und die Zielsetzung werde ich Ihnen natürlich nicht wegnehmen; schließlich sind Sie ja der Auftraggeber und investieren in den Workshop. Das gäbe sonst ein schiefes Bild für die Teilnehmer. Hier sollten wir Ihren Namen hinter die Einführung setzen."

Die typische Falle für den Berater (und den Kunden) besteht darin, leichtfertig die Rolle des Auftraggebers zu übernehmen. Dazu hat er erstens keine reale Legitimation, da er nicht über die Zielsetzung eines Vorhabens und die einzusetzenden Ressourcen entscheiden kann und nicht über die disziplinaren Mittel verfügt. Zweitens würde er sich zum Teil des Klientensystems machen und damit seinen Wert als externer Berater verlieren, von dem ein distanzierter Blick verlangt wird. Gelegentlich agieren Berater mit entliehener Autorität, d. h. sie sprechen explizit im Namen des Auftraggebers, bis hin zu Drohungen: „Sie wollen doch wohl nicht der Meinung Ihres Vorstands widersprechen?". Das ist schlicht die Bankrotterklärung einer Beratung mit einem auch nur halbwegs professionellen Anspruch.

Keil

„Mmm, ja, ok, ich bereite mich darauf vor."

Müller

„Durch die Punkte 2 bis 7 würde ich dann führen. Ich schlage vor, dass wir diese Punkte teils im Plenum erarbeiten, teils in Gruppen. Wichtig ist die Aktivierung der Teilnehmer, damit sich Ihre Kollegen verantwortlich mit dem Thema auseinandersetzen und nachher die Ergebnisse von allen getragen werden. Die Ergebnisse der Gruppenarbeiten stellen wir uns gegenseitig im Plenum vor und stimmen sie im Vergleich ab. Gruppenarbeiten werden sich insbesondere für Punkt 3 empfehlen, dort kann eine Gruppe am Thema Objektgeschäft und eine Gruppe am Thema Seriengeschäft arbeiten. Das sind (a) verschiedene Geschäfte, und (b) kann nachher der Vergleich zu interessanten gegenseitigen Impulsen führen. Vorher werden wir uns gemeinsam in Punkt 2 über die Methodik verständigen."

Keil

„Das Vorgehen verstehe ich. Die Aktivierung wäre mir auch wichtig. Ich ärgere mich sowieso ständig darüber, dass alles letztendlich an mir hängen bleibt und deshalb habe ich – das wissen Sie noch nicht – einen neuen Organisator, Herrn Deta, eingestellt, der die Prozesse für unser Organisationshandbuch überarbeiten soll (denkt nach) ... Was meinen Sie – soll ich den auch gleich einladen?"

Müller

„Unbedingt. (Überlegt.) Herrn Deta nicht einladen hieße, seine Funktion (für alle sichtbar) nicht ernst zu nehmen und vielleicht de facto eine Front aufzubauen. Wenn Sie sich für die Einladung entscheiden, möchte ich eine gemeinsame Vorbereitung mit Herrn Deta vorschlagen. Wir beide könnten mit ihm gemeinsam sprechen, oder Sie informieren ihn und ich rufe ihn noch einmal an oder treffe mich mit ihm?"

Keil

„Ich denke, wir müssen ihn beteiligen. Ich spreche ihn an, informiere Sie über unser Gespräch, und möchte Sie dann bitten, ihn genauer einzuweihen."

Herr Keil und Herr Müller einigen sich noch über Organisatorisches, d. h. Tagungshotel, Räume, Medien etc. und verabschieden sich.

6. Beteiligung bringt Akzeptanz und Qualität

Auszüge aus dem Gespräch zwischen Herrn Müller und Herrn Deta, nachdem Herr Müller die bisherigen Schritte aus Beratersicht erläutert hat.

Deta

„Hmmm. Sollen wir diesen Aufwand wirklich treiben? Ich habe ja schon angefangen, die Prozesse aufzunehmen. Dazu spreche ich natürlich auch mit Kollegen, die wissen, was zu tun ist. Ich möchte die Prozesse möglichst schnell im Organisationshandbuch stehen haben. Dann erfolgt bei uns noch eine formale Freigabe durch die Geschäftsführung, und dann gelten die Prozesse und sind zu befolgen."

Müller

„Welches Vorgehen haben Sie geplant, um die Prozesse allen betroffenen Personen im Unternehmen zu vermitteln?"

Deta

„Was heißt vermitteln? Die Prozesse stehen dann im Organisationshandbuch und jeder kann sie nachlesen. Das Organisationshandbuch steht natürlich auch im Intranet – da kann sich keiner beklagen."

Müller

„Und jeder findet sich in seinen Prozessen wieder?"

Deta

„Das will ich hoffen. Da muss halt auch der eine oder andere mal über seinen Schatten springen. Natürlich habe ich in meinen Gesprächen auch Widersprüche entdeckt. Aber da war eben meine Kreativität gefragt (lächelt laut) eine Lösung für den Prozess zu finden, die sicherlich allen gerecht wird."

Müller

„Und die Lösung haben Sie dann mit Ihren Ansprechpartnern besprochen und ein Einverständnis erzielt?"

Deta

„Ach wissen Sie, das geht nicht immer und dauert auch zu lange. Darauf lasse ich's ankommen."

Müller

„Damit übernehmen Sie nicht nur die Verantwortung für das Prozedere zur Erhebung der Prozesse und die Darstellung der Prozesse im Organisationshandbuch, sondern auch für die Inhalte und Ausgestaltung der Prozesse, oder?"

Deta

„Wieso?"

Müller

„Na ja, weil Sie letztendlich bestimmen, wie die Prozesse aussehen. Aber das kann ja durch die Geschäftsführung auch so gewollt sein."

Deta

„Hmmm. Sie fragen da aber sehr genau nach ..."

Müller

„Zu genau?"

Deta

„Nein, Sie haben ja schon Recht. Wissen Sie, ich arbeite hier ja mit persönlichen Erfahrungen, die ich vorher in einem viel größeren Unternehmen gemacht habe. Das war für meine Chefs immer o. k. Ich habe dort eigentlich recht erfolgreich in der Arbeitsvorbereitung die Fertigungsprozesse mit gestaltet."

Müller

„Sind im vorliegenden Fall die Randbedingungen wirklich die gleichen? Im industriellen Kontext, den Sie geschildert haben, ist Denken und Handeln ja häufig getrennt organisiert: Der Arbeitsvorbereiter gibt den Fertigungsprozess mit Zeiten vor, der Werker führt aus. Beide kennen die ihnen zugedachte Rolle und akzeptieren sie. Ist das in unserem Fall – bei den Auftragsabwicklungsprozessen für Serien- und Objektgeschäft und bei den Kollegen, die sie kennengelernt haben – genauso?"

Das Trennen von Denken und Handeln – wie im obigen Beispiel beschrieben – ist in einem Organisationsverständnis verankert, wie es zum Beispiel im Taylorismus zu finden ist. Arbeitsvorbereiter überlegen die optimalen Arbeitsabläufe, die Mitarbeiter am Fließband erbringen ihre Leistung nach detaillierter Anweisung. Mitdenken der Ausführenden stört. Das entspricht einem Bild von einer operativen Unternehmensebene, der keinerlei Selbstorganisation zuzutrauen ist oder wo in der Selbstorganisation Effizienzrisiken gesehen werden (auch wenn diese Mitarbeiter im privaten Bereich weitaus komplexere Aufgaben wie Hausbau oder Ehrenämter meistern). Dieser Zustand ist heute teilweise durch Job enrichment und Einbindung der Mitarbeiter zum Beispiel in Qualitätszirkel und die kontinuierliche Verbesserung von Prozessen (KVP) überwunden, soweit es sich hierbei nicht um Pseudo-Beteiligung handelt.

Deta

„Nein, das ist hier schon anders gelagert ..."

Müller

„Lassen Sie uns ein Gedankenexperiment zur Zielsetzung machen. Was soll die Geschäftsführung in – sagen wir – einem Jahr beobachten können, um dann sagen zu können: ‚Die optimierten Prozesse sind wirklich erfolgreich implementiert. Die Mitarbeiter finden die neuen Prozesse vernünftig und akzeptieren sie. Das bestätigen sie mit eigenen Worten. Sie achten selbst und gegenseitig darauf, dass die Prozesse eingehalten werden, und sorgen sich um die kontinuierliche Verbesserung. Wir in der Geschäftsführung können nachweislich einen Fortschritt in Größen wie Prozesskosten, Servicegrad, Reklamationsquote feststellen. Ein aussagekräftiges Berichtswesen liefert uns und den Prozessverantwortlichen regelmäßig die erforderlichen Daten.' Wäre das ein wünschenswerter Zustand für die Geschäftsführung?"

Deta

„Na klar. Aber bei allem guten Willen: Wer soll das bewerkstelligen?"

Müller

„Wer würde denn daran gemessen?"

Deta

„Na ja, die ausführenden Kollegen vor Ort, einerseits. Andererseits müsste ich mir sagen lassen, dass ich die Prozessoptimierung nicht richtig initiiert und gesteuert habe."

Müller

„Genau an dieser Stelle möchte ich mich gerne mit Ihnen verständigen. Das sind genau unser Thema und die Herausforderung für den Workshop: Ihre Kollegen für das Thema zu gewinnen und aktiv ins Boot zu holen."

Deta

„Das würde uns natürlich voranbringen. Sie müssten mir den Ablauf sicher gleich noch einmal erklären. Aber was heißt das für mich?"

Müller

„Was wäre Ihre Rolle ... verschiedene: (1) Promotor schon im Workshop. (2) Moderator der nachfolgenden Schritte, um die Prozessbeschreibungen zu vervollständigen, Widersprüche wirklich aufzulösen. Und (3) Dokumentator. Die Dokumentation der Prozesse sollte das Vorgehen von Anfang an begleiten, quasi als Kommunikationshilfe für eine fundiertere Diskussion der Beteiligten. Könnten Sie sich das vorstellen?"

Ein Erfolgsfaktor für die Prozessentwicklung in einem Team ist die begleitende Dokumentation. Im Idealfall sitzen die beteiligten Kollegen rund um Notebook und Beamer und verfolgen gemeinsam, wie ihre Ideen in die Prozessbeschreibung Eingang finden. Der Moderator hat das Beschreibungsschema auf dem Rechner schon vorbereitet, im einfachsten Fall in einer gängigen Software. Eine tabellarische Darstellung in einem Textverarbeitungsprogramm ist oft ausreichend. Von Zeit zu Zeit klärt das Team den gemachten Fortschritt: Haben wir schon 50 Prozent oder 80 Prozent der Prozessbeschreibung in der notwendigen Detaillierung geschafft? Der eine Kollege mag es eher grob, der andere eher detailliert. Hier wird die notwendige Verständigung hergestellt, bevor die Energie auseinander läuft.

Deta

„Das wäre eine ganz neue Qualität. Das kann ich mir gut vorstellen – noch nicht in allen Einzelheiten – aber das kommt noch."

Müller

„Die Hilfestellung meinerseits wäre ja die Unterstützung und Moderation in diesem ersten Workshop. Das wäre dann ein guter Aufpunkt für Ihre weiteren Aktivitäten."

Die beiden besprechen noch einmal den Ablauf des Workshops.

7.   Der Workshop findet statt

Der Workshop-Tag ist gekommen. Herr Müller steht im Tagungsraum. Die ersten Teilnehmer treffen ein.

Müller

„Guten Morgen, mein Name ist Müller, ich darf Sie heute hier beim Thema Prozessmanagement unterstützen."

Teilnehmer

„Angenehm, Schulte. Mmm, das sieht ja interessant hier aus. Stühle im Halbkreis? Keine Tische? Wohl mehr eine Gruppentherapie?" (Lacht.)

Müller

„Keine Angst. Ich möchte nur erreichen, dass wir an unserem Thema offen und gemeinsam arbeiten. Außerdem wollen wir auch Ergebnisse in Gruppen erarbeiten und uns gegenseitig vorstellen, da können wir uns so besser bewegen."

Teilnehmer

„Ach, so. Darf ich Sie fragen, woher Sie kommen? Sie sind sicherlich ein ausgewiesener Experte für Ladenbau?"

Müller

„Die Experten für Ihr Fach sind Sie und Ihre Kollegen, nicht ich. Auch wenn ich natürlich ein technisches und industrielles Grundverständnis habe. Meine Rolle heute ist aber nicht die des technischen Fachmanns, sondern die des Moderators. In dieser Rolle führe ich Sie durch den Tag und unterstütze Sie dabei, Maßnahmen zu erarbeiten, auf die Sie und Ihre Kollegen sich gemeinsam verständigen."

***

Die Veranstaltung beginnt und Herr Keil erläutert Auftrag und Zielsetzung für den Workshop.

Müller

Der Berater gibt einen Überblick über den Tag und wendet sich dann zum ersten Arbeitsabschnitt an die Teilnehmer.

„Lassen Sie uns jetzt im ersten Schritt ein Meinungsbild zu dem Prozess erfassen, um unsere anschließende, konkretere Arbeit an den Auftragsabwicklungsprozessen für Seriengeschäft und Objektgeschäft besser ausrichten zu können. Wie ist die Performance des Prozesses heute zu beurteilen?

Stellen Sie sich bitte in vier Gruppen folgende Situationen vor:

■ Ihre Führungskräfte und Mitarbeiter im Betrieb unterhalten sich mit sachkundigen Freunden offen über die Prozesse. Was würde dort erzählt?

■ Ihre Kunden sprechen über die Performance der Prozesse, auch im Vergleich zu anderen Unternehmen. Was sagen sie?

■ Im Managementkreis unterhält man sich über die Prozesse, auch im Vergleich zu anderen Prozessen im Unternehmen. Was wird dort gesagt?

■ Ihre Lieferanten und Kooperationspartner sprechen untereinander. Was sagen sie?

Lassen Sie uns vier Gruppen bilden, die das untersuchen, und die wesentlichen Ergebnisse bitte jeweils auf ein Flipchart schreiben. Die Flipcharts hängen wir nachher hier im Raum nebeneinander auf und diskutieren die Ergebnisse."

Plenum

Die Teilnehmer kommen aus der Gruppenarbeit mit Charts zurück und hängen sie im Raum auf. Im Plenum werden die Ergebnisse gemeinsam gesichtet und die wichtigsten Erkenntnisse herausgehoben.

■ Unsere Verbesserungsvorschläge bleiben immer wieder auf der Strecke, allmählich verlieren wir die Lust. (Mitarbeiter)

■ Wir sind im Seriengeschäft in ein enges Korsett eingespannt, das sind doch eigentlich nur noch Restarbeitsplätze, die nach der Automatisierung für uns übrig geblieben sind. Ist das Stand der Technik? (Mitarbeiter)

■ Man müsste uns mal an die Prozessoptimierung lassen, da könnten wir uns eine Menge Bürokratie ersparen. (Führungskräfte im Betrieb)

- Die technische Qualität ist o.k, aber die Lieferungen nicht immer pünktlich. Das kann vorkommen, aber wir würden gerne zuverlässiger informiert. (Kunde)

- Die Flexibilität bei den Objektaufträgen ist super. (Kunde)

- Wenn wir uns nach unserem Auftrag erkundigen wollen, bekommen wir erst nach mehrmaliger Weitervermittlung eine kompetente Auskunft. (Kunde)

- Technisch scheint das ja alles up to date zu sein, aber kompakte betriebswirtschaftliche Informationen hätten wir schon ganz gern – was wird in die Prozesse investiert, wie sind die Kosten in den Prozessbetriebskosten, wie sind die Kosten auch im Vergleich zu anderen zu bewerten? (Management)

- Wir würden die Leute vor Ort gerne mal fragen: Würden Sie die Prozesse genauso organisieren, wenn es um ihr eigenes Geld ginge? (Management)

- Die haben ihre Logistik nicht optimal organisiert. Wir merken das an den Anforderungen, die in Menge und Terminen recht sprunghaft erscheinen. Das macht uns dann auch Probleme. (Lieferant)

Müller

„Nehmen Sie bitte einmal an, Sie könnten die Auftragsabwicklungsprozesse so organisieren, wie sie wollten, ohne Störungen, ohne Hemmnisse. Wie viel Effizienzsteigerung wäre drin? 10 Prozent – 30 Prozent – 50 Prozent? Lassen Sie uns eine Blitzbefragung machen, rundum ..."

Die Teilnehmer geben Schätzungen zwischen 20 Prozent und 30 Prozent ab.

Müller

„Behalten wir diese Einschätzungen bitte für den folgenden Schritt im Kopf: Lassen Sie uns jetzt konkreter auf die Auftragsabwicklungsprozesse schauen. Herr Deta hat die Beschreibungen mitgebracht, wie sie bislang im Organisationshandbuch zu finden sind und dort in Postergröße an den Pinnwänden angebracht. Ich möchte sie jetzt bitten, zwei Gruppen zu bilden. Eine Gruppe für das Objektgeschäft und eine Gruppe für das Seriengeschäft. Die Gruppen machen Folgendes:

(1) Sie bringen an den vorbereiteten Prozessdarstellungen kleine Kärtchen an: Wo läuft es gut, wo ist Verbesserungsbedarf, wo liegen Kernprobleme.

(2) Sie erstellen eine neue Prozessbeschreibung, die folgende, teilweise für Sie neuen Aspekte enthält (zeigt an Flipchart):

1. Name des Prozesses

2. Anfang und Ende des Prozesses

3. die Prozessschritte,

   und zu jedem Prozessschritt:

4. Input/Ergebnis

5. Beteiligte

6. Arbeitshilfen/Tools

7. Zeitschätzung

8. Kostenschätzung

9. Maßnahme zur Realisierung

10. Schätzung des Optimierungspotenzials

Hierfür sind in zwei Arbeitsecken Notebooks und Beamer aufgebaut, um in einem vorbereiteten Schema Ihre Vorstellungen sofort festzuhalten. Herr Deta und ein anderer Kollege haben sich freundlicherweise bereit erklärt zu dokumentieren.

Noch ein Hinweis: Die Gruppen dürfen sich auch gegenseitig besuchen und zuschauen, damit sie sofort Anregungen austauschen können."

Zwei etwa gleich große Gruppen bilden sich und beginnen die Arbeit. Der Berater besucht die Gruppen und gibt bei Bedarf methodische Unterstützung.

Plenum

Die beiden Gruppen präsentieren in ihren Arbeitsecken ihre Ergebnisse. Der Berater bittet das Plenum um Feedback:

1. Wo können wir der Gruppe zusätzliche Hinweise geben?

2. Welche Fragen sind für uns noch offen?

3. Wo sehen wir die Prioritäten für die Prozessoptimierung?

Der Berater bittet die präsentierende Gruppe, das Feedback aufzunehmen und in einer zweiten Gruppenarbeit einzuarbeiten, sowie vor dem Hintergrund der geäußerten Prioritäten die erforderlichen Maßnahmen auf Charts weiter zu präzisieren (was ist zu tun, wer mit wem, bis wann).

Prozess	Auftragsabwicklung Objektgeschäft						
Anfang	Kunde hat Bedarf an Ladeneinrichtung						
Ende	Kunde kann neue Ladeneinrichtung erwartungsgemäß nutzen						
Prozess-schritt	Ergebnis/ Output	Beteiligte	Arbeitshil-fen/ Tools	Zeit	Kosten	Maßnahmen zur Realisierung	Optimierungs-potenzial
Bedarf formulieren	Plan	Kunde; Objektberater	Planungs-raster; Katalog; Muster	5 h	0,8 PT	Muster bereitstellen	zuverlässigere, wiederholbare Planungsqualität; weniger Nacharbeit
Einrichtung anfragen	Voranfrage	Kunde; Objektberater;	Elektroni-sches	1 h	0,2 PT	Auftragsleiter künftig sofort	weniger Informa-tionsverlust an

		Auftragsleiter	Formular (E-Mail)			einbeziehen; elektronisches Formular schaffen	betrieblichen Schnittstellen
Fertigung vorplanen	Info über Liefertermin	Auftragsleiter; Konstrukteur; Produktionsleiter; Einkauf; Kunde	E-Mail	2 h	0,5 PT		Einbeziehung Konstruktion und Produktion verringert spätere Planungskonflikte; erzeugt insgesamt besseren Servicegrad
Einrichtung bestellen	Bestellung	Kunde; Auftragsleiter	Elektronisches Formular (E-Mail)	1 h	0,2 PT	Bestellformular = Voranfrageformular	durchgängiges Formular erhöht Effizienz und vermeidet Medienbrüche
Konstruktion und Fertigung einplanen	Arbeitsplan für alle Stellen	Auftragsleiter; Konstrukteur; Produktionsleiter; Einkauf; Werkstatt	Planungsdatenbank	1 h	0,2 PT	Planungsdatenbank mit Zugriff für alle Mitarbeiter; Bestellformular = Voranfrageformular = Laufzettel	einheitlicher Informationsstand verringert Missverständnisse
Einrichtung konstruieren und fertigen	Zeichnungen; Einrichtungsteile; Statusmitteilungen; Montageanleitung	Konstrukteur; Produktionsleiter; Werkstatt; Einkauf; (Auftragsleiter)	Planungsdatenbank; Arbeitsanleitungen (Standards)	5 - 40 h	1 - 80 PT	Planungsdatenbank um Berichtsmodul erweitern, mit Zugriff für alle Mitarbeiter	einheitlicher Informationsstand verringert Missverständnisse; Auskunftsfähigkeit bindet Kunden
Einrichtung ausliefern	vor Ort fertig montierte Einrichtung	Auftragsleiter; Monteure; Kunde	Montageanleitung	2 - 10 h	2 - 20 PT	Planungsdatenbank um Berichtsmodul für Monteure erweitern, mit Zugriff für alle Mitarbeiter	Mitarbeiter erfahren Montageprobleme = Lernpunkte für nächste Konstruktionen
Fakturierung	Kontoauszug mit Zahlungsnachweis	Buchhaltung; (Auftragsleiter)		14 Tage	0,1 PT	Kundendatenbank mit Kundeninformationen, letzten Aufträgen, letzten Kontaktpersonen	Kundenbetreuung aus einer Hand > Kundenbindung
Kunden betreuen	Kundenkontakt; Feedback; Weiterempfehlungen; Brancheninfos	Auftragsleiter; Marketing	Kundendatenbank; regelmäßige Informationen	lfd.		s.o. Kundendatenbank	Kundenbindung; Informationen für kontinuierliche Verbesserung

(Gruppenarbeit)

Plenum

Die Teilnehmer des Workshops besichtigen die Charts mit den Maßnahmen. Die Maßnahmen sind recht zahlreich und können – realistisch gesehen – sicherlich nicht alle mit den angegebenen Terminen abgewickelt werden. Deshalb werden die Maßnahmen in zwei Cluster eingeteilt: (1) Maßnahmen, die wie erarbeitet sofort anzugehen sind, und

(2) Maßnahmen, die bei einem nächsten Treffen neu bewertet werden, weil sie entweder nicht die höchste Dringlichkeit haben oder sich aufgrund der sofort anzugehenden Maßnahmen vielleicht von selbst erledigen. Herr Keil diskutiert das mit den Teilnehmern und trifft schließlich Entscheidungen. Diese Diskussion wird von dem Moderator moderiert.

Der Workshop nähert sich dem Abschluss.

Müller

„Lassen Sie uns kurz auf den Tag zurückschauen. Was sind wir angegangen und was haben wir geschafft?

Wir sind in die Prozesse eingestiegen mit der Erhebung eines Meinungsbildes, haben dann an den vorhandenen Prozessbeschreibungen den Handlungsbedarf und das Optimierungspotenzial untersucht und neue Prozessbeschreibungen in neuer Qualität begonnen. Über diese Ergebnisse haben wir uns im Plenum ausgetauscht und Maßnahmen zur Umsetzung erörtert, priorisiert und die erforderlichen Entscheidungen erhalten.

Wie geht es weiter?"

Keil

„Ich denke da an einen zweiten Workshop in etwa 4 Wochen. Bis dahin sollten wir die hier begonnenen Prozessbeschreibungen in den Gruppen vervollständigt und die ersten Maßnahmen begonnen haben. Also eine Art Statusmeeting, auch um die Dynamik zu erhalten. Ich würde gerne Herrn Deta bitten, diesen Workshop zu organisieren. Unser Berater steht uns zur Unterstützung sicher noch gerne zur Verfügung."

Beide nicken. Die Teilnehmer stimmen auch zu.

Müller

„Das weitere Vorgehen ist damit geklärt. Für das weitere Gelingen ist natürlich auch wichtig, wie Sie den heutigen Tag, quasi unseren ,Kick-off', beurteilen. Geben Sie uns reihum bitte Ihr Feedback."

Teilnehmer

„Einiges von dem, was wir heute besprochen haben, wussten wir schon irgendwie, aber so greifbar habe ich es vorher nicht vor Augen gehabt."

„Für mich war das Meinungsbild interessant. Da weiß man doch erst, worüber man wirklich spricht, wenn man sich anschließend die theoretische Prozessbeschreibung anschaut."

„Für mich war das eine Veranstaltung, die mir eine ganz neue Form der Zusammenarbeit offenbart. Ich hoffe, dass wir in dieser Form noch mehr Probleme unserer Firma beheben können."

8.   Dynamik mit Erfolg

Herr Deta sitzt an seinem Schreibtisch über der Prozessdokumentation und notiert für sich wichtige Erkenntnisse aus dem Workshop.

Auch Herr Keil möchte den Prozess noch einmal resümieren und trifft sich hierzu mit Herrn Müller.

Keil

„Ich möchte gerne nach der Erfahrung mit dem Workshop eine Standortbestimmung vornehmen. Die Frage heißt letztendlich für mich: Was muss und will ich verändern?"

Müller

„Bevor wir in Maßnahmen denken ... darf ich Ihnen den Vorschlag machen, dass wir zuerst noch einmal die Situation reflektieren und sie beurteilen, und dann zu den Aktivitäten kommen? Außerdem möchte ich dann die Frage nach Veränderungsbedarf um folgende Frage ergänzen: Woran möchte ich festhalten? Ich denke, dass der Unterschied zusätzliche Klarheit bringt."

Keil

„Klarheit ist immer gut. Also lassen Sie uns beginnen."

Herr Müller bietet sich als Protokollant am Flipchart an. Die beiden reflektieren gemeinsam, wobei der Berater darauf achtet, die Sichten und Meinungen von Herrn Keil zur

Geltung kommen zu lassen und durch Hinterfragen zu klären. Schließlich entsteht das folgende Bild:

Situation
- *Durch Workshop erhebliches Verbesserungspotenzial für Prozesse aufgezeigt*
- *Teilnehmer haben die Verantwortung für die Umsetzung übernommen*
- *Konkrete Maßnahmen vereinbart und angelaufen*
- *Positives Feedback der Teilnehmer über kooperative Arbeit beim Workshop*
- *Neue Rolle für den „Organisator"*

Beurteilung
- *Die direkte Beteiligung führt im Vergleich zu anderen Vorgehensweisen schnell zu belastbaren und akzeptierten Ergebnissen.*
- *Die Rollenerweiterung des Organisators (vom „Vorarbeiter" zum Promotor und Moderator) verbreitert die Prozessmanagementkompetenz im Unternehmen.*
- *D.h. diese Arbeitsweise fortsetzen!*

Was ich bewahren will	**Was ich verändern will**
- *Umsetzung ISO, aber ...*	- *... Prozessbegriff umfassender verstehen und anwenden*
- *Harte, betriebswirtschaftliche Anforderungen an Prozesseffizienz*	- *Prozessoptimierungen künftig als Projekte aufsetzen*
	- *Verständigungsprozesse mit breiterer Beteiligung angehen*
	- *Organisator mit neuer Rolle verankern*

Maßnahmen
- *Folgeworkshop organisieren (Deta, Müller)*
- *Schema der Prozessbeschreibung als Muster dokumentieren und kommunizieren (Deta)*
- *Weitere Prozesse mit Verbesserungsbedarf identifizieren und Projekte vorbereiten (Führungskreis, Deta)*
- *Organisator zum systemischen Berater ausbilden (Personalentwicklung, Deta)*
- *Netzwerk interner Prozessexperten schaffen (Deta, Teilnehmer, Müller)*
- *Potenzial und Ziele Prozessverbesserungen in strategische Planung einbringen (Prozessperspektive in Balanced Scorecard) (Keil, Geschäftsführung)*

Keil

„Nach alledem ... danke für Ihre Unterstützung, Herr Müller. Sie haben uns sehr geholfen, einen neuen Weg zu finden. Die Herausforderung für uns ist sicherlich, uns dahin zu entwickeln, dass wir solche Schritte zunehmend alleine gehen können."

Müller

„Wenn das gelingt, haben wir gemeinsam gute Arbeit geleistet. Das ist für mich als Berater eine wichtige Zielsetzung. Am Ende des Projekts sollte nicht nur das unmittelbare Problem gelöst sein. Ihre Organisation sollte sich auch sicherer darin fühlen, ähnliche Fragestellungen selbst anzugehen. Ich denke, dass Sie mit den fixierten Maßnahmen auf einem guten Weg sind."

Prozessmanagement und Qualitätsmanagement

Missverständnisse und Stolpersteine

Sabine Gehner-Höttgen

Inhalt:

1.   Von Begriffen und Irritationen

„Qualitätsmanagement" und „ISO 9001" – Begriffe, die den einen klar erscheinen, er-zeugen bei anderen noch Irritationen und Missverständnisse. Die Diskussion im Kreis von Fachleuten wird um unspezifische Befürchtungen aus dem Umfeld bereichert: Was wird das neue Qualitätsmanagement-System bewirken? Wieviel Transparenz schafft es in Bezug auf die Unternehmensprozesse? Wer hat die Verantwortung für den jeweiligen, häufig abteilungsübergreifenden Prozess? Wo wird durch Vorgaben der ISO 9001 der Gestaltungs- und Handlungsspielraum eingegrenzt? Wo bekommt man andererseits neue Sicherheit?

Diese Fragen begleiten die Einführung und Anwendung von Qualitätsmanagement-Systemen und legen der Implementierung und Anwendung oft auch Stolpersteine in den

Weg. Neben der erforderlichen Sachkunde ist deshalb auch eine wirkungsvolle Kommunikation gefragt. Die im Folgenden dargestellten Gesprächsausschnitte geben einen Einblick.

2.   Über Sinn und Zweck von ISO

Bei einem Hersteller von Industriegütern fragen die Kunden immer häufiger nach, ob das Unternehmen ein Qualitätsmanagement(QM)-System gemäß ISO 9001 habe und entsprechend zertifiziert sei. Als der Wunsch seitens der Kunden nachdrücklicher wird, entscheidet das Management, ein QM-System einzuführen. Ein neuer Mitarbeiter wird mit der Einführung beauftragt. Die ersten drei Monate nutzt er, um das Unternehmen kennen zu lernen und erarbeitet dann ein Konzept zum Aufbau des QM-Systems. Dieses Konzept stellt er nun im Führungskreis vor. Schnell ergeben sich einige Fragen.

„Was soll das eigentlich mit der ISO?"

„Wissen Sie, das habe ich mich anfangs auch gefragt. Eine erste Antwort habe ich im allgemeinen Teil der ISO gefunden. Dort steht: Diese Norm heißt: ‚International Standard of Organisation' und kann verwendet werden, um die Fähigkeit der Organisation (des Unternehmens) zur Erfüllung der Anforderungen des Kunden, der Behörden und der eigenen Organisation zu bewerten (ISO 9001 Abschnitt 0.1).

Deswegen fragen unsere Kunden auch immer häufiger danach, ob wir ein Qualitätsmanagement-System haben, das die Anforderungen der ISO 9001 erfüllt."

„Jetzt schreibt diese ISO uns also vor, wie wir zu arbeiten haben!"

„Das könnte man erst mal denken. Allerdings steht auch Folgendes ausdrücklich in der Norm: Es ist nicht die Absicht dieser Norm zu unterstellen, dass QM-Systeme einheitlich strukturiert oder einheitlich dokumentiert sein müssen.

Die ISO ist ein Regelwerk, das aus Erkenntnissen und Erfahrungen vieler Unternehmen entstanden ist. Es ist darin zusammengetragen worden, was ein Unternehmen berücksichtigen sollte, um erfolgreich zu arbeiten.

Jedes Unternehmen muss nun selber überlegen, durch welche Abläufe das Regelwerk bei ihnen konkret umgesetzt wird. Die ISO bildet also nur das Gerüst, und das Unternehmen muss sehen, wie es dieses Gerüst mit Leben füllt."

„Wir haben doch unsere Abläufe, die sind o.k. Das sieht man an unseren guten Produkten. Warum reicht das unseren Kunden nicht?"

„Sie haben sicherlich Recht, wir haben gute Abläufe. Und unser Ziel ist es deshalb, diese Abläufe, die o.k. sind, zu erfassen und aufzuzeichnen. Damit werden wir mehrere positive Aspekte für das Unternehmen erreichen:

(1) Durch die Feststellung, wie uns die Produktion guter Teile gelingt, und durch die Möglichkeit des Austausches darüber werden wir erreichen, dass jede Fertigung in unserem Unternehmen mit der gleichen Sicherheit erfolgen kann. Wir lernen praktisch aus unseren verschiedenen Stärken für das ganze Unternehmen.

(2) Bei neuen Mitarbeitern oder Mitarbeitern, die an neue Arbeitsplätze kommen, kann dadurch sichergestellt werden, dass sie alle umfassenden Informationen erhalten, um möglichst schnell und fehlerfrei an diesen Abläufen mitarbeiten zu können.

(3) Ein weiterer Vorteil ist, dass man bei Arbeiten, die nicht so häufig anfallen und für die dann zwangsläufig die Routine fehlt, zur Vermeidung von Fehlern nachlesen kann, wie diese durchzuführen sind.

(4) Zusammenhänge der Abläufe über den eigenen Bereich hinaus werden transparent, so dass ein besseres Verständnis für jeweilige Arbeiten erreicht wird.

(5) Letztendlich ist die Darstellung der Abläufe auch eine wesentliche Voraussetzung für eine verantwortungsvolle, kontinuierliche Verbesserung. Da setzt das Prozessmanagement an. Erst wenn wir wissen und in Gänze nachvollziehen können, wie ein Prozess funktioniert, können wir Veränderungen fundiert besprechen. Wie oft sind schon punktuelle Verbesserungen aus irgendeiner Not schnell umgesetzt worden, die aus der Sicht des Gesamtprozesses war es eher ein Rückschritt wären, weil die Konsequenzen nicht durchgängig betrachtet wurden.

Ich bin deshalb der festen Überzeugung, dass wir durch die gemeinsame Einführung eines QM-Systems, das die Abläufe des Unternehmens berücksichtigt, nicht nur die Forderungen unserer Kunden erfüllen werden, sondern auch einen Nutzen für uns schaffen werden."

3. ISO gibt Prozesse vor?

Das Unternehmen ist seit einigen Jahren auf Basis der alten ISO 9001 zertifiziert. Die Dokumentation entspricht dem damals vorgesehenen Kapitel 0 als allgemeine Einleitung und 20 spezielleren Kapiteln. Zu den einzelnen Kapiteln gibt es Verfahrens- und Arbeitsanweisungen, die in ihrer Nummerierung den Handbuchkapiteln folgen.

Nachdem der Qualitätsmanagement-Beauftragte (QMB) sich eingehend mit der neuen ISO 9001 beschäftigt hat, bereitet er eine Vorstellung der geplanten Änderungen im QM-System im Führungskreis vor.

Der QMB eröffnet das Meeting, begrüßt die Teilnehmer, steigt in das Thema ein, und schnell ergeben sich Fragen:

„Die revidierte ISO 9001 macht Umstellungen in unserem bestehenden System, das auf Basis der alten ISO 9001 erstellt wurde, notwendig. Eine besondere Aufgabe der neuen ISO 9001 besteht darin, das System prozessorientiert aufzubauen. Ziel dieses Meetings ist es nun, mit der Identifizierung der Prozesse des Unternehmens zu beginnen. Dazu habe ich Vorschläge zur Diskussion vorbereitet, die ich Ihnen kurz vorstellen werde."

„Irgendwie verstehe ich Ihr Anliegen nicht. Die ISO gibt die Prozesse doch vor, was sollen wir hier noch besprechen?"

„Um diese Frage zu beantworten, möchte ich vorher an Sie eine Frage stellen: Was macht uns so erfolgreich, im Vergleich zu anderen Unternehmen?"

„Die Kunden sind sehr zufrieden mit uns und unseren Produkten. Da unterscheiden wir uns auch deutlich von unserem Wettbewerb."

„Genau. Auch meiner Meinung nach ist es zum einen die Kundenbindung, die wir durch Kundenzufriedenheit erreichen, und zum Zweiten der Unterschied zu unserem Wettbewerb. Und exakt dieser Unterschied zu unserem Wettbewerb spiegelt sich wider in dem individuellen Aufbau unserer Unternehmensprozesse. In diese Prozesse sind ja jahrelange, wertvolle Erfahrungen praktisch eingebaut. Das müssen wir uns immer wieder vergegenwärtigen.

Unsere Unternehmensprozesse gehen weit über die Forderungen der ISO hinaus. In unserem Unternehmen kann man ihre Frage, ob die Prozesse nicht vorgegeben seien, daher eindeutig mit ‚nein' beantworten, und zwar aus folgenden Gründen: Nehmen wir an, dass wir in unserem QM-System nur das beschreiben, was die ISO von uns fordert, und das vielleicht auch noch in der Struktur der ISO, damit es für den Auditor übersichtlich ist. Dann haben wir zwar ein QM-System, dass die Forderungen der ISO durch Prozessbeschreibungen und Verfahrensanweisungen abdeckt, nicht aber unsere kompletten Unternehmensprozesse.

Ein weiterer Grund ist, dass solch ein reines ISO-System nicht alle unsere Unternehmensabläufe beinhalten würde, die wir zum effektiven Erreichen der Kundenzufriedenheit umsetzen. Einen dritten Grund für ein ‚nein' sehe ich darin, dass wir versuchen sollten, unsere Unternehmensabläufe in einer für unsere Mitarbeiter verständlichen Form darzustellen. Dazu sollten wir unsere eigene, uns vertraute Sprache in den uns bekannten Prozessen und Abläufen verwenden.

Die ISO soll uns daher nicht als Vorgabe der Prozesse, sondern als Unterstützung zum Aufbau und zur Beschreibung eines QM-Systems dienen."

„Was schreibt denn die ISO da vor? Was kann ich mir konkret vorstellen?"

„Vergleichen wir den Aufbau eines prozessorientierten QM-Systems mit einem Hausbau. Dann sagt uns die ISO, dass unabhängig von der Lage des Hauses, der Größe, der geplanten Ausstattung und der geplanten Nutzung bestimmte Arbeiten immer zu erfolgen haben – das sind die Forderungen der ISO. Diese Forderungen dienen zur Unterstützung und sind Hilfen, damit nichts Wichtiges vergessen wird.

An dieser Stelle ein Beispiel – im Kapitel 7.4.1 der Norm steht: Die Organisation muss Lieferanten auf Grund von deren Fähigkeit beurteilen und auswählen, Produkte entsprechend den Anforderungen der Organisation zu liefern.

Was kann das in unserem Beispiel des Hausbaus heißen?

Wenn ich dieses Haus in einer felsigen Gegend bauen werde, muss ich bei der Auswahl des Bauunternehmers u. a. darauf achten, dass er für den Kellerbau Sprengungen durchführen kann. Dies muss ich bei der Auswahl eines geeigneten Lieferanten beurteilen, sonst kann mir der Lieferant nicht das liefern, was ich benötige."

„O. k. Einverstanden. Wie geht es jetzt weiter?"

„Mein Vorschlag ist folgender: Lassen Sie uns zusammen ermitteln und dokumentieren, welche Unternehmensprozesse bei uns wie abgewickelt werden. Da wir, wie Sie ja schon gesagt haben, sehr erfolgreich sind, werden wir fast alle Forderungen der ISO durch unsere Prozesse erfüllen.

Meine Aufgabe wird es u. a. sein, genau diesen Abgleich von unseren Prozessen zu den Forderungen der ISO vorzunehmen. Wenn dann einzelne Forderungen noch nicht erfüllt werden, überlegen wir uns gemeinsam, wie wir diese am besten und zum Nutzen des Unternehmens umsetzen und in die bestehenden Prozesse integrieren können.

Auf diese Weise können wir vermeiden, dass neben den Prozessen des Unternehmens künstliche QM-Prozesse entstehen, oder dass nur (scheinbare) Teilverbesserungen vorgenommen werden, die aber auf den gesamten Prozess bezogen eher von Nachteil sind, da diesen Teilverbesserungen z. B. der Zusammenhang zu den Unternehmensprozessen fehlen.

Um mit der Arbeit zu starten, schlage ich vor, dass ich einen nächsten Termin organisiere, bei dem wir dann die Unternehmensprozesse erfassen. Das weitere Vorgehen werden wir jeweils zum Ende der einzelnen Termine vereinbaren."

4.   Qualitätsmanagement – als technisches Thema verkannt

Zur Unterstützung des Qualitätsmanagements wird ein neuer Mitarbeiter eingestellt. Das Unternehmen verspricht sich durch die intensivere Arbeit am Qualitätsmanagement weitere, deutliche Verbesserungen. Die Einstellung des neuen Mitarbeiters wird der Belegschaft durch einen Aushang an der Info-Tafel bekanntgegeben.

Zwei Kollegen treffen sich an dieser Info-Tafel:

„Hast du das gesehen, da ist schon wieder einer eingestellt worden, der uns sagen soll, wie wir unsere Arbeit besser machen. Dafür sehe ich nun gar keinen Bedarf. Erst wird uns erzählt, dass wir top sind und deswegen schließlich auch Marktführer, und jetzt das."

„Ja, ich weiß auch nicht so recht. Bisher dachte ich, Qualitätsmanagement ist bei uns gut und ausreichend geregelt. Wir haben solide Produkte, die im Vergleich mit unseren Wettbewerbern immer besser abschneiden."

„Aber das Beste hast du bestimmt noch nicht gehört: Der Neue soll gar keine Branchenerfahrung haben. Wie soll der was im Qualitätsmanagement ausrichten können, wenn er die Technik der Produkte nicht beherrscht. Da bin ich mal auf die ersten Ergebnisse gespannt."

Ein Jahr später. Das Qualitätsmanagement erstellt einen Bericht über die Veränderungen des letzten Jahres. Unter anderem enthält der Bericht Informationen über wiederkehrende Fehlerursachen – die Anzahl ist deutlich zurückgegangen. Die beiden Kollegen, die wir schon kennen gelernt haben, treffen sich wieder an der Info-Tafel.

„Hast du den Bericht schon gesehen – das ist ja wirklich erstaunlich. Hast du eine Vorstellung, warum das funktioniert hat, obwohl der neue Mitarbeiter nicht aus der Branche gekommen ist?"

„Ich habe im letzten Jahr häufiger mit den Kollegen aus dem Qualitätsmanagement zu tun gehabt. Zuerst war ich auch sehr skeptisch, aber nach und nach habe ich verstanden, worum es geht. Wenn Fehler auftraten, wurde nicht einfach ein Schuldiger gesucht oder eine technische Lösung vorgeschlagen, sondern es wurde hinterfragt, wie es zu den Fehlern gekommen ist. Dazu war es wichtiger, Kenntnisse für die Prozesse als für die technischen Detailkenntnisse zu haben.

Eine Analyse der Schwachstellen führte zu den Fehlerursachen. Dann wurde mit den Betroffenen erarbeitet, was an den Abläufen geändert werden muss, damit die Fehlerursache nicht wieder auftritt."

„Na ja, im Reden sind die alle gut. Mal sehen, wie lange man sich daran noch erinnert."

„Dafür sorgt dann die Dokumentation im Qualitätsmanagement-Systems. Aufgabe des neuen Mitarbeiters war es, die bestehenden Dokumente umgehend anzupassen"

„Hey, du sprichst ja schon wie einer von denen. Aber im Ernst: Das heißt also noch mehr Vorschriften und Regeln. Da hat man dann gar keinen persönlichen Handlungsspielraum mehr."

„So sehe ich das mittlerweile nicht mehr. Diese Dokumentation schafft deutlich mehr Transparenz in den Abläufen. Man versteht besser, was läuft, und es ist einem sofort klar, wer sich um was zu kümmern hat. Dadurch werden Missverständnisse vermieden. Ich kann für mich persönlich sagen, dass ich wirklich mehr Überblick und Sicherheit in den Prozessen bekommen habe, in denen ich mitarbeite."

„So wie du das erzählst, scheint das ja doch gar nicht so schlecht zu sein. Ich glaube, ich schau mir dieses QM-System doch mal etwas genauer an."

5. Die Norm als Ausgangspunkt?

Zwei ehemalige Studienkollegen treffen sich auf einer Fachtagung. In einer der Pausen haben sie folgendes Gespräch:

„Heute Nachmittag kommt noch ein Vortrag, auf den ich sehr gespannt bin: Qualitätsmanagement zum Nutzen des Unternehmens."

„Ich glaube, den Vortrag spar ich mir."

„Wieso denn das?"

„Ach weißt du, auch wir haben so ein Qualitätsmanagement-System im Unternehmen. Immer vor den Audits wird ein Riesenwirbel gemacht. Dann müssen Unterlagen vorbereitet und Akten sortiert werden. Ich habe mir schon Post-its an die Stellen in den QM-Dokumenten gemacht, die beim Audit bei mir abgefragt werden können. Ohne diese Hilfe wäre ich jedesmal aufgeschmissen und würde die richtigen Seiten nie finden. Jedes Mal bin ich froh, wenn das alles vorbei ist und ich keine Fehler gemacht habe. Einen Nutzen hat das doch nur für den Vertrieb, weil der durch das Zertifikat bessere Chancen auf Aufträge hat."

„Das erlebe ich in dem Unternehmen, in dem ich arbeite, anders. Mich unterstützt das QM-System besonders bei Aufgaben, die ich nicht täglich mache. Da kann ich dann nachlesen, wer was zu tun hat, damit die Aufgabe erfolgreich erledigt wird. Außerdem hilft es mir auch bei der Einarbeitung neuer Mitarbeiter; die finden sich durch das System schneller in unseren Abläufen zurecht. Aber es war auch nicht so einfach, das alles so schlüssig aufzubauen. Wie seid ihr denn an diese Aufgabe herangegangen?"

„Nachdem die Geschäftsführung sich dafür entschieden hatte, wurde ein Mitarbeiter damit beauftragt, die Norm zu lesen und Vorschläge für die Umsetzung zu machen. Dieser Kollege hat dann kleine Gruppen zusammengestellt und seine Vorschläge vorgestellt. Alle waren recht froh darüber, denn so brauchte sich keiner mit der Norm näher auseinander zu setzen; man stimmte den Vorschlägen schnell zu.".

„Nach der Schilderung wundert mich Deine Skepsis nicht. Vermutlich hat keiner gesehen oder gesagt, dass bei euch ja längst Abläufe bestehen, allerdings anders als von dem Kollegen vorgeschlagen. So ist anscheinend von ihm ein QM-System dokumentiert worden, das keinen Bezug zu den tatsächlichen Unternehmensabläufen hat. Dies scheint häufiger zu passieren, wenn die Norm zu stark als Ausgangspunkt genommen wird. So entstehen künstliche QM-Prozesse, die nicht wirklich ernstgenommen werden; im Konfliktfall war's halt der QM-Mitarbeiter, der die Prozesse unspezifisch beschrieben hat.

Wir haben vorab gefragt, inwieweit uns die Erfüllung der ISO-Forderungen nutzt

Zum Beispiel bei der Instandhaltung konnten wir feststellen, dass es Anlagen im Unternehmen gibt, die auf keinen Fall ausfallen dürfen. Für genau diese Anlagen wurden dann Instandhaltungsmaßnahmen festgelegt. Anschließend haben wir uns darauf verständigt, dass die Produktion für die Umsetzung verantwortlich ist – die Kollegen dort wissen am besten, wie z. B. die Auslastung in letzter Zeit gewesen ist und wie die Auslastung in Zukunft sein wird. Die Produktion meldet jetzt rechtzeitig die Instandhaltung in unserer Instandhaltungsabteilung an, und die Schlosser und Elektriker führen die Instandhaltung durch.

Dieses Vorgehen hat manchmal recht lange gedauert, aber als der Groschen gefallen war, wussten wir auch sofort, wie wir diese Forderungen der ISO erfüllen wollen und noch wichtiger, wo in unseren Unternehmensprozessen wir dies zu berücksichtigen haben.

Ich kenne den Referenten von heute Nachmittag und bin mir sicher, dass du von seinem Vortrag diverse Anregungen für das QM-System in Deinem Unternehmen mitnehmen kannst."

> *„Was du da sagst hört sich ganz anders an, als das, was ich bisher zu Qualitätsmanagement gehört habe. Das hat mich nun doch neugierig gemacht auf den Vortrag; ich werde ihn wohl besuchen. Und ich denke, ich werde mich mal mit dem verantwortlichen Kollegen zusammensetzen. Vielleicht gelingt uns ja ein effektiverer Dialog mit unseren Praktikern, damit Qualitätsmanagement bei uns kein Papiertiger bleibt. ... Wenn ich das so weiter denke: Wärst du grundsätzlich mal für einen Erfahrungsaustausch zu dem Thema in unserem Unternehmen bereit?"*

„Gute Idee, gerne. Das nenne ich praktisches Lernen!"

6.   Für ISO haben wir eine Abteilung

Zur Umgestaltung des bestehenden QM-Systems wurde im Unternehmen ein Projekt aufgesetzt und folgendes vereinbart:

- Die Unternehmensprozesse sollen in Arbeitskreisen beschrieben werden.

- Für jeden Prozess ist ein Prozesskoordinator zu bestimmen.

- Die Benennung des Prozesskoordinators soll durch die Arbeitskreise erfolgen.

Die Aufgaben eines Prozesskoordinators sollten sein:

- In regelmäßigen Abständen die für den Prozess festgelegten Kenngrößen zu erfassen und zu analysieren,

- diese Kenngrößen an die Abteilung QM zu melden,

- die Prozessbeteiligten dann einzurufen, wenn die Zielvorgaben nicht erreicht werden oder einer Änderung bedürfen, um die erforderlichen Modifikationen zu organisieren,

- die Durchführung der Prozesse mit dem Linienmanagement zu vereinbaren.

Die Teilnehmer der gebildeten Arbeitskreise wurden von den Vorgesetzten benannt. Geleitet werden die Arbeitskreise durch die Abteilung Qualitätsmanagement (QM). Als Arbeitshilfe hat QM für jeden Arbeitskreis Prozessentwürfe erstellt; eine schnelle und effektive Arbeit war so gewährleistet.

Zum Schluss oblag es den Arbeitskreisen Prozesskoordinatoren zu nennen. Es kam zu folgendem Gespräch:

„Das mit dem Prozesskoordinator ist doch kein Problem, dafür haben wir Ihre Abteilung QM. Sie sind doch für die ISO verantwortlich."

„Ja und Nein.

Ja, wir sind für die ISO verantwortlich. Was heißt das? Wir sind dafür verantwortlich, dass die Prozesse identifiziert sind, beschrieben werden und die Einhaltung überwacht wird.

Nein, wir sind nicht generell für die Koordination und Ausführung der Prozesse verantwortlich. Dort können und wollen wir ja nicht den Beteiligten die Verantwortung und Kompetenz für die Steuerung ihrer Arbeitsabläufe wegnehmen. Wir könnten die Verantwortung auch schon deswegen nicht übernehmen, weil die Abteilung QM in diesen Prozessen keinen direkten Einfluss auf die Prozessperformance hat. Das ist Sache der Beteiligten und es liegt daher auch in deren Hand, den Prozess ggf. zu verändern. Hier muss der Prozesskoordinator aus den Reihen der Beteiligten kommen. Lassen Sie mich das an einem Beispiel erklären:

Wir haben im Unternehmen Ziele, die jedes Jahr neu spezifiziert werden. Diese Ziele heißen Steigerung der Produktivität, aber z. B. auch Reduzierung von Ausfall, Nacharbeit, Schrott, Reklamationen usw.

Um diese Ziele zu erreichen, ist es sinnvoll, die Prozesse nach Schwachstellen und Möglichkeiten zur Verbesserung zu analysieren. Da beginnt das Prozessmanagement. Jeder Bereich hat seinen Beitrag am Unternehmenserfolg und an der Erreichung der Ziele. Deswegen liegt es in der Verantwortung der Bereiche und Abteilungen eines Prozesses, Maßnahmen festzulegen. Und sinnvoller Weise liegt die Koordination der Maßnahmen ebenfalls in den Bereichen und Abteilungen des Prozesses. Deswegen ist geplant, die Prozesskoordinatoren aus dem Kreis der Betroffenen zu benennen und nicht die Abteilung QM dafür vorzusehen."

„Ich kann mir vorstellen, dass diese Abgrenzung der Verantwortung und Kompetenz von QM schwierig klarzustellen ist."

„Es ist in der Tat eine Herausforderung – auch wegen des Balanceakts zwischen übergreifender Ordnungsaufgabe und bedarfsorientierter Dienstleistung. Deshalb werden wir immer wieder darauf achten müssen, dass unsere Rolle klargestellt wird. Und sie ist eben nicht automatisch die eines Prozesskoordinators, sie ist eben auch nicht die von Führungskräften, die für ihre Prozesse die Verantwortung wahrzunehmen haben. Unsere Rolle der Abteilung QM verstehen wir so:

QM gibt, wenn gewünscht, Beratung und Hilfestellungen, z. B. in Form von Erläuterungen zum Verständnis der Norm, durch Vorschläge von möglichen Methoden oder Lösungen. Wir können aufgrund unserer Erfahrungen und prozessübergreifender Informationen helfen, dass keine Verschlechterung durch Veränderungen erreicht wird, dass keine widersprüchlichen Festlegungen in unterschiedlichen Prozessen erfolgen, dass die Norm weiterhin eingehalten wird.

Wie kann man für die Klarstellung und Abgrenzung sorgen? Wir nutzen dazu zum Beispiel Präsentationen von Prozessverbesserungen, bei denen wir auch deutlich machen, wer in welcher Funktion mitgewirkt hat: Die Prozesskoordinator als Steuerer, wir als Berater, die Führungskraft als Entscheider. Das geht ganz gut, weil es keine theoretische Abhandlung ist. Und jeder erhält für seinen Teil die Wertschätzung, nicht einer profiliert sich auf Kosten der anderen – das ist entscheidend, damit wird auch die Motivation unterstützt, sich für QM einzusetzen. "

7.   ISO generiert Formulare?

Die Entscheidung für ein prozessorientiertes QM-System ist gefallen, die Umsetzung erfolgt in einer Gruppe von Mitarbeitern wird das neue QM-System anhand der Abwicklung von Kundenreklamationen dargestellt. Bisher gibt es zu diesem Thema ein Handbuchkapitel, in dem Korrekturmaßnahmen, eine Verfahrensanweisung zur Abwicklung von Reklamationen und ein Formular zur Erfassung von Reklamationen aufgeführt sind.

Aus diesen wenigen Dokumente sind durch die neue Darstellung nun einige Dokumente mehr geworden. Die Resonanz lässt nicht lange auf sich warten.

„Das haben wir uns doch gleich gedacht, neues System, neues und noch mehr Papier. Bisher sind wir mit drei Formularen ausgekommen. Sie glauben wohl, dass die Qualität Ihrer Arbeit an der Menge Formulare gemessen wird, die Sie schaffen?"

„Ich gebe Ihnen Recht, im ersten Moment sieht es so aus, als ob wir nun deutlich mehr Formulare haben. Doch nehmen wir uns die Zeit, die ‚neuen' Formulare genauer zu betrachten. Bei der Analyse der Abwicklung von Reklamationen haben wir Folgendes festgestellt:

Es gab mehr als ein Formular. Je nachdem ob es sich um eine Reklamation innerhalb oder außerhalb der Gewährleistungszeit handelt, wurden unterschiedliche Formulare verwendet und auch unterschiedliche Prozesse gestartet. Diese bereits vorhandenen Formulare haben wir mit aufgenommen und den Prozess entsprechend der tatsächlichen Abläufe dargestellt.

Außerdem gibt es neben der technischen Reklamation, die wir bisher beschrieben haben, auch noch logistische und kaufmännische Reklamationen mit eigenen Formularen. Für deren Abwicklung ist allerdings ein anderer Personenkreis verantwortlich. Auch diese Abläufe waren im Unternehmen bereits vorhanden, blieben aber – da von dem QM-System nicht gefordert – bisher unberührt. Weiter haben wir in den Abteilungen bei der Erfassung der Abläufe diverse Anweisungen gefunden, gesammelt und analysiert. Einige davon hatten keine Relevanz mehr, manche widersprachen sich und andere waren noch gültig. Letztere haben wir in das QM-System aufgenommen und zu gelenkten Dokumenten gemacht. Bei denen, die sich widersprachen, erfolgte eine Aktualisierung."

„‚Gelenkte' Dokumente - das hört sich bürokratisch an."

„Das mag tatsächlich so klingen. Der Begriff entstammt der Norm und steht dafür, dass dies ein offizielles Papier ist, das bestimmten Regeln unterliegt wie z. B. der festgelegten Verteilung, der Aktualisierung bzw. Pflege bei Änderungen und des festgelegten Austauschs bei Änderungen. Damit können wir sicherstellen, dass das Dokument bzw. diese Anweisung auch denjenigen zugänglich ist, die nicht wissen, dass es existiert."

Strategieprozess im fusionierten Unternehmen

Praxisbeispiel Versicherung

Peter Wollmann

Inhalt:

1.   Zwei Planungswelten stoßen aufeinander

Aufgrund eines Handels zwischen der Deutschen Bank und der Zürich Finanz-Services (ZFS) wurde die Deutscher Herold Versicherungen mit den Zürich Deutschland Versicherungen (Zürich, Agrippina und Neckura) zur viertgrößten Versicherungsgruppe in Deutschland zusammengeführt. Eine gleich zum Start der Fusion vorgegebene einheitliche Managementstruktur sollte die Vielzahl der nunmehr unter einem Dach verbundenen Gesellschaften möglichst schnell verbinden (siehe Abbildung 1).

Dieser so neu geschaffene Konzern hatte naturgemäß einen hohen Bedarf an strategischer und operativer Steuerung. Für deren Realisierung erschien aber die Voraussetzung anfangs eher ungünstig, stießen doch sehr verschiedene Planungs- und Steuerungswelten der zusammengeschlossenen Gesellschaften aufeinander:

■ Die Zürich-Agrippina-Gruppe mit einem Schwergewicht auf dem General Insurance Geschäft, dem Underwriting (Risikoselektion und Tarifierung), der Beziehungspflege zu großen Versicherungsmaklern und der auf Bestandspflege ausgerichteten Entwicklung der Ausschließlichkeitsorganisation.

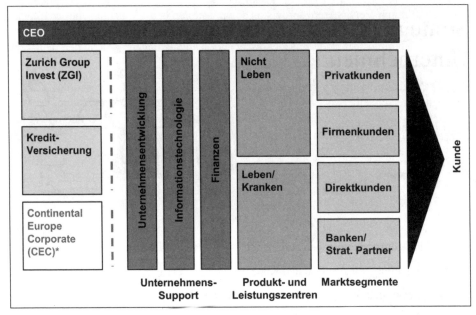

Abbildung 1: Managementstruktur der Zürich Deutschland 2002

■ Die Neckura Gruppe als „Nischenversicherer" mit dem Schwerpunkt in spezifischen Kraftfahrtversicherungstarifen und hierauf ausgerichteten Agentur- und Direktvertriebswegen.

■ Die Gruppe Deutscher Herold mit einer überwiegenden Ausrichtung auf das Lebensversicherungsgeschäft und damit auf – aggressive – Wachstumsorientierung in den verschiedensten Vertriebswegen (Multi-Channelling von der Ausschließkeitsorganisation über Finanzplanungsorganisationen und Finanzmakler bis hin zu Bankvertriebswegen und Strukturvertrieben).

Die Herausforderung für einen gemeinsamen Strategischen und Operativen Planungsprozess war also groß. So war für die Gruppe Deutscher Herold sehr schnell klar, dass die enge Einbindung in einen versicherungsgeschäftsorientierten Konzern wie die ZFS deutlich andere Planungs- und Steuerungssysteme erforderte als es die Einbindung in einen bankorientierten Konzern wie die Deutsche Bank getan hatte. Analoges galt für einen Nischenversicherer wie Neckura – bisherig im Besitz einer amerikanischen Gesellschaft – mit einem anglosächsischen Planungs- und Steuerungsmodell. Während beispielsweise die Gruppe Deutscher Herold für die Deutsche Bank wegen ihrer Position am Lebensversicherungsmarkt interessant war und die Absicherung der Privatkunden der Deutschen Bank gegen „Abwanderung und Abwerbung" darstellen sollte (Fokus: Wachstumsorientierung, Erzeugung von Einnahmen bzw. Profit im Deutsche Bank Konzern direkt durch Versicherungsprovision sowie Margen beim Management der Kapital-anlagen des Deutschen Herold etc.), war die ZFS an hohen Profitabilitäten auf der Basis guter versicherungstechnischer Ergebnisse und Kapitalanlagenrenditen der deutschen Tochter interessiert und gestaltete ihre Steuerung entsprechend.

Aufgabe und Ziel richtete sich also darauf, die unterschiedlichen Philosophien und die aus den unterschiedlichen Schwerpunkten hervorgegangenen Konzepte und Systeme möglichst schnell zu einem für die neue Gruppe optimalen strategischen und operativen Steuerungsprozess zusammen zu führen.

2.   Neuausrichtung mit Analyse und Konzept

Unmittelbar mit dem Entstehen der neuen deutschen Zürichgruppe wurde ein interner Controller Circle, der die Vertreter der zentralen Controllingfunktion sowie der dezentra-len Controllingeinheiten in den Ressorts und Tochtergesellschaften zusammenfasste, ins Leben gerufen. Dieses Gremium vereinte Vertreter der „alten" Zürich-Gruppe, der „al-ten" Neckura-Gruppe sowie der „alten" Gruppe Deutscher Herold mit genauen Kennt-nissen der früheren Konzepte und Systeme.

Eine Untergruppe des Controller Circle analysierte die bestehenden Konzepte und Pro-zesse zur Strategischen Planung in den verschiedenen Unternehmensgruppen und erar-beitete ein neues integriertes Konzept für die „neue" Zürich Gruppe Deutschland. Dabei wurden die Systeme der „alten" Zürich-Gruppe und der „alten" Herold-Gruppe systema-tisch miteinander abgeglichen und Spezifika aus der Neckura-Gruppe fallweise mit ein-gebracht.

Die Analyse ergab, dass Aufbau und Inhalte der bisherigen Strategischen Pläne aus der „Zürich- und Herold-Welt" insgesamt nicht so unterschiedlich waren, wie ursprünglich befürchtet (siehe Abbildung 2).

Einzelne Unterschiede ergaben sich in folgenden Punkten:

▣ *Bestimmung der Markt- und Wettbewerbsposition:*

Bei der Zürich Gruppe war die Positionsbestimmung das Ergebnis eines integrierten Schritts in Form einer SWOT-Analyse, die Stärken, Schwächen, Chancen und Risi-ken in eine Übersicht brachte; in der Gruppe Deutscher Herold erfolgte die Positi-onsbestimmung in drei getrennten Schritten (zuerst eine externe Analyse, dann eine interne Analyse und hieraus resultierend ein Wettbewerbsvergleich)

▣ *Kritische Erfolgsfaktoren (KEF)*

Der Begriff des kritischen Erfolgsfaktors wurde bei dem Deutschen Herold generell marktbezogen betrachtet („Was muss jeder Marktteilnehmer beherrschen, um erfolgreich zu sein"), bei der Zürich Gruppe waren die KEFs auf das Unternehmen bezogen.

■ *Strategische Ausrichtung:*

Der Deutsche Herold fokussierte den Ausbau dauerhafter Wettbewerbsvorteile. Die Zürich setzte auf eine vollständige Schwachstellenbereinigung in allen sogenannten „Key Success Areas".

Zürich	Deutscher Herold
■ Leitbild (Vision, Mission, Werte, Anspruchsgruppen) ■ Externe Analyse (Chancen, Risiken) ■ Interne Analyse (Stärken, Schwächen) ■ SWOT-Analyse (Strength, Weaknesses, Opportunities, Threats) ■ Key Issues (nach sechs Key Success Areas) sowie Culture und Change Management aufgrund GAP-Analyse	■ Leitbild (Vision, Mission, Werte) ■ Externe Analyse (Umfeld-Analyse, strategische kritische Erfolgsfaktoren KEF) ■ Interne Analyse (Leistungsangebot, Fähigkeiten) ■ Position (Kompetenzen, Wettbewerbsvergleich) ■ Fokus auf den Aufbau dauerhafter Wettbewerbsvorteile (z. B. sechs Strategiekomponenten für die Gruppe Deutscher Herold) ■ Ziele zur Umsetzung der Strategien (und in Balanced-Scorecard-Dimensionen)
➔ **Key Tasks**	➔ **Maßnahmen der Ressorts/Projekte**

Abbildung 2: Aufbau der Strategischen Pläne der Zürich-Gruppe und der Gruppe Deutscher Herold im Vergleich

Es zeigte sich, dass sich der logische Aufbau der strategischen Pläne der Zürich und des Herolds gut ergänzten und ein integriertes Konzept deutliche Stärken gegenüber den Vorgängern auswies:

■ Die SWOT wurde durch die marktorientierten KEFs geschärft und vertieft.

■ Die Konzentration der Strategien auf den Aufbau dauerhafter Wettbewerbsvorteile und

■ ihre Umsetzung mit messbaren Zielen und konkreten Maßnahmen steigerte die Wirksamkeit der Planung erheblich.

1. Leibild **(Mission / Vision / Values /** **Stakeholder)**	■ Wofür treten wir an? ■ Was schwebt uns als erstrebenswerte Position vor? ■ Was leitet unser Verhalten? ■ Welche Stakeholder haben wir und wie werden wir Ihnen gerecht?

2. Analyse der Rahmenbedingungen
2.1 Externe Analyse
   a) Umfeldanalyse
   b) Kritische Erfolgsfaktoren (KEF)
     – Chancen
   c) Kritische Risikofaktoren (KRF)
     – Risiken
	■ Wie entwickelt sich der Markt?
	■ Welche Faktoren müssen beherrscht werden?
	■ Welche kritischen Ereignisse können auftreten?

2.2 Interne Analyse
   a) Leistungsangebot
   b) Wirtschaftliche Situation
     (Kenngrößen)
   c) Stärken/Schwächen
	■ Welche Leistungen bieten wir unseren Stakeholdern an?
	■ Wie entwickelt sich der Vorstandsbereich bei der derzeitigen Politik?
	■ Welche Stärken und Schwächen haben wir in Bezug auf KEF und KRF?

2.3 Position
   a) Wettbewerbsvergleich
   b) SWOT
	■ Welche Vor- und Nachteile erkennen wir im Vergleich zu Wettbewerbern?
	■ Für welche Chancen und Risiken sind wir schlecht gerüstet bzw. gut aufgestellt? Welche Möglichkeiten der Ausrichtung bieten sich an?

3. Strategische Ausrichtung
   a) Strategien/Grundausrichtung
   b) Hauptziele/Key Issues
   c) Strategische
     Maßnahmen/Initiatives
 	
4. Key Financials, auch Financial
Initiatives – Überleitung Operative
Pläne
	■ Auf welche ausgewählten 2-3 dauerhaften Wettbewerbsvorteile wollen wir setzen?
	■ Welche wesentlichen 2-4 Ergebnisse wollen wir bis wann zur Umsetzung der Strategie erreichen?
	
	■ Welche finanziellen Ziele wollen wir erreichen?
	■ Welche unmittelbar, ergebniswirksamen Vorhaben/Maßnahmen wollen wir ergreifen?

Abbildung 3: Struktur und Leitfragen für den strategischen Plan

Eine thematische Gliederung und die dazugehörigen Leitfragen stellten die Basis für das zukünftig vereinheitlichte Vorgehen der Strategieentwicklung dar (siehe Abbildung 3).

Der neue Prozess zur strategischen Planung und Steuerung ist in Abbildung 4 dargestellt. Ausgangspunkt des Prozesses ist ein jährliches Review des aktuellen Plans. Darauf fußen die nötigen Modifikation und Weiterentwicklung sowie die Definition der ggf. geänderten, angepassten strategischen Ausrichtung. Diese Ergebnisse bilden die Basis für die konkreten strategischen Ziele und Maßnahmen der Folgejahre, sowie deren Niederschlag in den Gewinn- und Verlustrechnungen bzw. der Bilanzen. Letztlich umfasst der

Prozess auch das laufende Controlling in der Realisierung und die ständigen Analysen des sich ändernden Umfelds.

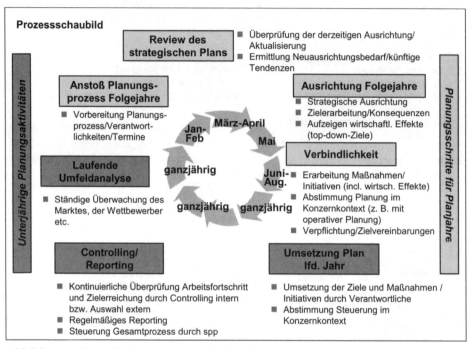

Abbildung 4: Neuer Prozess der strategischen Planung

Im Rahmen des neu definierten Prozesses wurden auch die Rollen und Verantwortlichkeiten der Beteiligten wie folgt festgelegt:

- *Gesamtvorstand:* Grundsatzentscheidung

- *Unternehmensentwicklung:* Leitbild, Leitsätze, Unternehmenskultur, Kommunikation

- *Strategische Planung/Controlling (sp/c:* Strategische und operative Planungskonzepte für die integrierte Gruppe, Implementierung

- *Dezentraler Controller:* Erarbeitung strategischer und operativer Pläne, Controlling der Realisierung in den Vorstandsbereichen

- *Controller Circle:* Vorbereitung und Koordination der Implementierung der Konzepte, Durchführung der Planung

Als Ergebnis lag, nach nur etwa zwei Monaten ein integriertes Konzept über Inhalte und Prozess der strategischen Planung für die neue Gruppe vor, das unmittelbar anschließend erstmalig ausgetestet werden konnte.

3. Strategieentwicklung: „Top-Down" und „Bottom-Up"

Eine besondere Herausforderung bei der ersten Anwendung des neuen strategischen Planungskonzeptes stellte die Umbruchsituation in der ZFS insgesamt sowie in der deutschen Gruppe dar: Alle strategischen Rahmensetzungen waren auf den Prüfstand gestellt und naturgemäß noch keine vergleichbaren Ergebnisse erzielt worden. Die einzelnen Einheiten und Ressorts der deutschen Gruppe waren mit der operativen Bewältigung der Zusammenführung so intensiv beschäftigt, dass die Energie für eine systematische Strategieentwicklung fehlte. Andererseits sollte nicht einfach auf eine strategische Orientierung verzichtet werden. So lag cs nahe, die intuitiven Überlegungen und Vorstellungen des oberen Management zu erfassen und in, wenn auch noch vorläufige, strategische Aussagen zu transferieren.

In einem Folgeschritt wurden diese Ergebnisse durch den Controller Circle plausibilisiert und anschließend durch eine methodisch exakte externe und interne Analyse fundiert. Die intuitiv erzielten Ergebnisse erfuhren dabei zu einem überraschend hohen Grad eine Bestätigung.

Zum Verständnis des eingeschlagenen Wegs hilft eine Klassifizierung (siehe Abbildung 5). Es ist festzustellen, dass das Vorgehen von einer intuitiven Top-Down-Herleitung über eine systematische Bottom-up-Plausibilisierung bis hin zu einer umfassenden pragmatischen Durchdringung der Organisation mit Zielen und Maßnahmen nicht nur praktisch sondern auch theoretisch plausibel war.

In den darauf folgenden Jahren wurde der Fokus des Strategieprozesses auf die weitere Verfeinerung der gesetzten Ziele und Initiativen sowie deren Brücke zu den Planbilanzen und Plangewinn- und Verlustrechnungen gerichtet.

Entsprechend der Entscheidung, den Strategieprozess top-down auf die gesamte deutsche Gruppe zu beziehen, wurde die Erstellung von strategischen Plänen für die Ressorts und die verschiedenen Geschäftsfelder mit zweiter Priorität vorangetrieben. Für sie erfolgte in den ersten zwei Jahren nach der Fusion eine Erprobung anhand besonders gut geeigneter Piloten. Ziel war es, mit dem vierten Planungsjahr nach dem Zusammenschluss eine flächendeckende Erstellung von strategischen Plänen zu erreichen.

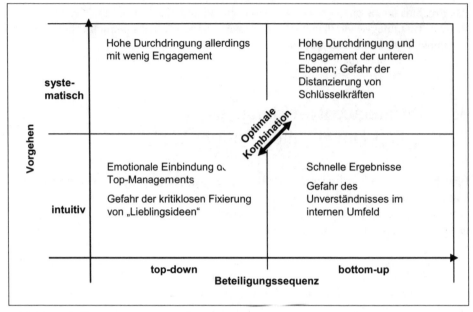

Abbildung 5: Typen von strategischer Planung

Aus der Bearbeitung der ausgewählten Piloten ergaben sich folgende Ergebnisse:

▨ Das für die Gesamtgruppe in Deutschland entwickelte Konzept der strategischen Planung war inhaltlich, strukturell und hinsichtlich der Erstellungsprozesse – mit leichten Anpassungen – auf alle Einheiten innerhalb Deutschlands übertragbar.

▨ Je fokussierter eine Einheit auf ein klar umrissenes Geschäft ist, desto einfacher stellten sich die Herleitungen und Begründungen von Strategien sowie strategischen Zielen und Maßnahmen dar.

▨ Es war in jedem Fall erforderlich, den Prozess der Einführung der strategischen Planung in den jeweiligen Organisationseinheit bzw. Geschäften zu begleiten. Dies wurde wahrgenommen von dem zentralen Bereich „Strategische Planung/Controlling" sowie den dezentralen Ressort-Controllern.

4.   Strategischer und Operativer Plan im Einklang

Eines der wichtigsten Ergebnisse bei der Konzeption des Strategieprozesses in der neuen Zürich-Gruppe war die Stärkung der Verbindung zwischen Strategischer und Operativer

Planung. Die Integration der Unternehmen und die Umbruchsituation in der ZFS weltweit stärkten die Orientierung auf schnelle und messbare Ergebnisse. Aus diesem Grunde konnte das Thema „Strategische Planung" nicht in einem theoretischen Kontext verbleiben; es musste vielmehr im praktischen Fortschritt der Integration und dabei in der Steigerung der Profitabilität und der Verbesserung der Marktposition seinen Ausdruck finden, um die Wertschätzung des oberen Management zu erreichen.

Vor dem Hintergrund war es besonders wichtig, eine Verbindung zwischen der strategischen und der operativen Ebene zu finden. Die operative Ebene verfolgte eine zu dem strategischen Aufbau (siehe Abbildung 3) querliegende Betrachtung im Sinne einer Balanced Scorecard. Hier wurde unterschieden in: Prozessoptimierung, Personalentwicklung, Optimierung der Finanzsteuerung, Optimierung des Produktportfolios und Optimierung der Einzelgeschäfte.

Um innerhalb dieser Themenkreise Fortschritte zu erzielen, wurden sogenannten „Initiativen" ins Leben gerufen. Die Differenzierung zwischen strategischen Zielen und Initiativen war deswegen erforderlich, weil diverse Initiativen die gesamte Zürich-Gruppe weltweit betreffen und nur bedingt der Gruppe Deutschland dienten. Die Initiativen können klassische Projekte, Programme, Tasks-Forces oder einfache Linienmaßnahmen umfassen. Gemeinsam ist allen ihre starke wirtschaftliche Orientierung – sprich Nachweis von wirtschaftlichem Nutzen.

Die Verzahnung zwischen der strategischen und der operativen Ebene erfolgt nunmehr durch die Feststellung, dass in jedem Fall eine strategische Maßnahme zugleich auch eine Initiative ist, bzw. im Umkehrschluß Initiativen strategische Maßnahmen sein können. Durch diese Verzahnung ist eine zweidimensionale klare Zuordnung strategischer und wirtschaftlich operativer Initiativen erfolgt, was hinsichtlich des Controllings der Umsetzung kein Doppelaufwand erforderlich macht, bzw. den Erfolg in den operativen Themenkreisen sowohl als auch in der Erreichung der Strategien aufzeigt.

5.   Erkenntnisse und Konsequenzen

Wichtiger Erfolgsfaktor bei der Erarbeitung eines gemeinsamen Strategieprozesses für die neue Zürich Gruppe Deutschland war die strikte Einhaltung von drei Bearbeitungsphasen:

Analysephase:

Zunächst wurde in einer Orientierungsphase sehr genau erhoben, welche Konzepte und Erfahrungen in den zusammengeführten Gruppen vorhanden waren, wo sich Übereinstimmungen ergaben und wo Unterschiede sichtbar wurden.

Gemeinsame Konzeptphase:

Aufbauend auf den Erkenntnissen der ersten Phase wurde überlegt, wie eine optimale Synthese der vorhandenen Konzepte und Maßnahmen zu einem neuen Konzept, welches den Anforderungen der neuen Zürich Gruppe Deutschland genügt, zusammengeführt werden könnten. Da die Stärken der vorhandenen Systeme genutzt wurden, ergab sich für alle Beteiligten eine „Win-Win-Situation", bei der jeder einen Beitrag zu dem neuen, überlegenen Konzept liefern konnte.

Realisierungsphase:

Die Realisierung des neuen Konzepts wurde in sehr pragmatischer Weise sowie in sehr kurzer Zeit vorgenommen und konsequent sowie regelmäßig die Wirkung gemessen.

Neben der Einhaltung der genannten Phasen war die von Anfang an erreichte konstrukti-ve Zusammenarbeit unter den Controllern, die sehr pragmatische und auf unmittelbaren strategischen und wirtschaftlichen Nutzen ausgerichtete Haltung aller Beteiligten (schnelle Implementierung einer 60 bis 70-Prozent-Lösung und anschließende Verfeine-rung durch Anwendung optimierter theoretischer Methoden) von Bedeutung. Insbeson-dere der Nachweis des wirtschaftlichen Nutzens für jede einzelne der strategischen und wirtschaftlichen Maßnahmen und die Konsequenz eines monatlichen Controllings haben das Top-Management von dem neuen Strategieprozess und seinem wirtschaftlichen Nutzen durch die Verbindung mit der operativen Planung überzeugt.

So haben sich – zusammenfassend – die Wahl des Kooperationsmodells in einem zu-sammengeführten Unternehmen („gleichberechtigte Zusammenarbeit von zentralen und dezentralen Controllern im Controller Circle"), die sorgfältige Analyse und ebenfalls kooperative Synthese der Konzepte und Erfahrungen aller Beteiligten („Win-Win-Situation mit dem Ehrgeiz, etwas Neues, Gemeinsames, Besseres zu schaffen") und die besondere Konsequenz in der Umsetzung („monatliches Controlling des strategischen und wirtschaftlichen Nutzens der konzipierten Maßnahmen") als die bedeutenden Er-folgsfaktoren erwiesen.

Prozess zur Planung und Steuerung von Investitionen

Praxisbeispiel Chemie

Ingo Gaida, Matthias Wanner, Thilo-J. Werners

Inhalt:

1.   Investitionen als Management-Aufgabe

Es ist eine zentrale Aufgabe der Unternehmensführung, Finanzmittel gezielt in solche Vermögenswerte zu investieren, die in Zukunft einen hinreichenden Wertzuwachs sichern. Hierfür ist es unerlässlich, geeignete Planungs- und Steuerungsprozesse im Unternehmen zu etablieren, um die richtigen Investitionsprojekte zu identifizieren und in die Tat umzusetzen.

Da Investitionsentscheidungen langjährig Kapital binden und auf der anderen Seite die Erreichung der Investitionsziele dynamischen Einflüssen unterliegen, ist es aus unternehmerischer Sicht geraten, große Investitionen in ihrem Prozess so lange zu begleiten, bis sie abgeschlossen sind und ihre geplante Wirkung am Markt voll entfalten. Der Investitionsprozess sollte dabei die Unterscheidung in die klassischen Investitionsarten angemessen berücksichtigen:

- Sachanlageinvestitionen (Produktionsanlagen, Grundstücke, Bürogebäude)
- Immaterielle Vermögenswerte (Patente, Lizenzen, Lieferverträge)
- Finanzanlagen (Unternehmensbeteiligungen oder -kauf)

Vor allem Sachanlageinvestitionen sind oft ein entscheidendes Instrument für die Strategieumsetzung. Mehr noch, in der Chemiebranche können getätigte Investitionen wie der

Bau einer „World-Scale-Anlage" die Unternehmensstrategie sogar wesentlich bestimmen. Entsprechend muss der Investitionsprozess eng an den Prozess der strategischen Planung gekoppelt werden.

Während die strategische Planung in der Regel einen Planungshorizont von fünf Jahren verfolgt, unterstützt die Investitionsplanung nicht nur diesen strategischen Planungshorizont, sondern auch die einjährige operative Unternehmensplanung (Budgetierung). In diesem Sinne berücksichtigt der Investitionsprozess gleichermaßen strategische und operative Aufgaben im Unternehmen (siehe Abbildung 1).

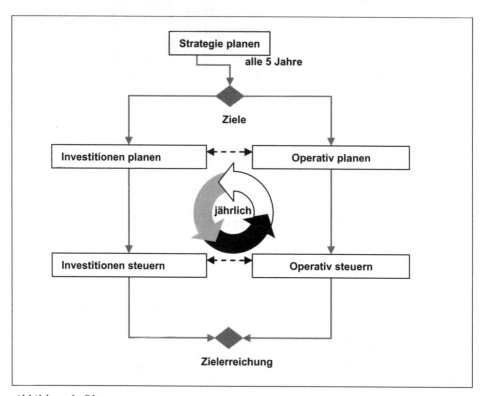

Abbildung 1: Planungsprozess

Nach der Genehmigung der Investition folgt die Steuerungsphase (Controlling). Hier müssen sowohl die technischen wie die betriebswirtschaftlichen Aspekte angemessen berücksichtigt werden. Erfolgskritische Planungsprämissen wie z. B.

- Marktentwicklung und Kapazitäten
- Kundenbedarf

- Logistik und Lieferanten

- Energie- und Rohstoffpreise

- Einfuhrbeschränkungen und Zölle

- investitionsspezifische Zahlungsströme

werden in regelmäßigen Abständen kontrolliert. Da niemand die Zukunft vorhersehen kann, werden sich verschiedene Planungsprämissen im fortschreitenden Prozess möglicherweise als nicht haltbar erweisen. Oft müssen auch ganz neue Probleme gelöst werden, die im Rahmen der Planung gar nicht betrachtet oder als unwesentlich eingestuft wurde. Daher ist eine Begleitung des gesamten Prozesses erforderlich, ggf. mit steuernden Eingriffen und Maßnahmen sowie Herbeiführung erforderlicher Entscheidungen. Im Extremfall, wenn eine Nichterreichung der Investitionsziele vorhersehbar ist, wird das Investitionsprojekt gestoppt.

Mit dem Abschluss der Investitionssteuerung ist die Investition getätigt und der geplante „Return on Investment" (RoI) soll nun erzielt werden, um letztendlich Werte für das Unternehmen zu schaffen.

Um einen systematischen Lernprozess zu integrieren, wird im Anschluss an die Investitionssteuerung eine sorgfältige Bewertung der Investition durchgeführt. Hierbei werden noch einmal die Prämissen, Investitionsrechnungen, Strategiebeiträge etc. einem Soll-Ist-Vergleich unterzogen. Die Ergebnisse dieser Bewertung finden dann bei zukünftigen Investitionen Berücksichtigung.

Zweck des Investitionsprozesses ist es, die Abwicklung der Investition von der Planung über die Genehmigung bis hin zum Betrieb gut und angemessen sicherzustellen. Wenn der Absatz neuer Produkte oder die Erschließung neuer Märkte zeitkritisch ist, müssen große Investitionen schnell und gezielt realisiert werden, denn in einem solchen Fall steht der Zeitpunkt der Inbetriebnahme in direktem Zusammenhang mit dem Wettbewerbsvorteil gegenüber der Konkurrenz – ganz nach dem Motto: „Wer zuerst kommt, mahlt zuerst". In einem solchen Fall wird der Investitionsprozess selbst zu einem wesentlichen Management-Instrument für die Strategieumsetzung. Dabei bewegt sich der Investitionsprozess in einem Spannungsfeld zwischen unwirtschaftlicher Bürokratie auf der einen Seite und verantwortungslosem Geldausgeben auf der anderen:

2. Systematischer Prozessaufbau

Grundsätzlich lassen sich zwei Aspekte des Investitionsprozesses unterschieden. Zum einen ist das einzelne Investitionsprojekt, die sogenannte Einzelmaßnahme, zu planen und zu steuern, zum anderen müssen die Summe aller Einzelmaßnahmen und ihre Abhängigkeiten untereinander berücksichtigt werden. Da das eine auf dem anderen aufbaut, können beide Aspekte in einen Gesamtprozess integriert werden. Dieser Prozess ist als Master oder Referenz zu verstehen. Ein konkretes Vorhaben wird gemäß dieser Vorgaben durchgeführt. Dementsprechend sind auch die Verantwortlichkeiten ausgelegt, und zwar für den Master einen Prozessverantwortlichen, der hier permanente Optimierung vornimmt und für die konkrete, durchzuführende Einzelmaßnahme ist ein zu benennender Projektleiter zuständig.

Für die Summe aller gemäß dem Prozess durchzuführenden Einzelmaßnahmen, ihrer strategischen Bewertung und der Allokation der Finanzmittel ist der Vorstand zuständig.

Wie kann nun dieser Gesamtprozess systematisch und strukturiert aufgebaut werden? Welche Prozessphasen können festgelegt werden? Aus welchen Bestandteilen kann der Prozess aufgebaut werden? Es hat sich bewährt, auf Basis einjähriger Planungszyklen zunächst die in Tab. 1 beschriebene Grundstruktur für einen Investitionsprozess festzulegen.

Hier sind die beiden Teilprozesse „Investition planen" und „Investition steuern" Bestandteil des unternehmensweiten Planungsprozesses (siehe Tabelle 1). Hingegen sind die Teilprozesse „Investitionen vorbereiten", in der die Idee mit der entsprechenden Investitionsrechnung und Szenarien konkretisiert werden, sowie die „Investition bewerten", in der die Erfolgskontrollen stattfinden, oft nur Bestandteil geschäftsbereichsinterner Prozesse.

Die Teilprozesse bestehen auf der untersten Ebene aus Aktivitäten, die die zuständigen Bearbeiter mit Hilfe von Informationen und Daten, Dokumenten (Investitionsrechnungen, Terminpläne, Präsentationen, Kreditanträge, Genehmigungen, Berichte etc.) und Informationssystemen entwickeln und kommunizieren. Dabei steht die Kommunikation zwischen Bearbeiter und internen Lieferanten wie internen Kunden im Vordergrund des Investitionsprozesses (siehe Abbildung 2). Hier werden z. B. Lieferbedingungen, Produktdaten und Produktqualität wie auch die erforderlichen Verantwortlichkeiten, Ansprechpartner und Aktivitäten festgelegt. Dabei sind im Rahmen dieser Kommunikationsstrukturen notwendige Entscheidungen zu treffen und Verträge zu schließen. Zur Unterstützung der damit verbundenen Informationsflüsse werden die relevanten Daten, Dokumente und Informationen in den dafür vorgesehenen Informationssystemen abgelegt und genutzt.

Beim systematischen Prozessaufbau müssen diese Bestandteile richtig strukturiert werden, d. h. im Einzelnen:

- Teilprozesse setzen sich aus Prozessabschnitten zusammen.

- Prozessabschnitte werden verantwortlich Organisationseinheiten zugeordnet.

- Prozessabschnitte bestehen aus mehrere Aktivitäten.

- Aktivitäten sind in der richtigen Reihenfolge einzuordnen.

■ Aktivitäten werden durch Informationsflüsse miteinander verbunden.

■ Erforderliche Daten, Dokumente und IT-Systeme werden den Aktivitäten zugeordnet.

Tabelle 1: Modell Investitionsprozess (Master, Referenzplan)

Teilpro-zesse	1. Investition vorbereiten	2. Investition planen	3. Investition steuern	4. Investition bewerten
Spezifi-kation	Marktchancen und Projekt-ideen sammeln, Marktent-wicklungen und Kunden-anforderungen analysieren, erste Investitions-rechnungen durchführen	Investitions-vorschläge sammeln, analysieren, bewerten und priorisieren; Abgleich mit Strategie; Finanzbedarf ermitteln und freigeben; Projekt planen	Projekt durchführen, Zahlungs-ströme steuern, Analysieren: Sensitivität Prämissen Qualität Ggfs. Zusatz-maßnahmen ergreifen	Analysieren: Prämissen Ergebnisse Investitions-rechnung Strategie-beitrag Qualität Investitions-rechnung aktualisieren
Ergeb-nisse	Investitions-vorschlag, Marktanalyse, Machbarkeitss tudie, Alternativen, Investitions-rechnung	Investitions-plan, Projektplan, Finanzbedarf, Kreditgeneh-migung, etc.	Genehmi-gungen, Abnahmen, Berichte: Ausgaben Projektverlauf Abweichungen Abschluss-bericht etc.	Investitions-rechnung, Finale Bewertung

Schließlich übernimmt jeweils eine Person die Verantwortung für den gesamten Prozess bzw. Teilprozesse (Prozessverantwortlicher).

Nach der grundsätzlichen Auslegung des Prozesses ist es dann Ziel einer ersten Optimierung, die Anzahl notwendiger Aktivitäten zu minimieren, die verbleibenden Aktivitäten – wann immer möglich – zu parallelisieren und die Anzahl eingesetzter IT-Systeme, Berichte, Genehmigungen etc. auf ein notwendiges Minimum zu beschränken. Zusätzlich gilt es, die Anzahl an Schnittstellen z. B. zwischen Abteilungen unterschiedlicher

Berichtslinien zu reduzieren. Solche Schnittstellen führen im Allgemeinen zu einem
erhöhten und kostenintensiven Abstimmungsbedarf innerhalb eines Unternehmens.

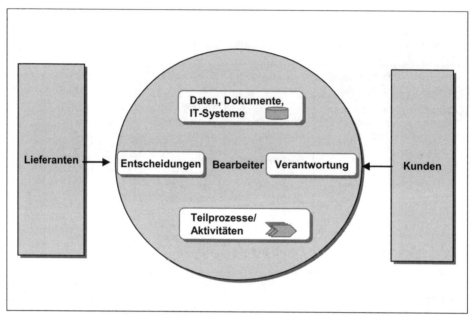

Abbildung 2: Bestandteile des Investitionsprozesses

Wenn die konkrete Form und die Inhalte der Prozessschritte angemessen ausgearbeitet
worden sind, können noch einmal alle Beteiligten den Gesamtprozess verifizieren, damit
die erforderliche Qualität und Akzeptanz sichergestellt ist. Typischerweise werden hierfür unter Federführung des Prozessverantwortlichen Workshops und Schulungsveran-
staltungen durchgeführt. Das abschließende Ergebnis wird dokumentiert und über Rundschreiben, Email oder firmeneigenes Intranet publiziert. Gleichzeitig ist ein zugehöriges
Vorschlagswesen zu etablieren, um die notwendigen kontinuierlichen Verbesserungen
zu gewährleisten und eventuell noch vorhandene Inkonsistenzen systematisch aus dem
Prozess zu eliminieren.

Das grundsätzliche Vorgehen beim Aufbau eines Prozesses kann in der Tabelle 2 dargestellten Phasen unterscheiden.

Bei der Neuausrichtung des Investitionsprozesses ist davon auszugehen, dass bestimmte
Strukturen und Abläufe bereits bestehen. Es zeigt sich bei der systematischen Erarbeitung allerdings immer wieder, dass diese gelebten Abläufe oft unvollständig oder nicht
durchgängig organisiert sind. Die vorhandenen Brüche werden dabei oft von Fall zu Fall
oder von Jahr zu Jahr mittels sogenannter „Brücken" überwunden. Es wird also eine

pragmatische Lösung angestrebt, die nur für den einen Fall gilt. Nimmt dieser „Pragmatismus" überhand, dann rutschen die Betroffenen immer stärker von einer agierenden (aktiven) in eine reagierende (passive) Rolle. Im Rahmen der praktizierten Investitionsabläufe treten solche Brüche verstärkt kurz vor der Investitionsgenehmigung auf: Unzureichende Vorbereitung auf der einen Seite wie auch unternehmerische Unentschlossenheit auf der anderen können zu immer neuen Nachfragen und Gegenfragen führen, so dass schlussendlich erst in einem Krisengespräch dieser Teufelskreis durchbrochen werden kann.

Tabelle 2: Phasen der Prozesserarbeitung

Phase	1. Erfassen	2. Modellieren	3. Strukturieren	4. Beschreiben
Spezifikation	Vorhandene Prozessbeschreibungen sammeln; Aktivitätenlisten erstellen; Prozessschnittstellen und bekannte Schwachstellen, Risiken und Chancen dokumentieren; Verbesserungspotenzial lokalisieren	Prozesslandkarte inhaltlich und logisch zu einem ersten Prozessmodell vervollständigen; Organisation und Verantwortlichkeiten integrieren; Verifikation durch Beteiligte	Deutliche Prozessverbesserung durch Einführung von logischen Prozessstrukturen und Ablaufoptimierung	Verifikation des Prozessmodell durch Beteiligte; Dokumentation, Kommunikation und Schulung des neuen Prozesses, ggfs. Publikation im Intranet; Einführung eines Vorschlagwesens für Verbesserungen
Ergebnisse	Erste, noch unvollständige Prozesslandkarte; Prozessrisiken und -chancen	Prozessmodell mit allen bekannten Aktivitäten, Informationen und Sachmitteln	Strukturiertes Prozessmodell mit verbesserten Abläufen und Abhängigkeiten	Prozessabnahme durch Beteiligte; Prozessdokumentation und -publikaton

Ferner ist die enge Kopplung des Investitionsprozesses an die strategische Planung obligatorisch. Die entsprechenden Management-Prozesse, die dem so genannten „Strategic Fit" der Investitionen gelten, beinhalten eine Auswertung des Strategiebeitrages pro Investition. Gegenstand diese Analyse sind alle Großprojekte oder Investitionsprogramme, seltener Einzelmaßnahmen, die zur Erhaltung oder aufgrund von Behördenauflagen ins Leben gerufen werden. Der Strategiebeitrag wird dabei mit Hilfe eines Scoring-Models bewertet, das im Allgemeinen branchen- oder unternehmensspezifische Ausprägungen besitzt. Allen Scoring Modellen gemeinsam ist jedoch eine quantitative Bewertung des Strategiebeitrages, wie beispielhaft in Tabelle 3 dargestellt.

Tabelle 3: Strategiebeitrag pro Investition. Hier wird der Strategiebeitrag der einzelnen Investitionen I(1) – I(m) in Bezug auf die strategischen Ziele 1 – 4 prozentual gewertet. Daraus resultieren in der letzten Zeile die Strategiebeiträge der Investitionen insgesamt. Sie sind in diesem Beispiel als Mittelwerte ausgeführt, wobei hier eine Gleichgewichtung der strategischen Ziele angenommen wurde.

Strategi-sche Ziele	Investition 1	Investition 2	Investition 3	Investition 4	...	Investition m
Ziel 1	100 %	0 %	100 %	0 %		100 %
Ziel 2	0 %	70 %	100 %	0 %		50 %
Ziel 3	20 %	0 %	20 %	0 %		0 %
Ziel 4	0 %	10 %	100 %	0 %		30 %
Strategie-beitrag	30 %	20 %	80 %	0 %		45 %

Im Anschluss kann der Strategiebeitrag mit der Wirtschaftlichkeit einer Investition in Beziehung gesetzt werden, z. B. mit dem Return on Investment (RoI) als konkrete Bezugsgröße. Die Abbildung dieser Beziehung mit Hilfe eines Attraktivitätsportfolios (siehe Abbildung 3) kann dann als Basis weiterführender Management-Entscheidungen dienen. Je höher Strategiebeitrag und Wirtschaftlichkeit, desto attraktiver ist die Investition.

Dogs: Investitionen mit geringer Wirtschaftlichkeit und mit geringem Strategiebeitrag („arme Hunde") sollten in der Regel gar nicht oder in Ausnahmen nur unter strengen Auflagen durchgeführt werden. Sie unterstützen weder das Kerngeschäft des Unternehmens noch gewährleisten sie den angestrebten Anteil am Marktwachstum. Stattdessen binden sie finanzielle Mittel ohne entsprechende Perspektive. Hierzu zählen z. B. Projekte zur Erfüllung von Behördenauflagen oder zum Erhalt bestehender Sachanlagen.

Problem Children: Für diese Projekte ist die Wirtschaftlichkeit trotz hohen Strategiebeitrages gering. Die entsprechenden Investitionsprojekte müssen in der Regel über eine Einzelfallbetrachtung selektiert werden. Wenn die Möglichkeit besteht, auf Basis dieser Investitionsprojekte die Option für weitere, hoch attraktive Investitionen zu erzielen, so sollten diese Projekte durchgeführt werden. Typische Beispiele hierfür sind Infrastrukturprojekte in einer Region, in der das Unternehmen entweder neue Märkte erschließen oder eine bestehende Marktposition ausbauen will. Wird allerdings kein weiterführender Gesamtzusammenhang gesehen, so sollten diese Investitionen nicht durchgeführt werden.

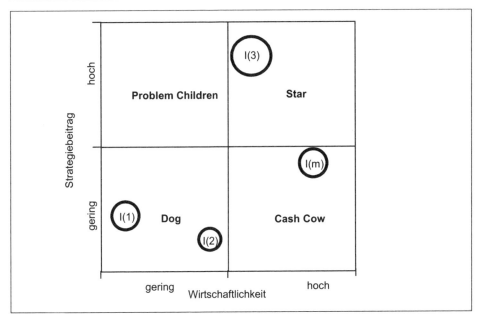

Abbildung 3: Attraktivitätsportfolio mit den Achsen Strategiebeitrag und Wirtschaftlichkeit. Die Kreisflächen stehen für die jeweiligen Investitionsvolumen

Cash Cows: Investitionen mit hoher Wirtschaftlichkeit und geringem Strategiebeitrag generieren einen willkommenen Cash-Flow. Sie unterstützen jedoch das angestrebte Kerngeschäft des Unternehmens nur bedingt. Deshalb werden diese Investitionen in der Regel mit entsprechenden Auflagen durchgeführt, um die Bindung finanzieller Mittel auf ein Minimum zu reduzieren. Typische Beispiele sind Anlagenerweiterungen in einem nur noch gering wachsenden Markt oder die Integration innovativer Technologien für bestehende Sachanlagen.

Stars: Investitionen mit hoher Wirtschaftlichkeit und hohem Strategiebeitrag unterstützen gezielt das Kerngeschäft des Unternehmens. Sie generieren nicht nur den angestrebten Cash-Flow, sondern sie unterstützen auch das Wachstum des Unternehmens in dem angestrebten Zielmarkt. Solche Investitionen sollten nach Möglichkeit durchgeführt werden. Typische Beispiele sind die Planung und der Bau von Neuanlagen in einem starken, strategisch wichtigen Wachstumsmarkt oder Investitionen in neue innovative Produktlinien.

Mit Hilfe einer solchen Portfolio-Analyse können strategische Investitionen identifiziert, Prioritäten gesetzt und Unternehmensstrategien aktiv und objektiv begleitet werden. Auf der anderen Seite können Fehlinvestitionen vermieden oder erforderliche Erhaltungsmaßnahmen auf ein notwendiges Minimum reduziert werden. Unternehmerische Ziele sind dabei:

1. Konzentration auf „Stars"

2. Kosten/Nutzen-optimierte Abwicklung von „Cash Cows"

3. Ertüchtigung der „Problem Children" in Richtung „Stars"

4. Meidung von „Dogs"

Nach der Berücksichtigung aller geforderten strategischen und operativen Gesichtspunkte in der Konzeption des Investitionsprozesses muss dieser nun in der Praxis umgesetzt und gelebt werden. Dieser Schritt ist extrem kritisch, denn im schlimmsten Fall wird der Prozess von den Beteiligten nicht akzeptiert oder nur pro forma vor den Augen der Vorgesetzten „abgenickt". Dann bleibt das Prozessmodell eine akademische Fingerübung ohne praktische Konsequenz und ohne unternehmerischen Wert. Wenn auf der anderen Seite die Realisierung des Investitionsprozesses in die Praxis gelingt, werden „die richtigen Dinge getan" und die vorhandenen Ressourcen so optimal wie möglich eingesetzt. Langfristig können dann echte Wettbewerbsvorteile z. B. durch eine geringeres „time to market" im Vergleich zur Konkurrenz erzielt werden.

3.   Umsetzung in die Praxis

In der ersten Phase des Prozessaufbaus werden die Spielregeln, Abläufe und geforderten Ergebnisse des Investitionsprozesses festgelegt. Hier steht die Konzeption des Prozesses im Vordergrund, was mitunter den Eindruck entstehen lässt, man beschäftige sich allzu sehr mit sich selbst. Kräfte und Geduld aller Beteiligten werden strapaziert, denn ein wertschöpfendes Ergebnis ist in dieser Phase nur selten zu erzielen. Vielmehr wird mit den ersten Schritten des Prozessmanagement die Transparenz und das Verständnis für die Wertschöpfung im Unternehmen erhöht. Erst in der konkreten Umsetzung geänderter oder angepasster Prozesse wird die erwartete Steigerung der Produktivität erzielt.

In der Umsetzungsphase ist es hilfreich, die Kundenorientierung der Prozesse zu betonen. Im Spannungsfeld zwischen Kunde und Prozessen finden sich nämlich die Bearbeiter im Tagesgeschäft vor Ort wieder, und sie müssen es angemessen und zielgerichtet auflösen. Dieser Schritt in Richtung Kundenorientierung kann noch durch die Einführung eines Qualitätsmanagement-Systems nach ISO 9001 flankiert werden. Die Einführung eines solchen QM-Systems ist auf Basis der schon vorliegenden Prozessdokumentation und der durchgeführten Prozesseinführung relativ einfach und innerhalb von Wochen umsetzbar. Die zugehörige Zertifizierung leistet noch einmal eine objektive Begutachtung der Prozesswelt von außen und kann der Unternehmensführung als Meilenstein in Richtung einer prozessorientierten Organisation dienen.

Nachdem durch dieses Vorgehen die abstrakte Prozesswelt schrittweise fester Bestandteil des Tagesgeschäftes im Unternehmen wird, können die Prozesse aktiv und bewusst mit Zielen gelenkt und mit Kennzahlen gemessen werden. Im Rahmen eines Investitionsprozesses lassen sich z. B. die Bearbeitungszeit von Kreditanträgen, die Durchführung von Investitionsbewertungen, die Anzahl innovativer Investitionsideen oder der Zeitraum der Projektrealisierung über entsprechende Anreize steuern. Eine Integration solcher Prozessziele in eine Balanced Scorecard ist selbstverständlich möglich und auch empfehlenswert.

Zusammengenommen lassen sich die Umsetzungsphasen des Investitionsprozesses wie in Tabelle 4 dargestellt spezifizieren.

Tabelle 4: Phasen der Prozessumsetzung

Phase	1. Prozess einführen	2. Kundenorientierung stärken	3. Zertifizierung durchführen (optional)	4. Prozess steuern
Spezifikation	Soll-Prozess in der Organisation schrittweise einführen; Unstimmigkeiten zur Realität beseitigen; Kunden über Prozess informieren	Prozess an Kundenanforderungen anpassen; Organisation kundenorientiert aufstellen	Aufbau und Einführung eines QM-Systems; Integration des Prozessmodells; Zertifizierung durch externen Gutachter; Empfehlungen und Maßnahmenplan für weitere Verbesserungen	Definition und Einführung von Prozesskennzahlen und Key Performance Indicators; Prozesssteuerung durch Zielvorgaben; Zielerreichung messen
Ergebnisse	Prozessergebnisse; Prozessverbesserungen; Kundenakzeptanz	Realitätsnaher und kundenorientierter Prozess bzw. Organisation	QM-System; Zertifikat; Maßnahmenplan	Kennzahlen; Prozessziel; Zielerreichung

Die Aspekte Investitionsdaten und Informationssystem spielen eine fundamentale Rolle bei der Ablauforganisation und zwar nachdem der Investitionsprozess grundsätzlich festgelegt wurde. Dabei können typische Fragen, ob die Planung und Steuerung der Investitionszahlen direkt in den Buchhaltungssystemen (ERP-Systemen) stattfinden oder ob nicht vielmehr ein eigenständiges Management-Informationssystem (MIS) eingeführt werden soll, nur bezogen auf den jeweiligen Fall beantwortet werden. Zudem müssen die Reporting-Anforderungen der unterschiedlichen Management-Ebenen erfasst und umgesetzt werden. Ein mittelständisches Unternehmen z. B. mit einem national ausgeprägten Vertriebsnetz und einem entsprechend moderaten Investitionsvolumen kann seine Investitionsplanung und -steuerung direkt über die vorhandenen ERP-Systeme steuern. Hier werden in aller Regel Investitionsentscheidungen auf Projektebene durch die Unternehmensleitung selbst gefällt. Auf der anderen Seite müssen Großunternehmen, die auf internationalen Märkten mit unterschiedlichen Produkten tätig sind, ihre Investitionen zum Teil in aggregierter Form zentral planen und steuern. Hier ist es weder erforderlich noch technisch sinnvoll alle Investitionszahlen bis auf Projektebene zu managen. Denn Detailinformationen über jede Einzelmaßnahme führen nicht zu unternehmerischen Entscheidungen, sondern erst das angemessen aggregierte Gesamtbild über alle Investitionstätigkeiten.

Bei all diesen Arbeiten kann das Prozessmodell Hilfe leisten, indem es deutlich macht, an welcher Stelle, zu welchem Zweck und in welcher Form die erforderlichen Informationen zur Verfügung gestellt werden sollen. So kann z. B. im Prozessmodell festgelegt werden, wie ein Geschäftsfeldleiter mit welchen Informationssystemen seinen Investitionsbedarf oder seine Abschreibungen zusammenstellt, um die Ergebnisse seiner Unternehmensleitung vorzustellen. Ein anderes Beispiel ist die Erstellung von Quartalsberichten, die auf Basis genau definierter Regeln und Informationssysteme erstellt werden, oder die Messung von Key Performance Indicators, die den Status einer Investitionstätigkeit wiedergeben sollen.

4.   Lessons Learned

Prozessmanagement im Unternehmen einzuführen und zu leben ist grundsätzlich eine schwierige Aufgabe, da es sich um eine Management-Disziplin handelt, die nur in Ausnahmen im primären Fokus der Geschäftsführung oder eines Vorstandes liegt, die nicht von Anfang an direkt in Zahlen zu fassen ist und die keine Einzelperson als „Macher" in den Vordergrund rückt. Stattdessen fordert die Einführung von Prozessmanagement Kontinuität und Durchhaltevermögen über Jahre, bis die Arbeitsergebnisse und die zugehörige Arbeitsorganisation sich dauerhaft und nachweislich verbessern. Es erzeugt Transparenz in der Arbeitswelt und legt damit Ineffizienz und Liebhaberei im unternehmerischen Umfeld offen. Zudem fordert Prozessmanagement ein systematisches und strukturiertes Arbeiten im Team entlang der tatsächlichen Wertschöpfungskette.

Wenn man versucht, kritische Erfolgsfaktoren und wichtige Aspekte des Prozessmanagements auf Basis von Praxiserfahrung zusammenzufassen, dann lassen sich folgende, unternehmens- und branchenübergreifende Schlüsselempfehlungen formulieren:

- Suche ein Kernteam zum Aufbau und zur zentralen Pflege der Prozesswelt.

- Suche die aktive Unterstützung des Top-Managements.

- Suche eine angemessene Prozessmethode und eine entsprechende Software.

▪ Suche die offene Diskussion über die Prozessinhalte mit den Beteiligten.

▪ Suche aussagekräftige Prozesskennzahlen, die sich messen lassen.

Auf Basis unserer oben geführten Diskussion sind diese Empfehlungen einfach nachzu-
vollziehen und fassen nur noch einmal das Gesagte zusammen. Auf der anderen Seite
lassen sich aber auch die typischen Gefahren, die es zu meiden gilt, prägnant darstellen

▪ Meide Versprechungen über schnelle Verbesserungen oder Erfolge.

▪ Meide Diskontinuität und Job-Rotationen im Prozessmanagement Kernteam.

▪ Meide eine unangemessene Ablenkung der Betroffenen vom Tagesgeschäft.

Vor allem den letzten Punkt gilt es zu beachten, denn trotz der möglichen Wettbewerbsvorteile, die Prozessmanagement langfristig mit sich bringen kann, dürfen in den Kon-
zeptions- und Umsetzungsphasen das Tagesgeschäft nicht unangemessen in Mitleiden-
schaft gezogen oder Kunden vernachlässigt werden.

Es lässt sich zeigen, dass Investitionsprozesse für Global Player sehr komplexe Strukturen aufweisen können. Durch Nutzung von Prozessmanagement-Methoden kann diese
Komplexität jedoch transparenter gemacht und strukturiert werden, so dass das allgemeine Verständnis für die unternehmerischen Zusammenhänge damit deutlich verbessert
wird.

Ein Ziel des Investitionsprozesses muss sein, die Zusammenhänge zwischen der Unternehmensstrategie und den Investitionsprojekten klar und deutlich herauszuarbeiten, um
auf Basis solcher Analysen weiterführende Unternehmensentscheidungen vorzubereiten
und die verfügbaren Finanzmittel gezielt in strategisch relevante Projekte zu investieren.
Die Praxis zeigt, dass diese Zielsetzung oft nur zum Teil erfüllt wird, da das Tagesgeschäft der entsprechenden Controlling-Bereiche in Großunternehmen stark durch das
Sammeln der relevanten Investitionszahlen und die Pflege der entsprechenden Ausgabe-
pläne bestimmt wird. Für die aussagekräftige Analyse bleibt dann oft keine Zeit mehr.

Ein zweites Ziel ist die richtige Auslegung des Investitionsprozesses in dem Spannungsfeld zwischen unwirtschaftlicher Bürokratie auf der einen Seite und verantwortungslosem Geldausgeben auf der anderen. Hier zeigt sich, dass der Investitionsprozess auch
Administration, d. h. Anträge, Unterschriftenregelungen, Wertgrenzen etc. erfordert, um
der unternehmerischen Verantwortung Genüge zu tun. Vor allem in Großunternehmen
führt allerdings jede weitere Management-Ebene zu neuen Hürden und Anforderungen
in Bezug auf die Planung und Steuerung von Investitionen und die damit verbundene
Verwaltung. Dies mag in Einzelfällen zu dem Urteil führen, der Investitionsprozess
stelle ein Beispiel unangemessener Bürokratie dar. Inwieweit solche Aussagen tatsächlich repräsentativ sind, kann jedoch leicht in einer entsprechenden, anonymen Zufrie-
denheitsanalyse herausgefunden werden. Letztendlich können auf Basis ausgeprägter
Prozessstrukturen und sinnvoller Verbesserungsvorschläge bürokratische Auswüchse
bekämpft und eliminiert werden.

Fazit ist, dass die aktive, methodische Unterstützung des Investitionsprozesses eine Möglichkeit darstellt, die Planung und Durchführung von Investitionsprojekten aktiv voranzutreiben und auf Veränderungen des Marktes oder beim Kunden gezielt zu reagieren. Deshalb stellt die Bewirtschaftung der Investitionsprozesse ein grundsätzliches Element der modernen Unternehmensführung dar. Hierbei bleibt die optimale Umsetzung der Prozesse im Tagesgeschäft eine ständige Herausforderung – für den Unternehmer wie für den Mitarbeiter.

Elektronisch gesteuerter Prozess einer Geschäftsbeziehung

„Vendor Managed Inventory" für die
Optimierung der Lieferkette

Thorsten Heid

Inhalt:

1.   Collaborative Business Scenarios – ein Begriff

Die Märkte werden globaler, die weltweite Konkurrenz treibt zu mehr Produktinnovationen, schnelleren Lieferzeiten und höchster Kosteneffizienz an. Um im Markt weiter als attraktiver Geschäftspartner zu bestehen, sehen sich Unternehmen in der Situation, ihre Geschäftsabläufe künftig enger mit denen ihrer Kunden, Lieferanten und Geschäftspartner integrieren. Um gemeinsam reibungslos zusammen zu arbeiten, sind Organisationen bereit, mit Hilfe von aktuellen Softwareanwendungen und der Kommunikation über das Internet Integrationen über die eigenen Unternehmensgrenzen hinweg vorzunehmen.

Ein Überbegriff für unternehmensübergreifende Geschäftsabläufe, die unterschiedliche Teilnehmer mit ihren jeweiligen Verantwortlichkeiten einbeziehen, wird auch mit Collaborative Business Scenarios bezeichnet. Dabei ermöglicht der Einsatz von Internettechnologien den Unternehmen, auf Basis gemeinsamer offener Technologie-Standards (z. B. HTTP, XML, SSL, etc.) miteinander enger zu kommunizieren und zusammenzuarbeiten und damit Teile oder sogar die gesamte Wertschöpfungskette direkt miteinander zu verzahnen. Gleichzeitig eröffnet dies interessante Möglichkeiten, ganz neue innovative Prozesse und Geschäftsmodelle zu entwickeln.

Collaborative Business Scenarios unterstützen Geschäftsprozesse,

■ die über die Unternehmensgrenzen hinausreichen,

■ an denen unterschiedliche Teilnehmer in verschiedenen Unternehmen beteiligt sind,

■ die Internettechnologie und -dienste nutzen und

■ die unterschiedliche IT-Anwendungslösungen, sowohl SAP- als auch Fremdsysteme, umfassen.

Wie kann man Collaborative Business Scenarios für die Verbesserung des Managements der Lieferkette (Supply Chain) einsetzen? Auf welchem Wege erreicht man die Minimierung des eigenen Lagerbestands, eine höhere und planbare Auslastung der Kapazitäten und dabei gleichzeitig eine hohe Produktqualität sowie eine enge, von Vertrauen geprägte Kundenbindung?

Ein Mittel zur Verbesserung der Performance in der Logistikkette ist das Vendor *Managed Inventory (VMI)*, bei dem der Lieferant Zugriff auf die Lagerbestand- und Nachfragedaten des Kunden hat.

2. Vendor Managed Inventory (VMI) – der Ansatz

Was macht das Vendor Managed Inventory so interessant?

Das *Supply Chain Management (SCM)* nimmt seit Jahren eine wichtige Rolle in produzierenden Unternehmen aller Branchen ein. Dass eine perfekte Lieferkette nicht nur durch den physischen Materialfluss, sondern gleichzeitig auch durch einen schnellen, sicheren Datenfluss bestimmt wird, ist kein Geheimnis. So gewinnt die elektronische Beschaffung über das Internet bei großen und mittelständischen Unternehmen zunehmend an Bedeutung. Marktstudien geben an, dass in den kommenden Jahren mit 20 bis 40 Prozent ein beachtlicher Anteil an Ersatzteilen und Zulieferartikeln online beschafft wird.

Elektronische Branchenmarktplätze und Online-Shops sorgen für eine erste Erleichterung und Ersparnis zeitaufwendiger Bestell- und Abwicklungsarbeiten. Noch integrierter und wirtschaftlicher geht es, wenn vollautomatisierte Bestellprozesse zwischen Händlern und Lieferanten bestehen.

Im Zeichen eines effizient geführten Supply Chain Management erlaubt das Vendor Managed Inventory die schnellste und bequemste Art des elektronisch geführten Handels. In diesem Falle übernimmt der Lieferant (z. B. ein Hersteller) die automatische Lagerdisposition für seine direkten Abnehmer (z. B. Großhändler). Der Lieferant hat dabei den direkten Zugriff auf den Bestand und die Lagerdaten seines Händlers. Während in einem herkömmlichen dezentralisierten System der Abnehmer (Händler) das Bestellwesen koordiniert und auf eine zeitnahe Lieferung hofft (*Pull-Prinzip*), erhält der Lieferant beim VMI alle wesentlichen Daten (Lagerbestand, Abverkauf, Fehlmengen, Prognosedaten etc.) proaktiv und online, um den gesamten Bestellprozess vollautomatisch anzustoßen und durchzuführen. Der Lieferant entscheidet also über Zeitpunkt und Bestellmenge, die an den Abnehmer geliefert wird (*Push-Prinzip*).

Von dieser neuen, direkten und verzahnten Art der elektronisch geführten Geschäftsbeziehung des *Silent Commerce* profitieren beide Seiten. Während der Lieferant/Hersteller den Servicegrad für seinen Kunden deutlich erhöhen kann, lassen sich für den Händler/Kunden die Material- und Prozesskosten merklich senken.

Die Vorteile von VMI im Überblick:

▩ Hohe Zeitersparnis und schnellere Lieferfähigkeit

▩ Reduzierung der Lagerbestände

▩ Einsparung von Prozess- und Materialkosten auf beiden Seiten

▩ Abbau einer Dispositionsstufe für den Händler im Rahmen der Supply Chain

▩ Vermeidung von Fehl- und Doppeleingaben

▩ Identische, konsistente Bestellvorgänge in beiden Systemen (Bestell- und Auftragsdaten)

▩ Enge und auf lange Zeit ausgelegte Kunden-/Lieferantenbeziehung, z. B. Single-Sourcing Verträge

▩ Umsatzsicherung für den Lieferanten, da Kundenaufträge automatisch generiert werden

3.   Ein Beispiel – die Implementierung

Das nachfolgende Beispiel erläutert die Prozesse.

Ein großer Automobilzulieferer zählt zu den größten Unternehmen seiner Branche. Im vergangenen Jahr machte der Konzern weltweit über zwei Milliarden Euro Umsatz. Ein langjährig verbundener, renommierter Großhändler ist mit zahlreichen Standorten bundesweit vertreten. Bis vor kurzem hat der Händler die Dispositionen seiner Produkte bei den Herstellern selbst übernommen. Dies bedeutet in der Praxis einen erhöhten Zeit- und Verwaltungsaufwand für beide Seiten.

Das Ziel des Händlers war es also, das Auftrags- und Bestellwesen mit dem Hersteller vollautomatisiert laufen zu lassen. Der IT-Dienstleister setzte zu diesem Zweck das Vendor Managed Inventory für die Kopplung zwischen Hersteller und Händler um.

Die erste Voraussetzung für eine erfolgreiche Implementierung von Vendor Managed Inventory ist das Vorhandensein von ERP-Systemen (wie zum Beispiel SAP) auf beiden Seiten. Dabei ist wichtig, dass innerhalb der ERP-Systeme folgende Module im Einsatz sind:

- *Auf Herstellerseite:* Vertriebsabwicklung, Bestandsführung, Produktionsplanung

- *Auf Händlerseite:* Einkauf, Bestandsführung

Damit nun beide Systeme im Rahmen von VMI miteinander kommunizieren können, ist eine Integrations-Software (Enterprise Application Integration, EAI) bzw. Kommunikationssoftware unerlässlich.

Die Verbindung beider Unternehmen erfolgt über das Internet. Die Daten werden in Form von standardisierten XML-Nachrichen über das sichere Übertragungsprotokoll HTTPS ausgetauscht. Zum Nachrichtenversand kommt auf beiden Seiten entweder der SAP Business Connector zum Einsatz, auf dem spezielle Programme erstellt wurden, um Nachrichten zu senden und zu empfangen. Im anderen Fall ist es auch möglich, Individuallösungen oder andere EAI-Standardlösungen miteinander zu koppeln.

Technischer Background

Die Voraussetzung für VMI auf beiden Seiten sind:

- Internetverbindung

- Middleware/Software zum Austausch von XML-Nachrichten mit Anbindung an das ERP-System (z. B. SAP Business Connector bei Einsatz von SAP R/3 oder andere EAI-Standard-/ Individuallösungen)

- Sicherheits-Infrastruktur

Der Prozess der vollautomatischen Datenübermittlung

Bis zur Entscheidung für die Einführung von VMI hat der Händler regelmäßig und selbstinitiativ ein bestimmtes Produktsortiment bei dem Hersteller erworben und wiederum als Zwischenhändler an seine Kunden (Endabnehmer) weiterverkauft. Zu diesem Zweck werden dem Hersteller für das definierte Produktsortiment täglich die aktuellen Bestandsdaten und die geplanten Abverkaufsmengen (Forecast-Planung) automatisch systemseitig mitgeteilt. Dies stellt den Startpunkt des VMI-Prozesses dar.

Diese Bestandsdaten sowie die geplanten Abverkaufsmengen werden beim Hersteller gespeichert. Dem Ganzen liegt ein umfangreiches Vertragswerk zugrunde, dass sehr detailliert die Prozesse, Mengen und Preise der Vertragspartner dokumentiert.

Abbildung 1 zeigt, wie die Disposition der Produkte direkt von dem Hersteller vollautomatisch durchgeführt wird, ohne dass sich der Händler in irgendeinem Prozessschritt darum kümmern muss. Der Vorteil liegt auf der Hand: Auf diesem Wege können sowohl Personalkosten als auch Prozesskosten deutlich verringert werden.

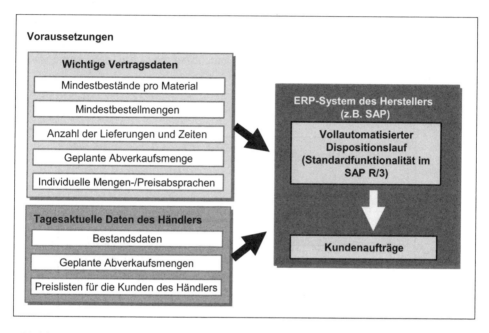

Abbildung 1: Bestandteile der vollautomatischen Disposition

Damit der Hersteller den Prozess des VMI durchführen kann, braucht er wesentliche Parameter des Händlers, wie:

- Mindestbestände pro Material

- Mindestbestellmengen

- Anzahl der Lieferungen und Zeiten

- Geplante Abverkaufsmenge

- Individuelle Mengen-/Preisabsprachen des Händlers zu dessen Endkunden

Aus diesen Faktoren ermittelt der Hersteller die zu liefernden Mengen sowie die Lieferzeiten.

Bezüglich der Preispolitik müssen sich sowohl Händler als auch Hersteller flexibel zeigen. So ist es nicht unüblich, dass ein Händler mit seinen wichtigen Kunden, den Endverbrauchern, individuelle Preisabsprachen für die jeweiligen Produkte bzw. Abnahme-mengen hat. Diese Preisabsprachen werden wiederum bei der Preisgestaltung zwischen Hersteller und Händler berücksichtigt. Die Folge ist: Der Hersteller muss für den VMI-Prozess Kenntnis darüber haben, für welchen Kunden des Händlers die Ware bestellt wird – die Preisberechnung erfolgt dann dementsprechend individuell. Gelöst wird die-ses Problem, indem der Händler bei den geplanten Abverkaufsdaten dem Hersteller unterschiedliche Preislisten für dessen Kunden weitergibt.

Abbildung 2 erläutert schematisch den Zusammenhang zwischen dem betriebswirt-schaftlichen und IT-gestützten Prozessablauf im VMI.

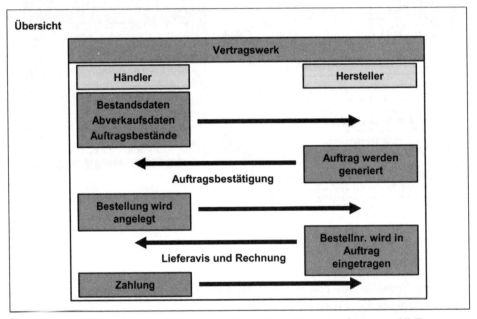

Abbildung 2: Betriebswirtschaftliche und IT-gestützte Zusammenhänge im VMI

4.   Management des Prozesses

Grundlage für das VMI ist die Ausrichtung des unternehmensübergreifenden Geschäfts-prozesses. Dazu gehört u. a. die Konfiguration und Optimierung der Wertschöpfungsket-te, Definition der Planungs- und Steuerungsgrößen und insbesondere die Klärung der Prozessverantwortlichkeiten.

Auf der Händlerseite sind die Abteilungen Einkauf, Lagerverwaltung und Warenannahme involviert, auf der Herstellerseite die Abteilung Vertrieb, Disposition, Produktionsplanung und Warenausgang beteiligt. Mitarbeiter aus diesen Fachabteilungen bilden die Prozessgruppe, die nach Bedarf zusammentritt. Organisiert und verbessert wird der Prozess (wie exemplarisch in Abbildung 2 veranschaulicht) von zwei Personen, die vom Händler und vom Lieferanten beauftragt sind. Sie nehmen ihre Aufgabe sporadisch wahr und regeln insbesondere die sich verändernden Parameter wie Preise, Konditionen etc.

Teil III:

Implementierung

Einführung von Prozessmanagement

Praxisbeispiel Lebensversicherung

Peter Brodbeck

Inhalt:

1.   Ausgangslage

Hindernisse und Handlungsbedarf

Die Swiss Life-Struktur ist funktional in eigenständige Einheiten ausgerichtet. Jede Einheit separiert sich in weitere Bereiche. Als Konsequenz ergeben sich Hindernisse für die Geschäftsprozesse, die ja eigentlich durchgängig sein sollten. Dazu kommt, dass sich verschiedene Linienmanager die Verantwortung über einen Prozess teilen und somit vielfach auf Grund unterschiedlicher Zielsetzung oder Auffassung gegenseitig blockieren oder einfach den Prozess nicht weiterbringen.

Dabei geht die Sicht nach außen, die Sicht für das gesamte Kundenanliegen und über die jeweiligen Leistungen an den Kunden verloren. Verbessernde Projekte werden nur für die jeweilige Einheit oder den einzelnen Bereich initialisiert und durchgeführt. Dadurch bleiben Synergien ungenutzt.

So sind z. B. Vertrieb und Customer Services sowohl im Bereich der Kollektiv-, wie auch der Einzelversicherung sehr eigenständig. Andererseits sind im Abschlussprozess Vertrieb und Customer Services involviert. Der Vertrieb erstellt und prüft die Offerte und den Antrag. Im Customer Services werden die Vertragsdaten erfasst und geprüft, das

Risiko und der Prämieneingang geprüft und schlussendlich der Antrag policiert. So besteht eine wesentliche Schnittstelle zwischen diesen beiden Organisationseinheiten, die sich für den Prozess als große Hürde erweist.

Zusätzlich gab es noch eine Tochtergesellschaft, die im Direktvertrieb Versicherungen anbot und separat verwaltete. So konnten vorhandene Synergien zwischen der Mutter- und Tochtergesellschaft nur wenig genutzt werden. Dies stellte ein weiteres großes Optimierungspotenzial dar.

Trotz des Versuchs, mittels Aushandeln von Service Level Agreements (SLA) die Schnitt- zu Nahtstellen zu gestalten, musste das Fazit gezogen werden: König ist nicht der Kunde, sondern der Bereichsleiter!

Weiterer Handlungsbedarf war dadurch gegeben, dass der Abschlussprozess insgesamt automatisiert werden sollte. Insbesondere machte dabei die Schnittstelle zwischen den erwähnten Organisationseinheiten Sorge, da die Vertragsdaten nicht direkt aus den Anträgen übernommen werden konnten, sondern im Verwaltungssystem nochmals erfasst werden mussten.

Prozesssicht

In der Swiss Life gab es ursprünglich keinen Leidensdruck, deshalb musste das Geschäft nicht fundamental und radikal hinterfragt werden. Einen gewissen Spielraum für Innovationen bezüglich Kundenleistungen war gegeben und wurde genutzt, um z. B. die Informationssysteme zu erneuern.

Mit der Prozessorientierung sollten die funktionalen Barrieren aufgebrochen und die Schnittstellen zu Nahtstellen überführt werden. Dies ermöglicht erst, dass die Leistungsprozesse der Swiss Life kundenorientiert und durchgängig sein können.

Wenn auch noch die hierarchische Arbeitsteilung in diesem Sinne vereinfacht und die Struktur verflacht werden kann, so kommt dieser Nutzen auch bei den Führungs- und den Unterstützungsprozessen zum Tragen.

Ziel der Prozesssicht ist es, jedem Prozessbeteiligten die Kundensicht aufzuzeigen, stehen doch die Bedürfnisse der Kunden und Partner sowie die Leistungen zur Bedürfnisdeckung aus Prozesssicht im absoluten Zentrum der Betrachtung. In einer ersten Phase waren die Prozesse noch schwarze Boxen. Dort, wo die erwünschte oder geforderte Leistung nicht erbracht werden konnte, war eine Prozessveränderung bzw. -weiterentwicklung erforderlich.

Die Aufrechterhaltung der Prozesssicht wird im weiteren gewährleistet durch die Übertragung der Prozessführung und der entsprechenden Verantwortung über die zu erbringenden Leistungen an einen Prozessmanager. Wobei die Ausführung des Prozesses in der Verantwortung der Linie bleiben kann.

Projekt „Prozessmanagement"

Der Aufbau eines Prozessmanagements geschieht in den meisten Fällen im Rahmen eines Projektes. In der Swiss Life wurde diese Aufgabe bei der Einzelversicherung einem Engineering-Team übertragen. Die Teammitglieder waren ausschließlich für diesen Auftrag freigestellt. Mit einem ersten Schritt wurden die unterschiedlichen Prozesse identifiziert, voneinander klar abgegrenzt (Prozessarchitektur) und dann schließlich neu entwickelt. Dabei kam es insbesondere darauf an, für die Prozesse selbst Prozessverantwortliche zu benennen. Schließlich wurden die Informationssysteme auf die neuen Prozesse hin angepasst. Bei dieser Prozessentwicklung stand immer im Mittelpunkt der Leistungsfluss zwischen dem Kunden der Swiss Life und ihren Partnern. Für die entwickelten Prozesse wurden letztlich Steuerungsgrößen festgelegt, damit die Prozesse gemanagt werden können und eine kontinuierliche Verbesserung mit messbarer Weiterentwicklung gewährleistet ist.

Prozesstool

Es gibt einige gute Prozesstools auf dem Markt. Aber auch bei den guten Prozesstools gibt es Unterschiede, welche je nach konkretem Bedürfnis von Vor- oder Nachteil sein können. In der Anfangsphase hat sich die Swiss Life eher für ein Tool entschieden, das bei der Entwicklung von Informationssystemen Unterstützung bietet. Dieses Tool entsprach allerdings nach einiger Zeit nicht mehr den Bedürfnissen. Wichtig war es ein Tool im Einsatz zu haben, das die Wertschöpfungskette beschreibt und verschiedenartige Prozesse gleichermaßen abbildet. Die Handhabung, Darstellung und Bezeichnungen sind hier standardisiert und es existieren Vorlagen für definierte Reports.

Die Diagramme werden ins Intranet gestellt. Sie sind in der Swiss Life für die Einzelversicherung und mit einem anderen Zugriff auch für die Kollektivversicherung verfügbar. Die Notation ist für den Benutzer einfach verständlich. Zudem ist die Durchführung von Simulationen als Unterstützung der Prozessentwicklung möglich. In der Swiss Life kommt diese Funktion hauptsächlich bei größeren Prozessveränderungen zum Zuge, um den Entscheidungsträgern am Modell eine mögliche Veränderung zu demonstrieren.

Prozessausbildung

Mit dem Aufbau einer Prozessorganisation, der Tooleinführung sowie der notwendigen Verbreitung der Prozessmethodik und -idee war relativ schnell klar, dass eine entsprechende Ausbildung angeboten werden musste. Es sollten als Zielgruppen einerseits die Engineering-Mitarbeiter und andererseits die künftigen Prozessverantwortlichen und deren Fachexperten angesprochen werden. Die Swiss Life hat die Ausbildung zusammen mit einem größeren Zürcher Bankinstitut aufgebaut, welches mit der gleichen Prozessmethode arbeitet. Die Lösung ist kostengünstig, da die Ausbildung abwechslungsweise in den zur Verfügung stehenden Ausbildungsräumen der beiden Unternehmen durchgeführt werden kann und jeweils genügend Teilnehmer vorhanden sind. Die Dauer der Ausbildung beträgt drei Tage für Prozessidee und -methode plus einen Tag für die Toolschulung, die für beide Unternehmen separat stattfindet. Dies rührt daher, dass bei den Unternehmen unterschiedliche Tools im Einsatz sind.

2. Ansatz und Vorgehen

Die Finanzdienstleistungsunternehmen waren im letzten Jahrzehnt einem starken Wandel unterworfen. Es war die Zeit des Allfinanz-Gedankens. Nun sollten aus dieser Verschmelzung neue Anforderungen in den Bereichen Produktgestaltung, Rendite und Serviceleistungen realisiert werden. Diese neuen Anforderungen führten dazu, dass der „way to do business" neu überdacht werden musste. Außerdem sollte die Kundschaft über verschiedene Medien und neutrale Beratungsstellen auf das breite Angebot der Finanzdienstleister aufmerksam gemacht werden. Aufgrund der besseren Vergleichbarkeit der Produkte und der stärker werdenden Konkurrenz gewannen folgende Faktoren an Bedeutung:

- Strukturierung nach Marktsegmenten

- Effiziente Prozesse

- Konkurrenzfähige Marktleistungen

- Wettbewerbsfähige Kostenstruktur

- Effiziente, diversifizierte Vertriebskanäle

- Rasche Marktleistungsentwicklung und Vermarktung

- Einfache Lösungen und kundenfreundlicher Service

Diese Faktoren wurden als erfolgsentscheidend betrachtet. Insbesondere das Erreichen der Prozesseffizienz war für das Engineering-Team von Bedeutung.

In der Strategie finden sich zum Prozessmanagement im Konzernbereich Schweiz folgende Aussagen:

- Die Geschäftsbereiche dokumentieren ihre Prozesse.

- Die Prozessverantwortlichkeiten sind festgelegt.

- Die Geschäftsbereiche konzentrieren sich auf Prozesse und Leistungen, in denen sie eine Marktüberlegenheit erreichen.

- Unsere Prozesse und Informationssysteme unterstützen die Dienstleistungserbringung beim Kunden.

- Wir gestalten unsere Prozesse durchgängig, um eine optimale Dienstleistungsqualität sicherzustellen und eine hohe Effizienz zu erzielen.

Unsere Kernkompetenz ist die Fähigkeit,

- lebensbegleitend bedürfnisgerechten Lebensversicherungsschutz zu gewährleisten,

- qualitativ hochstehende Service-Leistungen durch effiziente Prozesse sicherzustellen.

Auslöser für eine grundlegende Prozessentwicklung war mithin eine neue Strategie, die vorsah, dass die Prozesse durchgängig sein sollen. Das mit der Aufgabe betraute Engineering-Team befasste sich bei der Aufnahme seiner Tätigkeit als erstes mit dieser Problematik. Eine wesentliche Erschwernis war allerdings, dass das Team organisatorisch beim Kundendienst der Einzelversicherung angesiedelt war. So wurde die Neutralität unterschwellig angezweifelt und befürchtet, dass z. B. die Bedürfnisse des Vertriebs zu wenig Berücksichtigung fänden. Die Auswahl eines Projekts, das von beiden Seiten gleichermaßen Befürwortung fand, schuf die Voraussetzung für ein methodisch sauberes Vorgehen. Unterschieden wurden drei Phasen und zwar:

- *Vorstudie*
  Bei ihr lag der Fokus auf einer Potenzialanalyse und der darauf aufbauenden Prozessarchitektur mit Kern-, Stützungs- und Steuerungsprozessen.

- *Makroentwurf*
  Hier wurden die Hauptprozesse zerlegt und deren einzelne Leistungen präzisiert. Im weiteren wurden die zur Verfügung stehenden Informationssysteme durchleuchtet und entsprechende Potenziale ermittelt. Schlussendlich wurden die Prozesse bis hin zu den einzelnen Aufgabenketten entworfen.

- *Mikroentwurf*
  Hier ging es um eine weitere Verfeinerung bis zur Erstellung von Fachspezifikationen und Use Cases für die Entwicklung und Anpassung der Informationssysteme. Das Ableiten von Führungsgrößen war ebenfalls wichtig und schlussendlich die Vorbereitung zu einer erfolgreichen Umsetzung.

3. Prozess-Organisation

Ein erfolgreiches Prozessmanagement ist nur möglich, wenn für die Prozessführung und -weiterentwicklung Verantwortliche definiert werden. Es sind dies in der Swiss Life Prozessmanager, die zusammen mit Fachspezialisten für ihren Prozess zuständig sind.

Was ist die Herausforderung für die Prozessmanager?

Die meisten Unternehmen sind nach Funktionen, Geschäften oder nach Regionen, aber nicht nach Prozessen strukturiert. Ein Prozess fällt somit in die Verantwortung von mehreren Organisationseinheiten und weist eine Vielzahl von Schnittstellen auf. Für die einzelnen funktional strukturierten Organisationseinheiten sind die Linienmanager zuständig. Dies hat zur Folge, dass niemand konkret für die Gesamtleistung gegenüber dem Kunden verantwortlich ist. Je nach Anliegen und Zeitpunkt hat der Kunde unter Umständen sogar verschiedene Ansprechpartner. Entsteht z. B. Handlungsbedarf, weil der Kunde mit der Leistung nicht zufrieden ist, fällt es schwer, die Ursachen dafür festzustellen. So könnte der Vertrieb die Effizienz der Verwaltung bemängeln, diese könnte dies wiederum auf ungenügende Unterlagen und Informationen, welche vom Vertrieb kommen, zurückführen. Auch wenn Vereinbarungen und klare Abgrenzungen aufzeigen können, welche Organisationseinheit welche Leistungen in welcher Qualität zu erbringen hat und so das Problem einer Stelle zugewiesen werden kann, muss noch lange nicht die Ursache dafür bekannt sein.

Es braucht also Verantwortliche, welche die Gesamtsicht über einen Prozess haben. Jetzt ist aber noch nicht geklärt, wo diese am besten in der Organisation eingebunden werden sollen. Und es ist auch noch die Frage offen, wie eine prozessorientierte Struktur überhaupt auszusehen hat, insbesondere in einer funktional ausgerichteten Organisationsstruktur.

Aus Sicht der Prozessorientierung wäre selbstverständlich eine auf die Prozesse ausgerichtete Struktur ohne funktionale und hierarchische Schranken am sinnvollsten. Obwohl es sich geometrisch nur um eine 90 Grad Drehung handelt, würde dies die Struktur der meisten Unternehmen so ziemlich auf den Kopf stellen, weil es eine große Änderung in der Kompetenzverteilung zur Folge hätte. Dies wäre auch in der Swiss Life der Fall gewesen und deshalb hat eine solche Strukturänderung keine Zustimmung gefunden. Man wollte ja an der funktionalen Organisation ausdrücklich festhalten. Einige Unternehmen, die vorgeben, einen solchen Schritt bezüglich Struktur ohne Zwischenschritte vollzogen zu haben, änderten bei näherem Hinsehen einfach nur die jeweiligen Namen für ihre Organisationseinheiten. Die Produktionseinheit hat nicht mehr einen Produktionsleiter, sondern der ist nun Prozessmanager des Produktionsprozesses.

Es gibt jedoch nicht nur den radikalen Weg, sondern auch einen sanfteren, der schlussendlich zu einer Prozessorganisation führen kann. Auch Mischformen sind darstellbar.

Der Start hin zu einer Prozessorientierung kann ohne große Änderung in der bestehenden funktional ausgerichteten Struktur erfolgen. Dabei werden dem Linienmanagement in Form eines Stabes Prozess-Coaches zugeordnet werden. Diese haben ein Vorschlags-, aber kein Weisungsrecht.

Die Swiss Life ist bereits mit einer weiterführenden Struktur eingestiegen. Sie hat eine Struktur gewählt, die der Matrixorganisation entspricht, und damit gute Erfahrungen gemacht. Die bestehende Linienorganisation wird beibehalten. Das Linienmanagement widmet sich grundsätzlich dem Tagesgeschäft, also der Prozessausführung. Daher können die Kompetenzen für die Weiterentwicklung des Prozesses ohne Probleme den Prozessverantwortlichen übergeben werden.

Die Prozessorganisation mit ihren Rollen:

▪ *Prozessmanager*
Der Prozessmanager leitet den Prozesszirkel. Er ist verantwortlich für die kontinuierliche Weiterentwicklung seines Prozesses und die Koordination aller am Prozess beteiligten Organisationseinheiten. Es wurde für diese Funktion eine Persönlichkeit gesucht, die sich gegenüber den in der Swiss Life bestehenden Linienmanagern behaupten kann. Der Prozessmanager plant die Prozessziele und deren Erreichung. Es
werden Optimierungsvorschläge ausgearbeitet, deren Umsetzbarkeit geprüft und im
positiven Falle implementiert. Der Nutzen wird zu einem späteren Zeitpunkt überprüft. Die Prozessführung muss aufgebaut und jeweils wieder aktualisiert werden.
Der Prozessmanager vertritt seinen Prozess im Prozesssteuerungsausschuss. In der
Swiss Life wird die Funktion des Prozessmanagers als Vollzeitjob wahrgenommen.
Erfahrungsgemäß ist eine nebenamtliche Ausführung problematisch, da so Prozessmanagement meist nicht die nötige Gewichtung erhält.

▪ *Prozesszirkel*
Im Prozesszirkel sitzen neben dem Prozessmanager die Vertreter der Fachbereiche –
die Fachexperten. Diese stehen dem Prozessmanagement im Gegensatz zum Prozessmanager nur teilzeitlich zur Verfügung. Der Aufwand beträgt ein Fünftel der Ar-
beitszeit. Ansonsten widmen sie sich dem Tagesgeschäft. In der zur Verfügung stehenden Zeit werden entweder Prozesse neu entwickelt oder Optimierungsvorschläge
erarbeitet und diskutiert. Der große Vorteil liegt darin, dass die Fachexperten als Vertreter der Linie mit der Erfahrung aus der Praxis direkt auf die Weiterentwicklung der
Prozess Einfluss nehmen können. Der vordringliche Handlungsbedarf wird aus der
Analyse der Abweichungen zwischen den Sollvorgaben und dem Ist-Zustand abgeleitet. Daraus ergeben sich neue Sollvorgaben.

▪ *Linienmanager*
Die Linienmanager sind verantwortlich für die Ausführung der Prozesse, also für das
so genannte Tagesgeschäft. Das läuft im Normalfall anhand der definierten Prozesse
und Führungsgrößen ab. Gibt es häufig Abweichungen, sind von den Prozessverantwortlichen neue Lösungen zu suchen.

▪ *Prozesssteuerungsausschuss*
Im Prozesssteuerungsausschuss sind sowohl die Prozess- als auch die Linienmanager
vertreten. Es werden die verschiedenen Sichten auf die Prozessführung koordiniert,
prozessübergreifende Entscheide getroffen sowie Priorisierungen bei der Entwicklung und Abstimmungen im Vorgehen vorgenommen.

4.   Prozess-Adjustierung

Führungsprozess

Neben den Geschäftsprozessen, deren Leistungen direkt dem Kunden zukommen, ist insbesondere für das Prozessmanagement der Führungsprozess von Wichtigkeit. Die Swiss Life hat ihren Führungsprozess unterteilt in vier Makroprozesse. Es sind dies:

- Der Strategieprozess (Entwicklung der Strategie), der die Leitplanken mit der Stoßrichtung und Zielen liefert.

- Der Planungsprozess, der das Budget, die Prozessmodelle und deren -ziele und entsprechende Maßnahmen liefert.

- Der Umsetzungsprozess, der planmäßig die Voraussetzungen für eine erfolgreiche Ausführung schafft und entsprechende Kennzahlen aus dem Tagesgeschäft liefert.

- Der Controllingprozess, der die Abweichungen zwischen Planung und Ausführung festhält und allfälligen Handlungsbedarf aufzeigt.

Mit dem Controllingprozess schließt sich der Kreis. Bei großen Abweichungen zwischen dem Ist-Zustand und dem Soll-Zustand ist eine neue strategische Ausrichtung nötig. In den meisten Fällen handelt es sich nur um kleinere Abweichungen, welche durch den entsprechenden Prozesszirkel angegangen werden können. In diesem Fall schließt sich der Kreis mit dem Planungsprozess.

Strukturelle Änderung in der Einzelversicherung

Da aufgrund der laufenden Entwicklung der Prozesse erkannt wurde, dass eine so starke Trennung zwischen den einzelnen Organisationseinheiten und einer Tochtergesellschaft, welche ähnliche Produkte angeboten hat, eine Prozess- und Kundenorientierung erschweren, wurde die Struktur später geändert. Dies machte in der Prozessentwicklung einen Rescope nötig.

Der Vertrieb, der Kundendienst und die Tochtergesellschaft wurden in einem neuen Bereich Privatkunden zusammengefasst. Die Kundenorientierung, bzw. das Kanalmanagement bekam eine große Gewichtung. Aus der Sicht der Kunden- und Prozessorientierung war dies ein Schritt in die richtige Richtung.

Die Strukturänderung beinhaltete allerdings auch den Einbau einer neuen Hierarchiestufe, der des Leiters des Bereiches Privatkunden. Insgesamt konnte zwar die Qualität verbessert werden, aber die Kosten konnten nicht wesentlich gesenkt werden.

Kostensenkungsprogramm

Kurz nach der Implementierung des neuen Bereiches Privatkunden hatte die schlechtere Wirtschaftslage auch einen negativen Einfluss auf die Swiss Life. Die Kosten mussten drastisch gesenkt werden, ohne Einbussen in der Qualität zu riskieren. Es wurde ein Kostensenkungsprogramm initialisiert. In dieser Phase änderten sich die Ziele für die Prozessmanager. Die Prozessziele wurden angepasst. Im Vordergrund standen entsprechend Kostensenkungen in den Prozessen. Im weiteren war ein massiver Personalabbau nötig, um Kosten einzusparen. Dies beeinflusste die Prozessentwicklung ebenfalls.

Neue Strategie

Während in der Vergangenheit stetig expandiert und der Allfinanz-Gedanke verfolgt worden ist, will sich die Swiss Life in Zukunft wieder auf ihr Kerngeschäft und ihre Kernmärkte konzentrieren. Dies ermöglicht auch eine bessere Standardisierung der zu erbringenden Kundenleistungen, womit wiederum Kosteneinsparungen und eine höhere Transparenz erreicht werden können. Mit einer noch stärkeren Ausrichtung auf die Funktionen sollen weitere Ressourceneinsparungen realisiert werden. In den Prozessen wird verstärkt nach Optimierungs- und Automatisierungspotenzialen gesucht, welche vor allem Kosteneinsparungen erbringen sollen.

Dic Umsetzung der neuen Strategie ist analog der Strategie 2000 angegangen worden. Am Anfang der Umsetzung stand die Initiierung von Reorganisationsprojekten.

In einem ersten Schritt wurden „Quick wins" realisiert, die mehrere Millionen Schweizerfranken an Einsparungen jährlich bringen.

In einem zweiten Schritt wird ein Leistungskatalog erstellt. Dieser Katalog soll insbesondere für den Kundendienst und die Verwaltung aufzeigen, welche Kundenanliegen eingehen und welche Dienstleistungen mit welchem Aufwand erbracht werden. Zur Zeit werden die Verwaltungskosten dem Kunden pauschal verrechnet. Es gibt Kunden, die Leistungen benötigen, welche einen größeren Verwaltungsaufwand erfordern. Es gibt aber auch Kunden, die selten Leistungen von uns beziehen. Diese Kunden zahlen entsprechend eher zuviel für die benötigte Verwaltung. Es werden aber auch Dienstleistungen angeboten, die der Kunde nicht beziehen würde, müsste er diese speziell zahlen. Hier besteht ein großes Optimierungspotenzial. Ein verändertes Leistungsangebot hat wieder Veränderungen in den Prozessen zur Folge.

In einem dritten Schritt muss die Prozessorganisation angepasst und die Prozessführung wieder sichergestellt werden. Zurzeit sind vor allem die Business Process Engineers aktiv. Die Prozessverantwortlichen müssen neu bestimmt und Prozesszirkel neu zusammengestellt werden.

5.   Umfeldbeteiligung

Verschiedene Maßnahmen wurden ergriffen:

Change-Management

Da es doch einige Veränderungen insbesondere hinsichtlich der neuen Struktur und der neuen Sicht gab und schlussendlich für alle Mitarbeitenden auch Auswirkungen hatte, war eine entsprechende Begleitung durch das Engineering-Team dringend erforderlich. Das Engineering-Team der Swiss Life hat diesbezüglich auch keinen Aufwand gescheut und sehr viel Zeit und Geld investiert. Es wäre aus unserer Sicht auch ganz falsch, ausgerechnet in diesem Bereich zu sparen, galt es doch, die Mitarbeitenden auf allen Stufen abzuholen, sie mit der Idee vertraut zu machen und jeweils ein Bild zu haben, wie die Wirkung bei den Mitarbeitenden ausfällt.

Stakeholder-Analysen

Nach einer ersten Informationsrunde bei den Leitungen der Einzelversicherungen und weiteren Stakeholdern hatten wir uns ein Bild bezüglich der Akzeptanz von Prozessmanagement gemacht und geprüft, inwieweit eine Mobilisierung dieser Personen möglich ist. Stakeholder sind Personen im Unternehmen, die einen unmittelbaren Einfluss auf Prozessmanagement haben oder in irgendeiner Form betroffen sind. So wurde die Einstellung der jeweiligen Person zu Prozessmanagement festgehalten sowie die Bedeutung der jeweiligen Person für eine erfolgreiche Einführung. Daraus abgeleitet wurden Maßnahmen, wie Personen, die dem Prozessmanagement gegenüber eher kritisch eingestellt sind, „abgeholt" und Promotoren möglichst unterstützt werden können. Eine solche Analyse und die Ableitung entsprechender Maßnahmen wurde von Zeit zu Zeit wiederholt. So waren wir über die „Betriebstemperatur" immer bestens informiert.

Forum für Mitarbeitende

Für alle Mitarbeitenden haben wir schon recht früh ein Forum zum Thema Prozessmanagement eingerichtet. So konnte in verschiedenen Räumen über das Thema in vielfältiger Weise Einblicke vermittelt und Prozessmanagement erlebt werden. Binnen drei Stunden konnten die Mitarbeitenden in Gruppen aufgeteilt in die verschiedenen Rollen schlüpfen. Sie konnten zum Beispiel als Kunde direkt verfolgen, wie ihr Anliegen durch ein fiktives Unternehmen bzw. ihren Arbeitskollegen erfüllt wurde und sahen von außen direkt in dieses Mikrounternehmen, wie sich an einzelnen Stellen die verschiedenen Aufträge stauten und aus welchen Gründen Qualitätsmängel entstehen können. Daneben erhielten sie Einblick in die Prozessentwicklung und -führung. Grundsätzlich war die Veranstaltung für alle ein großer Erfolg.

Informationsveranstaltungen für das Management

Ganz speziell sind auch die einzelnen Mitglieder der Leitung mit der Thematik konfrontiert worden. Es wurden unter anderem Filmausschnitte von positiven Beispielen aus anderen Unternehmen gezeigt oder externe Manager eingeladen, sehr viel diskutiert und schlussendlich von jeder Person ein Commitment abgeholt.

Statements zu Prozessmanagement

Über einen Zeitraum von rund zwei Jahren konnten Mitarbeitende zum Thema Prozessmanagement ihre Statements abgeben. Diese wurden zusammen mit einem Foto des Mitarbeitenden in den Gängen und Pausenzonen im Gebäude publiziert. Zusätzlich waren die Statements auch im Intranet abrufbar oder wurden teilweise beim Einstieg aufgeschaltet.

Ist die Strategie erfolgreich umgesetzt und sind die Prozesse neu gestaltet, so sollte ein entsprechend großer Nutzen für das Unternehmen resultieren. Mit der Einführung von Prozessmanagement ist zudem eine kontinuierliche Weiterentwicklung sichergestellt. Der Nutzen dieser Optimierungen ist vielleicht etwas weniger spektakulär. Längerfristig geht es trotzdem stetig aufwärts. Sobald der Markt größere Veränderungen und eine neue Strategie verlangt, werden die Prozesse wieder grundlegend hinterfragt bzw. neu entwickelt. Dies entspricht dem Ablauf unseres Führungsprozesses.

In der Swiss Live ist die Entwicklungskurve nicht stetig gestiegen. Die notwendigen Richtungswechsel und Anpassungen konnten jeweils nicht so kurzfristig im Prozessmanagement umgesetzt werden. Positive Auswirkungen durch neu entwickelte oder veränderte Prozesse sind erst mittel- bis langfristig spürbar. Die jeweiligen Strukturänderungen im Unternehmen hatten auch ihren Einfluss auf die Prozessorganisation. Manchmal waren die Prozessverantwortlichen einfach nur noch Troubleshooter. Wenn die Kurve auch nicht immer nach oben zeigte, konnte die Swiss Life mit Prozessmanagement dennoch einen Nutzen generieren, der sich zeigen lassen kann und viel Freude bereitet. Es lohnt sich auch, allen Mitarbeitenden nicht nur zu kommunizieren, was sich verändert hat, sondern auch welcher Nutzen mit einer Veränderung generiert wird.

Prozessmanagement bleibt für die Swiss Life ein wichtiges Ziel in das es sich lohnt, weiter zu investieren. Je mehr Gewicht Prozessmanagement im Unternehmen hat, desto größer wird der Nutzen sein.

Die Swiss Life ist überzeugt, dass mit Prozessmanagement das Ziel „Business Excellence" erreicht wird!

Beteiligung bei der Prozesseinführung

Frank Kühn

Inhalt:

1.   Der Prozessbegriff wird interpretiert

In einem Handelsunternehmen ist der Materialfluss neu zu organisieren und das erforderliche Prozessmanagement einzurichten. Eine derartige, konsequente Prozessorientierung ist für das Unternehmen neu. Zudem tritt es in Konkurrenz zu bisherigen Bemühungen zur Optimierung des Materialflusses. Gerade die in dieses Thema involvierten Logistik-Experten des Unternehmens nehmen bislang den Prozessgedanken für sich in Anspruch. Genauer nachgefragt, erweist sich das Prozessverständnis als einseitig ablauforientiert, und es ergibt sich noch Verständigungsbedarf (siehe Abbildung 1).

Hier liegt die besondere Herausforderung: Nicht nur die intelligente Konfiguration des Prozesses ist gefragt, sondern auch eine Managementstruktur sowie ein Verhalten in Führung und Kooperation, das dem Prozessgedanken gerecht wird. Im Folgenden sind einige Beteiligungskonstellationen und -situationen beschrieben, die in der Summe den Erfolg des Projekts ausgemacht haben.

Verschiedene Sichten

Worum geht es, wenn Management und Berater über Prozesse sprechen? Die verschiedenen Sichten auf Prozesse geben oft noch Anlass zu Missverständnissen. Hierzu einige Beispiele.

Fokus auf den Prozess ...

strategieorientiert

- In welchem Prozess und in welchen Prozessabschnitten liegt die relevante Wertschöpfung?
- Welche Schlüsselfähigkeiten müssen wir für unsere Kernprozesse aufbauen?
- Wie müssen verbessern wir die Wettbewerbsfähigkeit mit einem intelligent konfigurierten Prozess?

managementorientiert

- Wer ist an dem Prozess in welcher Rolle beteiligt (Führung, Mitarbeit, Entscheidung etc.)?
- Wie werden die Prozesse gelenkt? Welche Arbeitsweisen und Spielregeln sollen für die Zusammenarbeit in Prozessen gelten?
- Wie wird über den Prozess und seine Ergebnisse informiert und kommuniziert?

ablauforientiert

- In welchen operativen Schritten und in welcher Entscheidungsfolge läuft der Prozess ab?
- Welche Arbeitshilfen und Verfahren kommen in den Prozessabschnitten und übergreifend zum Einsatz?
- Wie werden Schnittstellen zwischen Prozessen gestaltet?

controllingorientiert

- Welche Leistungsmaßstäbe werden an die Performance der Prozesse angelegt?
- Welche Messgrößen und Messinstrumente kommen zum Einsatz?
- Wie werden Zielvorgaben vereinbart und überwacht?

Abbildung 1: Differenzierung des Prozessbegriffs

2. Ein Projekt zur Einführung der Prozess-organisation wird aufgesetzt

Nun zu dem konkreten Projekt, mit dem die Projektorganisation eingeführt werden soll. Es teilt sich in zwei übergeordnete Phasen, eine Pilotphase und – nach Erprobung und Auswertung – die spätere, breite Einführung.

Die Projektorganisation sieht im Kernteam den Projektleiter (Abteilungsleiter Planung und Controlling) und die Teilprojektleiter (u. a. aus der Betriebsorganisation) vor. Die Führungskräfte der von dem Materialfluss tangierten Bereiche können und wollen wegen hoher Arbeitsbelastung keine Leitungsrolle im Projekt übernehmen. Ihre Einbindung wird jedoch als notwendig angesehen, weil sie letztendlich später die verantwortlichen

„Betreiber" der Prozessorganisation sein werden. Deshalb wird das „Kernteam" zu einem „erweiterten Kernteam" ausgebaut, in dem diese Führungskräfte situativ zur Abstimmung von Konzepten und Vorgehensweisen eingebunden werden (siehe Abbildung 2).

Die Besetzung der Projektleitung mit dem Leiter Planung und Controlling hat den Vorteil, dass die Wirtschaftlichkeit immer im Blick blieb und der Wirtschaftlichkeitsnachweis für die Prozessoptimierung aus erster Hand geliefert werden kann. Die aktive Beteiligung der Betriebsorganisation soll auch sicherstellen, dass der neue Ansatz der prozessorientierten Organisation im Unternehmen multipliziert wird.

Die Geschäftsführung bildet den Lenkungsausschuss, an den das erweiterte Kernteam berichtet. Es wird Wert darauf gelegt, dass die Meinungen aus Projektsicht und aus Sicht der Linienorganisation, d.h. insbesondere der tangierten Bereiche, zum Tragen kommen.

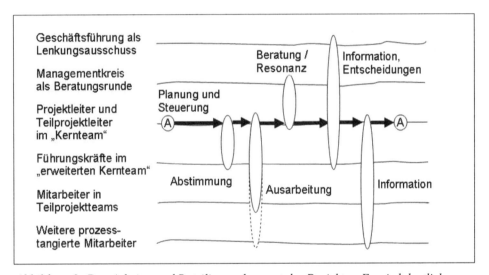

Abbildung 2: Das Arbeits- und Beteiligungskonzept des Projektes. Es wird deutlich, wann und wie welche Ebenen beteiligt werden und zusammenarbeiten. Das Schema verbindet Aufbau und Vorgehen des Projektes in einer Darstellung.

Entsprechend des Projektfortschritts werden die Ergebnisse einem größeren Managementkreis aus der zweiten Entscheidungsebene vorgestellt und diskutiert. Diese Veranstaltungen haben die Funktion einer Beratungsrunde und eines „Resonanzbodens", um die Akzeptanz für die spätere Verbreitung der Prozessorganisation im Unternehmen zu fördern und dient zusätzlich zur kritischen Qualitätssicherung.

3.   Das Konzept der Prozessorganisation rüttelt an Positionen

Die Ist-Aufnahme der bisherigen Arbeitsabläufe wird mit aktiver Beteiligung der betroffenen Mitarbeiter und ihrer Führungskräfte sowie mit dem Kernteam durchgeführt.

Mit ausgewählten Mitarbeitern und den Führungskräften werden in Workshops entlang der Arbeitsabläufe Verbesserungsmöglichkeiten für den künftigen Prozess und konkret auch für die einzelnen Arbeitsplätze diskutiert (siehe Abbildung 3). Dabei wird deutlich, dass den Mitarbeitern die ganzheitliche Prozessbetrachtung schon seit längerem ein natürliches Anliegen ist („Klar muss man ganz vorne im Prozess schon auf die Fehler hinschauen, damit man weiß, warum hinten schlechte Ergebnisse rauskommen!"). Die Führungskräfte sind allerdings in ihren Funktionen und Positionen noch stark der vertikalen Linienorganisation verhaftet und hadern deshalb mit dem Konzept der Prozessorganisation.

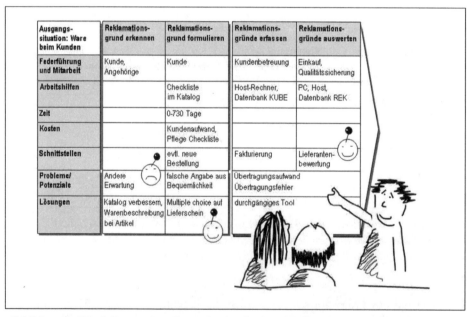

Abbildung 3: Bearbeitung eines Prozesses und seiner Verbesserungsmöglichkeiten (Ausschnitt eines Reklamationsprozesses)

Vor diesem Hintergrund übernimmt die Personalentwicklung die Aufgabe, in Zusammenarbeit mit einigen Führungskräften und in Abstimmung mit dem Betriebsrat Arbeits-

und Führungsrichtlinien vor dem Hintergrund der angestrebten Prozessorganisation zu formulieren. Die Formulierungen werden mit den Mitarbeitern und Führungskräften erörtert, an strittigen Stellen teilweise reformuliert und an unklaren Stellen u. a. durch Fallbeschreibungen und Illustrationen ergänzt.

4.   Die Prozessmodell wird in die Praxis übersetzt

Verbesserungsideen für die Arbeitsplätze (siehe Abbildung 4) werden zunächst im Maßstab 1:1 in Pappmodellen realisiert (Kartons, Kleber, Schere etc.). Hieran nehmen aktiv Mitarbeiter und Führungskräfte sowie das Kernteam teil.

Abbildung 4: Die Prozesskonzeption reicht bis zur Arbeitsplatzgestaltung

Projektleiter und Führungskräfte werden von den externen Beratern darin unterstützt, Veröffentlichungen zu erstellen und Konferenzbeiträge zu halten, was noch einmal eine zusätzliche Reflexion der Organisationstheorie erfordert und die Verantwortlichen in ihrer Überzeugung für das neue Konzepte kritisch stärkt.

Die Projektleitung, insbesondere die Betriebsorganisation, führt unternehmensinterne Präsentationen durch, um die Idee des Prozessmanagements zu multiplizieren.

Mit den neuen Prozess und der Prozessorganisation, die für jeden Prozess ein verantwortliches Prozessteam vorsah, wird erstmals Gruppenarbeit eingeführt. Jede Gruppe erhält aufgrund der neuen und ungewohnten Arbeitssituation einen Paten, der sich aus dem Kreis des Kernteams und der externen Berater rekrutiert.

In enger Abstimmung mit dem Controlling und mit den Führungskräften des Bereichs gilt es die Planungs- und Steuerungsinstrumente für den künftigen Prozess auszulegen und die maßgeblichen Kennzahlen für die Erfolgsmessung zu fixieren: Mengenproduktivität, Qualität, Prozesskosten. Zusammen mit den Gruppen werden anschauliche Kennzahlenübersichten und Grafiken entwickelt, mit denen die Gruppen sich künftig selbst steuern können. Die Übernahme dieser Verantwortung wird von den Mitarbeitern sehr begrüßt und sogleich eine betriebswirtschaftliche Schulung eingefordert, um mit den Kennzahlen qualifiziert umgehen zu können.

Schließlich sind die Gruppen auch an der Auswahl ihrer Gruppensprecher beteiligt. An dieser Stelle ist das obere Management zunächst skeptisch, kann dann aber feststellen, dass die Gruppen bzw. die Mitarbeiter die Gruppensprecher intuitiv professionelle Kriterien anlegen. Hierzu gehören nach Aussagen der Gruppen unter anderem das Zutrauen einer Vorbildfunktion, soziale Kompetenz, fachlicher Überblick. Teilweise werden die neuen Gruppenleiter aus der Mitte der Mitarbeiter gewählt, weil die bisherigen Linienvorgesetzten nicht den Anforderungen entsprechen oder die Position für sich nicht akzeptieren.

5.   Die Einführung gelingt mit Transparenz und Partizipation

Alle Mitarbeiter werden zunächst mit einem Informationsblatt in Kenntnis gesetzt.

Die Ergebnisse der Pilotphase werden mit den beteiligten Führungskräften und Mitarbeitern ausgewertet: Was haben wir erreicht? Welche Probleme gab es? Welche Empfehlungen haben wir für die breite Einführung?

Diese Aussagen finden Eingang in eine Geschäftsführungspräsentation, die zur Entscheidung für das weitere Vorgehen führt.

Aus den Erkenntnissen werden mit der Personalentwicklung und den beteiligten Führungskräften die Arbeitsgrundlagen aus der Pilotphase überarbeitet. Hierzu gehören insbesondere auch die Anforderungsprofile der Abteilungsleiter und Gruppenleiter.

Eine Arbeitsgruppe künftiger Abteilungsleiter und Gruppenleiter, die als solche schon feststehen, macht sich daran, neben den operativen, logistischen Prozessen auch verstärkt die Managementprozesse für die neue Organisation zu erarbeiten. Diese Prozesse reichen von der Tages-, Wochen- und Monatsplanung bis hin zum kontinuierlichen Verbesserungsprozess und der Durchführung von Verbesserungsprojekten. Zusammen mit dem externen Berater findet diese Bearbeitung sehr effizient in Workshops mit Notebook und Beamer und bewusst mit einer einfachen Standardsoftware statt. So kann diese Arbeit nach Klärung der ersten Prozesse und nach Übung der Prozessbeschreibung durch die Verantwortlichen selbständig ohne externe Unterstützung fortgesetzt werden.

Fünfzehn Prozesse werden beschrieben. Zur Klärung, wie detailliert und weitgehend die Prozesse zu beschreiben sind, findet regelmäßig am Anfang und Ende der jeweils zweistündigen Sitzungen eine Verständigung über den Fortschritt statt: Ist die Prozessbeschreibung für uns ausreichend (100 Prozent) oder stehen wir noch am Anfang (z. B. 20 Prozent)? Diese gemeinsame Standortbestimmung erweist sich schließlich als ein Erfolgsfaktor, weil sie sportlichen Ehrgeiz weckt und zudem unterschiedliche Einschätzungen über den erforderlichen Detaillierungsgrad einer Prozessbeschreibung aus Praktikersicht und Beratersicht in Einklang bringt.

Für die neuen Prozesse und für die Rollen der Führungskräfte und Mitarbeiter in diesen Prozessen wird der Entwicklungsbedarf bestimmt und in Trainingskonzepte eingebracht.

Als entscheidend erweist sich der Schritt, die Prozessbeschreibungen in die persönliche Arbeitsorganisation der Beteiligten zu übersetzen. Hierzu sichten die für die Prozessorganisation vorgesehenen Führungskräfte und Mitarbeiter in einem Workshop die erarbeiteten Prozessentwürfe und die darin festgelegten Arbeitsschritte, übertragen die Aufgaben in ihre persönlichen Tages-, Wochen- und Monatspläne und schätzen die zugehörigen Arbeitsaufwände (siehe Abbildung 5). Mit der Gegenüberstellung der Prozessbeschreibungen und der daraus abgeleiteten, persönlichen Arbeitspläne erfolgt eine gegenseitige Validierung und Absicherung des gemeinsamen Verständnisses. In der Summe ergibt sich gleichzeitig ein fundierter und von den Betroffenen getragener Überblick über die erforderlichen Personalkapazitäten.

Parallel arbeitet eine Arbeitsgruppe von Führungskräften an der Führungsstruktur für die Prozessorganisation oberhalb der Prozessteams. Diese Führungsstruktur mit ersten Annahmen über die erforderliche Managementkapazität wird ebenfalls mit den für die Prozesse abgeschätzten Personalkapazitäten abgeglichen und validiert.

Die Ergebnisse und einen Zeitplan zur Umsetzung präsentiert das Projektteam der Geschäftsführung, die die Vorlagen befürwortet. Der Zeitplan wird zwischen dem Projekt und den prozessverantwortlichen Führungskräften abgestimmt, und letztere übernehmen die Umsetzungsverantwortung, in Verbindung mit einer diesbezüglichen Berichtspflicht an die Geschäftsführung. Die anderen (bisher) Projektbeteiligten übernehmen jetzt eine Beratungsrolle.

Damit ist die Verantwortung aus dem Projekt in die Hände der neuen Führungsstruktur übergeben und ein wesentliches Ziel des Projektes erreicht.

Abbildung 5: In einem Workshop übertragen die eingebundenen Führungskräfte und Mitarbeiter die im Projekt erarbeiteten Konzepte in ihre persönliche Planung.

Projekt: „Optimierung der Beschaffungsprozesse"

Praxisbeispiel Stadtwerke

Gerold Rüdrich / Karlheinz Weißer

1.   Ausgangssituation

Es sind vornehmlich äußere Zwänge wie Liberalisierung und neue Verordnungen, die Stadtwerke dazu zwingen, Veränderungen vorzunehmen, um in der Zukunft erfolgreich bestehen zu können. Der Geschäftsführer der Stadtwerke Pforzheim hatte zur Bewältigung dieser Veränderungsprozesse einen neuen Personalchef eingestellt. Diesem sicherte er einen großen Handlungsspielraum zu, allerdings unter der Maßgabe, innerhalb einen Jahres messbare Erfolge nachzuweisen.

Der Personalchef erkannte schnell die Chance, etwas bewegen zu können, zugleich aber auch die Gefahr, dass Veränderungen von den meisten Mitarbeitern eher argwöhnisch betrachtet werden, zumal die Mitarbeiter in den letzten Jahren eine Konsolidierung miterlebten, die hauptsächlich auf einen flächendeckenden Personalabbau setzte. Viele Mitarbeiter hatten dabei das Empfinden, dass nach dem „Rasenmäher-Prinzip" vorgegangen wurde statt nach betriebswirtschaftlichen Gesichtspunkten. Jetzt wollte man die Veränderungsprozesse mit den Mitarbeitern gemeinsam gestalten.

Zum Glück konnte der Personalchef auf seine Erfahrungen beim letzten Auftraggeber zurückgreifen, wo Veränderungen nicht gegen, sondern mit den Mitarbeitern umgesetzt wurden. Dabei bediente er sich der kooperativen Projektkultur. Schnell war klar: Eine seiner ersten Aufgaben war die Implementierung des Projektmanagements auch bei den Stadtwerken. Ein Projekthandbuch wurde erstellt und die „Arbeitsgruppe Projektkoordination" (APK) als verantwortliches Gremium für die Projektarbeit installiert. Damit dies nicht „zu theoretisch" geschieht und gleichzeitig schnell wirksame Erfolge im Betriebsergebnis sichtbar sind, wählte er als erstes Optimierungs-Pilotprojekt die Beschaffung. In diesem Bereich versprach er sich Einsparungen sowohl von der Marktseite, als auch intern bei den Beschaffungsprozessen.

2.   Projektplanung und -controlling

Projekt Implementierung

Um sich das erforderliche Know-how für die Einführung eines modernen Beschaffungsmanagements in das Pilotprojekt einzuholen, nahm der Personalleiter einen Berater mit ins Team. Die Wahl fiel auf HLP Hirzel Leder & Partner wegen ihrer zahlreichen Erfolge bei der Erzielung von Einsparungen in unterschiedlichen Unternehmen. Parallel führte der Personalchef Gespräche mit potenziellen Projektmitgliedern, um sie für die anstehende Aufgabe zu gewinnen und ihnen gleichzeitig persönliche Chancen aufzuzeigen. Dabei achtete er besonders darauf, dass die wichtigsten Bedarfsträger in die Projektarbeit integriert wurden.

Der Personalchef selbst übernahm die Projektleitung, um deutlich zu machen, welchen hohen Stellenwert dieses Projekt für das Unternehmen hat. Als Auftraggeber fungierten neben dem Geschäftsführer der Stadtwerke auch deren Aufsichtsratsvorsitzender und Erster Bürgermeister der Stadt Pforzheim, die regelmäßig durch den Projektleiter und die Teilprojektleiter (Kern-Team) über die Zwischenstände des Projektes informiert wurden. Dies war für die Teilprojektleiter zusätzliche Motivation, sich hier voll einzubringen.

Der erste Schritt der potenziellen Projektmitglieder war die Planung des Projektes. Dafür nahm man sich einen Monat Zeit. Es wurde diskutiert, wo die Hebel zur Verbesserung lagen und zu welchem Ziel man sich gemeinsam durchringen wollte. Erstaunen rief vor allem die Höhe des Beschaffungsvolumens (47 Mio. Euro ohne Energiebeschaffung) hervor, da man vor allem die Dienstleistungen bisher nicht im Blick gehabt hatte. Das Initiativteam bewies Mut, als es sich auf ein geplantes Einsparvolumen von insgesamt 3 Mio. Euro zuzüglich Einsparungen in den Beschaffungsprozessen festlegte. Eine wesentliche Hilfestellung hierfür war die konzeptionelle Vorgehensweise des Materialgruppenmanagements, bei dem externe und interne Kostenreduzierungen über ein organisationsübergreifendes und flexibles Beschaffungsmanagement zwischen Einkäufern, Organisatoren und Logistikern realisiert werden.

Spätestens jedoch als das Ziel feststand, war allen klar, dass dafür Ressourcen benötigt würden, die zum Teil gar nicht frei waren. Hier reagierte die Geschäftsführung sehr schnell, indem zusätzliche Mitarbeiter für das Projekt freigestellt wurden und andere Vorhaben eine niedrigere Priorität erhielten. Bei der Präsentation der Projektplanung durch das Initiativteam vor dem Auftraggeber war somit die Absicherung der Ressourcen bereits geklärt. Weitere voraussehbare Risiken wurden in der Planung explizit benannt und Maßnahmen vorgeschlagen.

Projektplanung

Das Kernteam präsentierte den Projektplan im Oktober 2001 beim Auftraggeber. Jeder Teilprojektleiter trug sein Teilprojekt mit eigenem Ziel (Teil des Gesamtzieles) und den jeweiligen Lösungsansätzen vor. Die meisten von ihnen waren natürlich aufgeregt, denn sie standen zum ersten Mal in solcher Form vor dem Ersten Bürgermeister.

Während der Präsentation der Projektunterlagen nach der Planungsphase äußerte der Aufsichtsratsvorsitzende und Erste Bürgermeister, dass ihn der stimmige Projektplan und insbesondere die klare unternehmerische Zieldefinition beeindruckt hätten und er das Projektteam daran messen werde. Die Teilprojektleiter verließen hochmotiviert diese Treffen und wussten zugleich, dass ein großer Berg Arbeit vor ihnen lag.

Konsequente Fortschrittsüberwachung

Sehr konsequent und regelmäßig fanden Teamtreffen (auf Teilprojektebene) statt, bei denen die Teilprojektleiter ausführten, wie der Ergebnisfortschritt in den einzelnen Arbeitspaketen aussah. Die Teilprojektleiter trafen sich wiederum mit ihren Arbeitspaketverantwortlichen, wobei in den Diskussionen neben dem Ergebnisfortschritt auch konkrete Problemlösungen im Mittelpunkt standen. Natürlich gab es auch Rückschläge, manchmal wurden auch nur Teilergebnisse erreicht. Hier war insbesondere die Beratung gefragt, vor dem Hintergrund umfangreicher Erfahrungen und Benchmarks bei den Arbeitspaketen konkrete Unterstützung zu leisten. Dies zeigte sich vor allem auch in den verschiedenen Tools, die im Beschaffungsmarketing, in der Prozessgestaltung oder in der Betrachtung zu „make, cooperate or buy" zum Einsatz kamen. Bei Bedarf wurden auch noch weitere Partner mit in das Projekt einbezogen, z. B. die THÜGA, AIS und ZEISS, die Lösungsvorschläge aus ihrer Praxis einbrachten.

Beim Vorgehen war es dem Projektleiter wichtig, zuerst die Einsparungen bei den Lieferanten zu priorisieren und danach erst die internen Prozesse anzugehen.

Controlling des Projektfortschritts und des Ergebniseffekts

Bei den regelmäßigen Teamtreffen war auch ständig ein Vertreter des Unternehmens-Controllings anwesend. Das Controlling definierte zuerst Erfolg und Einsparungen für die verschiedenen Beschaffungsgruppen und -prozesse. Dann überwachte es diese Kennzahlen über ein standardisiertes Berichtswesen und die Teamtreffen. Am Ende des Projektes war es dann der Controller, der den Auftraggebern die geprüften und verdichteten Erfolgs- und Einsparergebnisse präsentierte. Im Portfolio bekam man schnell einen Überblick, welche Arbeitspakete den größten Beitrag zum Erfolg brachten, und wer seine Versprechungen gehalten hat (gegenüber Plan-Portfolio von 10/2001).

Das Portfolio war ein wichtiges Instrument zur Darstellung des Ergebnisfortschritts und diente als Entscheidungsgrundlage für die Geschäftsführung. Es bot zugleich aber auch Orientierung für die Arbeitspaketverantwortlichen (siehe Abbildung 4)

PROJEKTDEFINITION	
Prozess Beschaffungskoordination	
Projektleiter:	... **Datum: 12.10.04**
Beschaffungsvolumen:	47 Mio €
Hintergrund:	– Reduzierung Beschaffungskosten – unzureichende Standardisierung – Festlegung von Beschaffungsstrategien – Effizienzsteigerung – Materialbedarfsplanung – Verbesserung der Organisation
Idee:	– Zusammenarbeit Einkäufer/Bedarfsträger – Standardisierung – abteilungsübergreifende Beschaffung für ausgewählte Material- und Leistungsgruppen – Investition in die strategische Beschaffung – Kostensenkung entlang der Beschaffungsprozesse bzw. -optimierung
Ziele:	– Erfolge/Einsparungen in Höhe von 3 Mio Euro des Beschaffungsvolumens sind bis zum 14.10.2004 nachgewiesen – neue Organisationsform in der Beschaffung ist eingeführt und wird angewandt – Schaffung der Grundlage zur Zertifizierung – Interne Prozesskosten sind um 0,4 Mio Euro gesenkt
Szenario des Projektendes	Präsentation beim Vorsitzenden des Aufsichtsrates

Abbildung 1: Projektdefinition

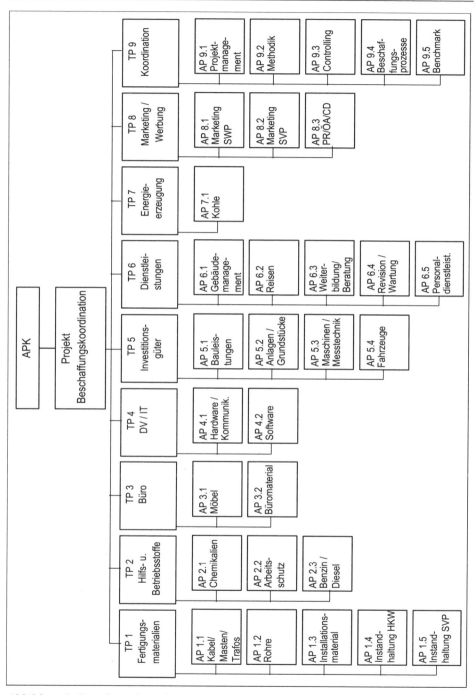

Abbildung 2: Projektstrukturplan

Nutzen

- Einsparung / Erfolg 3 Mio. €.

- Interne Prozesskosten sind um 0,4 Mio. € gesenkt.

- Weitere mittelfristige Einsparungen durch Kooperationen.

- Weniger Lieferanten und damit höhere Marktmacht.

Kosten

- Aufwand von 500 PT, dies entspricht Vollkosten von 125 T€.

- Nebenkosten / Beratung in Höhe von 25 T€.

Saldo

- Zum Projektende beträgt der Nutzen bereits ein 20faches des Aufwands.

Abbildung 3: Nutzen-Kosten-Abschätzung

Motivation der Mitarbeiter

Die Abschlusspräsentation beim Auftraggeber war nicht nur wegen der nachgewiesenen Einsparungen von über 3 Mio. Euro ein Erfolg für das Unternehmen, sondern auch für die Mitarbeiter, denen die offene kooperative Arbeit im Projekt gefiel. Die aktivsten von ihnen trugen ihre Ergebnisse bei der Abschlusspräsentation selbst vor und erhielten als Dank eine Prämie. Damit war der Durchbruch für die Projekt- und Prozessarbeit gelungen. Darüber hinaus wurden die avisierten Einsparungen durch konsequente Umsetzung, unter anderem auch mit Hilfe neuer Technologien wie E-Procurement, weiterverfolgt. Insbesondere die Ergebnisse der Prozesskostensenkung entlang der Beschaffungsprozesse machten deutlich, dass auch bei anderen Geschäftsprozessen hohe Einsparpotenziale zu erwarten waren. Konsequenterweise beschloss man deswegen die Freigabe eines weiteren Projektes zur ganzheitlichen Prozessoptimierung.

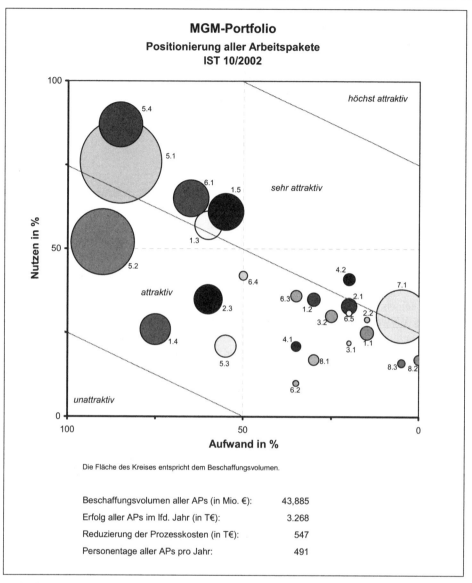

Abbildung 4: Positionierung der Beschaffungsgruppen (Ist-Zustand)

3.   Prozesserhebung und Analyse

Nachdem die Potenziale für die marktseitigen Einsparungen definiert und deren Umsetzung eingeleitet waren, konzentrierte sich das Team stärker auf die Beschaffungsprozesse. Zum Arbeitspaket 9.4 „Beschaffungsprozesse" gehörten die Abläufe

■ Fuhrpark,

■ Nicht-Lagermaterial und

■ Lagermaterial.

Die Arbeiten zur Analyse und Neugestaltung der internen Abläufe erwiesen sich (wie zu erwarten war) als mühsamer als bei der marktseitigen Beschaffung. Einige Mitarbeiter befürchteten, dass man bei ihnen Fehler aufdecken könnte oder sie zukünftig ihre gewohnten Arbeitsweisen ändern müssten. Deshalb bezog die Projektleitung bei der Ablauf-Analyse alle (!) Betroffenen ein. Zu jedem Ablauf fanden mehrere Treffen statt. Beim Kick-off wurde allen Beteiligten das weitere Vorgehen sowie die zu verwendenden Tools vorgestellt. Aufgrund der gemeinsam getroffenen Vereinbarung, dass jeder im Team für seinen Arbeitsbereich mindestens einen Kosten- und Zeittreiber finden musste, konnte der Widerstand durch das unausgesprochene Motto „keine Fehler bzw. Verbesserungsmöglichkeiten selbst nennen" stark minimiert werden. Beim selben Treffen wurde auch die Wertschöpfungskette „Lagermaterial" beschrieben (siehe Abbildung 5). Man beschloss im Team, nicht nur eine reine Ablaufbetrachtung im Lager vorzunehmen, sondern jede Tätigkeit auch unter dem Gesichtspunkt der Wertschöpfung zu analysieren, um so Überlegungen anzustoßen, wie der unternehmerische Wert der Lagerarbeiten gesteigert werden könnte.

Der Berater moderierte die fünf Zusammenkünfte und visualisierte die Ergebnisse. So wurde eine Übersicht über alle Primäraktivitäten (logisch aufeinanderfolgende Tätigkeiten bei der Beschaffung von Lagermaterial) und Sekundäraktivitäten (Hilfsfunktionen, die notwendig sind, damit der Beschaffungsprozess für Lagermaterial reibungslos läuft) sowie deren Bewertung über Kriterien erstellt. Durch die Arbeit aller Betroffenen miteinander entwickelte sich mit der Zeit ein besseres Verständnis für die Arbeit des anderen. Zum Abschluss jeden Treffens gab es eine Feedback-Runde zur gegenseitigen Vergewisserung, ob auch alle Team-Mitglieder hinter den Analysen bzw. den gemeinsam erarbeiteten Verbesserungsvorschlägen standen.

Beim jeweils letzten Treffen wurden die wichtigsten Kostentreiber, die in der Abbildung 5 der Wertschöpfungskette nur als Nummern aufgeführt sind, näher betrachtet.

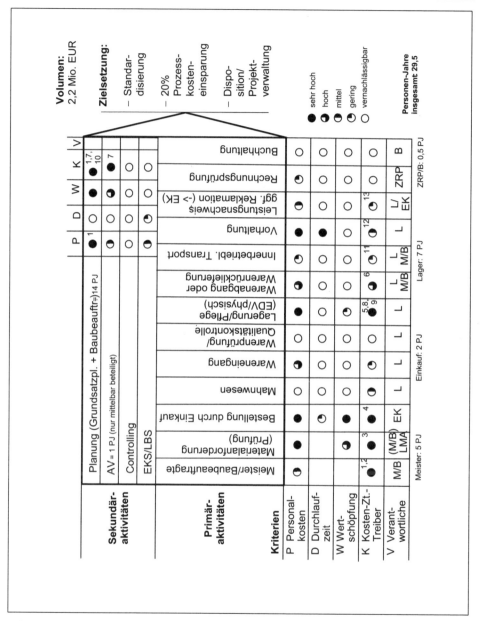

Abbildung 5: Prozessanalyse Lagermaterial

Nr.	Kostentreiber	Gegenmaßnahme	Kostensenkungs-potenzial
1	Planabweichung bzw. -umsetzung	Durchsetzung und Kontrolle der Umsetzung durch Planungsverantwortliche	
2	teilweise Abstimmungs-schwierigkeiten PL/AV	klare Zuständigkeiten	
3	willkürliche Materialumstellung	siehe 1	
4	Aufblähung der Lagerkapazität	siehe 1	
5	Einkaufsaktivität wegen Sonderbestellung von Standardmaterial	siehe 4	
6	lange Lagerzeit, Lagerorte, hohe Bestände, schwarze Lager	Materiallieferung durch Dritte, Reduzierung des Lager-bestandes, teilweise Auflösung Außenlager, Prüfung Konsignationslager, mobiles Containerlager	
7	Systemarbeiten, Pflege	Integriertes System nutzen	
8	Disposition Lager (Bestellung wird nicht ausgelöst)	Qualifizierung Lagerarbeiter	
9	Mindestbestand wird zu spät festgestellt und Bestellung entsprechend ausgelöst	Dispositionsprogramm	
10	zu viele Position im LV	standardisiertes LV (z. B. Thüga)	
11	Lieferverzögerungen	Disposition	
		Summe	**5 PJ**

Abbildung 6: Analyse der Kostentreiber

Für jeden Kostentreiber wurde mindestens eine Maßnahme vereinbart und das dazugehörige Kostensenkungspotenzial bestimmt. In der Summe konnte damit das gesteckte Teilziel der Prozesskostensenkung deutlich übertroffen werden.

4.   Ganzheitliche Prozessoptimierung

Für dic Strom-, Gas-, Wasser- und Fernwärmenetze wurden Prozessteams mit Vertretern aus den Bereichen Vertrieb, Technik, Einkauf, Rechnungswesen, Planung, Arbeitsvorbereitung und Controlling gebildet. Schon die Planung der Prozesse „Netzkostenoptimierung" zeigte deutlich, dass man neben der Einsparung über den Einkauf weitere signifikante Einsparungen (mehr als 1 Mio. Euro pro Jahr) weniger über Personalabbau, sondern vielmehr über Investitionen in die Netze erzielt. Dieses eigentliche Paradoxon löst sich schnell auf, betrachtet man die hohen Kosten durch Reparaturen, die bei regelmäßiger Wartung und Erneuerung drastisch gesenkt werden. Die Techniker brachten es auf den Punkt: Zustandsorientierte Netzerneuerung!

In der ersten Phase stand die Analyse aller Netze im Vordergrund. Wie bei der Beschaffungskoordinierung bediente man sich auch bei diesem Prozess wieder der Darstellung der Geschäftsprozesse in Form von Wertschöpfungsketten. Für jedes Netz wurde ein Kernteam zusammengestellt, dessen Mitglieder sich über ein halbes Jahr mindestens einmal im Monat trafen. Da die Anzahl der Betroffenen pro Netz sehr groß war, sorgte das jeweilige Kernteam dafür, dass das Know-how der anderen in die Analyse und Gestaltung der Geschäftsprozesse einfloss. Nachfolgend ist beispielhaft die Analyse des Geschäftsprozesses der Gas- und Wassernetze dargestellt (siehe Abbildung 7).

Während des ersten Treffens im Kernteam wurden gemeinsam die Ziele und Kriterien für den Prozess definiert und ein erster Entwurf für die Primäraktivitäten erstellt. Da die Übersicht über die Primäraktivitäten zunächst noch sehr grob war, gliederte man jede in einer weiteren Wertschöpfungskette weiter auf bis in die Ebene der einzelnen Tätigkeiten in den Abläufen, um so die Kostentreiber besser zu erkennen.

Je tiefer man in die Analyse eindrang, um so deutlicher wurde, dass die Kostentreiber bei den verschiedenen Primäraktivitäten immer wieder die selben Ursachen hatten. Was zu tun war wurde alsbald deutlich (siehe Abbildung 8).

Das Erkennen der Defizite war schon der erste Schritt zur Lösung. Für sehr kritische (politische) Prozessschritte wurde eine Analyse „Make, Cooperate or Buy" vorgenommen (siehe Abbildung 9).

Hiermit erhielt man eine strategische Handlungsorientierung, ob es günstiger war, bestimmte Prozessschritte zu kaufen, mit anderen Firmen zu kooperieren oder selbst zu erbringen – unabhängig davon, wie es bisher war.

Es folgten Vorschläge für Sofortmaßnahmen sowie für mittel- bis langfristige Maßnahmen. Eine der wichtigsten Sofortmaßnahmen war der Aufbau von Ressourcen, die diese Herausforderungen auch bewältigen konnten. Insbesondere in die Ausbildung und Personalentwicklung der Mitarbeiter wurde investiert. Daraufhin war es möglich, erste Einsparungen – sowohl durch Insourcing von bisher vergebenen Fremdleistungen, als auch durch die Trennung von unrentablen Tätigkeiten – zu erzielen. Jetzt mussten die mittel- und langfristigen Maßnahmen angegangen werden. Dazu wurde ein Gremium installiert, dem neben den technischen Mitarbeitern gleichberechtigt auch der Strategische Einkäufer sowie der Leiter des Unternehmens-Controllings angehört. Hier waren die Umsetzung der vereinbarten Maßnahmen zu kontrollieren sowie zukünftige Projekte zu starten und zu steuern.

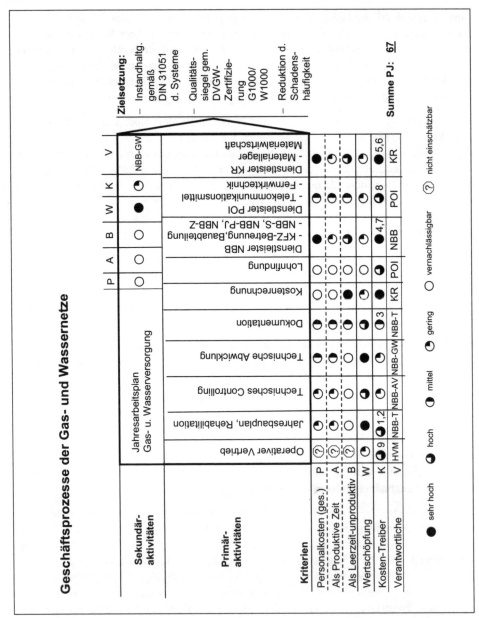

Abbildung 7: Analyse der Geschäftsprozesse der Gas- und Wassernetze

Nr.	Kosten-Treiber	Gegenmaßnahme	Kostensenkungs-potenzial
1	Nur teilweise zustandsorientierte Netzerneuerung; Kapazitäten zu gering bzw. anderweitig gebunden; betriebl. Vorgaben werden unzureichend umgesetzt	▪ Vermehrte Umsetzung des Konzeptes aus dem Jahresarbeitsplan d. Betriebs ▪ Stärkung d. Grundsatzplanung/ Personalqualifizierung	Größtes Einsparpotential im Gas/Wasser-Bereich durch frühzeitige Vermeidung von Störungen/Schäden (ca. 1 Mio. €)
2	Qualifikationsdefizite im Bereich der Baubeauftragten, kein Spartenübergriff, zu geringe Ressourcen	▪ Spartenübergreifender Baubeauftrager ▪ Funktion „Baubeauftragte für Blitzobjekte" um kurze Reaktionszeiten zu gewährleisten	300 T€ Möglichkeit: sofort umsetzbar bzw. ist derzeit in der Realisation
3	Keine vollständig zentralisierte Dokumentation/Auskunft und teilweise Mängel der technischen Dokumentation	▪ Dokumentationen zentralisiert bei NBB-TN ▪ Fachlich notwendige Dokumentation gem. DVGW (z. B. Druckprüfbescheinigung, Prüfzeugnisse, Inspektionsblätter) ▪ Verbesserung der Auskunft für den Stördienst	100 T€ ▪ sofort möglich bzw. wird bereits realisiert
4	Dienstleister NBB-S, kein Jahresarbeitsplan => teilw. Doppelarbeit bzw. keine Leistung gem. DVGW, kein zufriedenstellender Betrieb der elektr. Anlagen	▪ Jahresplan SMR, System erarbeiten ▪ Vorgaben v. NBB-GW umsetzen	50 T€
5	Dienstleister KR-MWL , Standard-Materialien trotz Bemühungen nicht verfügbar, hohe Rüstzeiten, Standzeiten, Leistung eingeschränkt	▪ Zwischenlager bzw. Lager nur für NBB-GW ▪ Materialdisposition über technisch orientiertes EDV-System ▪ Lager muss Vorgaben der Betriebe umsetzen, nicht Zwänge von Dritten, Betriebe müssen Vorrang haben	130 T€ Möglichkeit: effektives auf Betrieb abgestimmtes Materialmanagement

Nr.	Kosten-Treiber	Gegenmaßnahme	Kostensenkungs-potenzial
6	Keine „nutzbaren" Zahlen für Kostenstellenbeauftragten. Kostenfluss steht der Technik nur über mühsame Kleinarbeit zur Verfügung	▦ EDV-Programme müssen „technikorientiert" gestaltet sein, ▦ Controllingunterstützung seitens KR	36 T€/Jahr + 15 T€/Jahr (= 1 Techn. Mitarbeiter) ▦ Implementierung neuer Planungssoftware ist derzeit in der Realisation
7	Dienstleiter NBB-ZW: Aktivitäten ohne Abstimmung mit Betrieb, Werkstattaufträge werden nicht abgeschlossen, (Kfz, Gerätschaft, TÜV-Prüfung etc.)	▦ Aufträge von Betrieb wahrnehmen ▦ Unterstützung der Betriebstätigkeiten nicht der Wünsche Dritter, enger an Betriebsaktivitäten orientieren ▦ Einbindung in die AV	170 T€ (Schätzung) ▦ Die Einbindung in die AV ist in der Realisation, dies schließt auch die Lohnfindung mit ein
8	▦ Keine abgestimmte Personalentwicklung POI/Betrieb ▦ Mangel an Fachkräften; hohe, nicht geplante Ausgaben für Ausbildung/ Seminare (uneffektiv)	▦ Personalentwicklungsplan (Entwurf) aufnehmen und ausfeilen durch POI	Schätzung 128 T€ Möglichkeit: sofort beginnen, Entwicklungsplan überarbeiten
9	Keine operative Kundenakquisition (Vorort), Kunden gehen verloren (z. B. durch Rohrbrüche, Erneuerungsprojekte etc.)	▦ enge Zusammenarbeit mit der Technik ▦ Stärkung der Funktion „Vertrieb Vorort"	Schätzung: 30 T€
10	Doppelverlegung Gas/Fernwärme	▦ Entflechtungskonzept	Schätzung: 30 T€ durch weniger Instandhaltungsaufwand Gegenmaßnahme bereits ergriffen

Abbildung 8: Kostentreiber im Prozess „Gas- und Wassernetze"

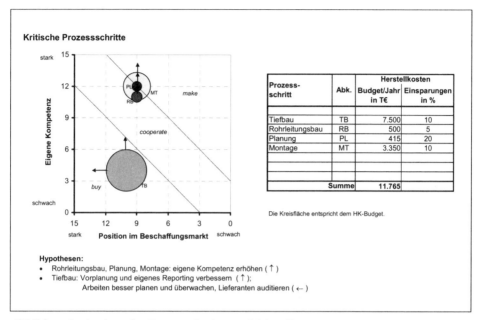

Abbildung 9: Analyse der Prozessabschnitte: Make, Cooperate or Buy

5.   Aufbau neuer Geschäftsfelder

Dic Analyse im Prozess „Netzkostenoptimierung" war wiederum Auslöser für den Aufbau neuer Geschäftsfelder. Man deckte Fähigkeiten auf, die – zum Teil im Verbund mit Kooperationspartnern – den Bedürfnissen alter und neuer Kundengruppen entsprachen. Mit Unterstützung von der Beratung wurden Geschäftspläne entworfen und Kapitalwert-Rechnungen durchgeführt, um festzustellen, ob sich ein Geschäftsfeld autark rechnet und welche Ressourcen (Personal und Investitionen) dafür benötigt werden. Manche Geschäftsidee musste man daraufhin erstmal zurückstellen. Aber folgende neue Geschäftsfelder werden zur Zeit erfolgreich umgesetzt:

▪ Beschaffungsmanagement/E-Procurement und

▪ Personal- und Organisationsberatung.

Ein Ende an Neuerungen ist nicht absehbar. Oder andersherum: Mit der Implementierung von Projekt- und Prozesskultur wird ein Nährboden geschaffen für eine lernende, sich selbst steuernde Organisation.

Einführung von Prozessmanagement bei der Produktinnovation

Praxisbeispiel Konsumgüter

Clemens Frowein

Inhalt:

1. Projektanschub – Vom Vorbehalt zum Engagement

„Schon wieder" denkt Sarah und blickt aus ihrem Bürofenster im 7. Stock auf das düster wirkende Firmengelände. Anspannung mischt sich mit milder Wut. Niemand hatte sich bisher mal die Mühe gemacht, sie nach ihrer Meinung zu fragen. Und jetzt das: Ein neues Projekt mit dem fast lächerlich wirkenden Titel IPM („Innovation Process Management"). Wer sich so etwas bloß ausdenkt? Und was für ein Zauber verbirgt sich dahinter nun wieder? In der Einladung zum Kick-off-Meeting ist von Verbesserung der Innovation und Prozessen die Rede – alles nichts Neues. Sieben Jahre ist sie nun in der Firma und gerade in diesem Bereich wurde die eine oder andere Initiative gestartet. Time to Market, Simultaneous Engineering und ähnliche Programme mit tollen Namen. Die Ansätze schienen immer ziemlich sinnvoll und die Berater, die zu den jeweiligen Vorhaben kamen, waren definitiv kompetent! Aber irgendwie hat sich nicht wirklich was verändert. Natürlich wurden großartige Ziele definiert, die Teams befragt und eine Sitzung nach der anderen abgehalten. Abläufe wurden analysiert, diskutiert und wieder und wieder neu aufgemalt. Prozesse hießen sie dann und sollten etwas ganz was Neues darstellen. Doch auf die tägliche Arbeit hatte das Ganze so gut wie keinen Einfluss. Die Probleme sind die gleichen wie von Anbeginn, daran scheint sich nie etwas zu ändern. Im Gegenteil, mit dem Wachstum und der Fluktuation der letzten Jahre wird alles noch schlimmer. „Und Probleme haben wir genug, da müsste man nur mal an die richtigen Stellen gucken" brummt Sarah vor sich hin, packt ihren Block und einen Stift ein und macht sich auf den Weg zum Projekt-Kick-off IPM.

Seit über 120 Jahren ist die Firma S. im Bereich Konsumgüter (FMCG) im Geschäft. Der Name ist bekannt, einige Produkte sind echte Stars. Ein starkes deutsches mittelständiges Unternehmen eben, stolz auf den Erfolg und die Unternehmenskultur. Aber erst vor etwa 15 Jahren kam der richtig große Schub, die internationale Expansion. Vertretungen in 43 Ländern wurden aufgebaut, eine Produktionsstätte in Asien und acht große Vertriebsniederlassungen weltweit haben sich bis heute etabliert. Die Umsätze kletterten stetig auf zuletzt über 2,2 Mrd. Euro. Mittlerweile hat das Unternehmen die Dimensionen eines Konzerns erreicht und es scheint auch weiterhin noch großes Wachstumspotential zu geben. Um die mit dem Wachstum einher gehenden Veränderungen etwas aufzufangen, wurde die Organisationsstruktur bereits mehrfach an die neuen Anforderungen und Gegebenheiten angepasst. In den letzten Jahren häuften sich Strukturänderungen sogar. Das Grundmuster – sicher eine Grundlage für den großen Erfolg des Unternehmens – blieb jedoch bestehen: Eine klare Trennung der Verantwortlichkeiten nach unterschiedlichen Funktionen. So setzt sich unterhalb des Vorstands das Leitungsteam der zweiten Ebene aus den Verantwortlichen der Funktionsbereiche Marketing, Operations, Research & Development, Production, Sales und Quality Management (QM) zusammen. Außer bei QM sind das alles alte Hasen, die das Unternehmen geprägt haben und auch heute noch die wichtigen Entscheidungen treffen.

„Ich begrüße Sie zum ersten Treffen des Projektes IPM" beginnt Herr Reinhard S., Leiter des Bereichs QM schwungvoll. „Wir haben die Leiter der Bereiche und ausgewählte Manager der nächsten Ebene eingeladen, um zwei wichtige Dinge mit ihnen zu besprechen". 24 Augenpaare blicken eher müde und skeptisch auf soviel Elan und auch Sarah konnte ihrer antriebsschwachen Stimmung bisher nicht entrinnen. ‚Jetzt kommt eine mehr oder weniger grobe Analyse, dann eine pfiffige Schlussfolgerung und zum Ende werden die Aufgaben verteilt nach dem Motto ‚für jeden etwas'. Und nach einigen Monaten Euphorie und Aufregung legt sich der Staub und wir kämpfen weiter ...' denkt Sarah bei sich und stöhnt leise ‚...fragt sich doch, ob sich nicht wirklich mal was ändern lässt. Oft scheint das Spiel so hoffnungslos verfahren; immer diese Probleme mit den anderen Bereichen, Chaos fast in jedem Projekt – wenn man das mal wirklich aufdecken und anpacken würde.'

Und in der Tat hat das Unternehmen nicht nur aus Sarahs Sicht erhebliche Probleme mit der Umsetzung neuer Produktideen. Immer wieder wurden in den vergangenen Jahren Initiativen zur Verbesserung der Innovation angestoßen. Im Wesentlichen geht es immer um folgende Probleme:

1. Gravierende Schnittstellen und Abstimmungsprobleme zwischen dem zentralen Marketing und der Entwicklungsabteilung führen zu heftigen Unstimmigkeiten im Ab-

lauf. Immer wieder müssen Vorgänge mehrfach bearbeitet und Versuche wiederholt werden oder aber Verzögerungen aufgrund von Missverständnissen lassen die Einführungstermine platzen.

2. Auf der anderen Seite bestehen enorme Friktionen zwischen Marketing und dem internationalen Vertrieb. Dies führt häufig dazu, dass Produkte zwar fertig entwickelt, die Märkte in den Regionen und Ländern aber einfach nicht auf diese vorbereitet sind. Die Folge sind wiederum erhebliche Verzögerungen und aufwendige Abstimmungen.

3. Die Projekte werden nur relativ grob geplant, so dass eine wirklich detaillierte Grundlage für die Steuerung solch komplexer Projekte fehlt. Ein Grund für sehr häufige Meetings sowie das obligatorische Krisenmanagement. Die Nerven liegen also blank!

4. Das Phänomen „Wanderbriefing" ist inzwischen zum geflügelten Wort geworden: Im Laufe des Projektes werden immer wieder sowohl die Spezifikationen als auch Grundlagen verändert und angepasst. Dies führt im gesamten Projektverlauf häufig zu erheblichen Verzögerungen und Unsicherheiten.

5. Da weder ein genauer Anfang noch ein wirklich klar definiertes Ende der Innovationprojekte angegeben ist, kann niemand präzise sagen, wie lange solche Vorhaben nun wirklich dauern – sicher ist nur, dass sie großteils länger laufen als die Beteiligten es sich wünschen.

Es ließen sich noch eine Reihe weiterer Probleme benennen. Die vordergründigen Ursachen scheinen auf der Hand zu liegen und sind in der Anfangsphase der Projekte zu suchen: Ganz zu Beginn wird zu wenig Zeit in die Planung investiert. Ebenso sind Schwächen in der Herangehensweise zu erkennen. Statt einer gemeinsamen grundlegenden Planung und Definition der Vorhaben, das heißt unter Einbeziehung aller betroffenen Bereiche, wird die Vorbereitung und Abstimmung hastig und vor allem eher unverbindlich im kleinen Kreise vorgenommen. Es fehlen eindeutige Verantwortlichkeiten in den einzelnen Funktionsbereichen – gerade mal ist sicher, dass Marketing den Projektleiter stellt. Außerdem fehlt ein Standard-Ablauf, der den Beteiligten eine Vorstellung von der Vorgehensweise in Innovationsprojekten vermittelt. Doch dies ist nur der Vordergrund!

Und Sarahs Gedanken schweifen noch weiter ab: ‚Es ist doch logisch, dass man sich am Anfang der Projekte intensiv abstimmen muss. Ich frage mich schon lange, wieso das nicht so richtig passiert. Da behaupten die Beteiligten, sie hätten keine Zeit für umfassende Meetings und Projektplanungen. Aber hier weiß doch jeder, dass das nur vorgeschoben ist, der wahre Grund liegt viel tiefer. Aber wo genau?' In diesem Moment wird Sarah's Aufmerksamkeit durch eigenartige Begriffe geweckt, die die Berater bei ihrer Präsentation ins Feld führen: „In der Volkswirtschaft wird inzwischen viel über die ‚Institutionenökonomie' gesprochen, bei der man weniger die klassischen Kreislauftheorien in den Vordergrund stellt, als vielmehr die vorder- und hintergründigen Interessen und

Motive der Beteiligten untersucht. Auch in der Betriebswirtschaft werden zunehmend solche Ansätze populär. Einer davon wird unter dem Begriff ‚systemisch' zusammengefasst. Es geht darum, das Unternehmen oder die Organisation als ganzes System zu verstehen und dabei die Akteure bzw. Subjekte nicht isoliert voneinander, sondern ihre Beziehungen zueinander zu betrachten. Unterstellt man dann noch Interessen und Motive der einzelnen, entsteht eine ganz neue Perspektive auf das Geschehen." ‚Das hört sich zwar sehr kompliziert an, scheint aber mal etwas interessanter zu sein', denkt Sarah. ‚Ich würde es mal spannend finden, die weniger vordergründigen und nicht so offensichtlichen Motive und Interessen der Einzelnen zu erforschen.'

Bei der Betrachtung der Akteure und deren Beziehungen werden einige wichtige Aspekte augenscheinlich, die so bisher nie zur Sprache kamen.

1. Der Bereich Marketing hat die stärkste Machtposition im Hause, was sich allein daran erkennen lässt, dass in den letzten 12 Jahren der Vorstandsvorsitzende zwei Mal aus der Position des Marketingleiters besetzt wurde. Das Selbstverständnis der Marktorientierung des Unternehmens rührt ebenso daher wie die Tatsache, dass sich das zentrale Marketing für die Innovationen verantwortlich wie auch als Triebfeder fühlt.

2. Die Machtposition des Marketingbereichs stützt sich auf die Schwäche des F&E-Bereichs; die Stärke des einen bedingt sozusagen die Schwäche des anderen. Dieses Spiel wird seit vielen Jahren geübt und ist fester Bestandteil der Unternehmenskultur geworden. Es äußert sich beispielsweise darin, dass Marketing den F&E-Bereich zu Projektbeginn nicht tiefgreifend in die Planung und Vorbereitung einbezieht und im Projektverlauf nach Belieben die Spezifikationen ändert. Immer wieder kommt es zu

gegenseitigen Schuldzuweisungen, die darin enden, dass F&E als wenig flexibel und eher unprofessionell da steht. Diese Dynamik läuft im übrigen längst nicht mehr bewusst ab, sondern jeder ist der Meinung, sein Bestes zu geben und keiner weiß so genau, wieso es am Ende nicht richtig klappt. Alle sind unzufrieden und zum Teil auch wütend (aufeinander).

3. Die wechselseitige Projektion von Unfähigkeit spielt eine zusätzlich stabilisierende Rolle. So ist Marketing zutiefst von der Unfähigkeit von F&E und dem Vertrieb überzeugt. Andererseits erscheint aus Sicht von F&E und des Vertriebs das zentrale Marketing als „unprofessionell". Die dabei ins Feld geführten Gründe erscheinen bei näherer Betrachtung fast austauschbar. So werden Verzögerungen mal mangelnder Disziplin, mal fehlendem Prozessverständnis oder Ähnlichem zugeschrieben. Auffallend ist, dass nicht nur die Funktion, also z. B. Marketing als Ganzes abgekanzelt wird, sondern teilweise auch die persönliche Ebene stark berührt wird, bis hin zu echten Feindseligkeiten. Viel Gesprächsstoff also und es wird eine Menge Zeit damit verbracht, sich an diesen Themen zu ergötzen.

4. Die Beziehungen zwischen den Funktionsbereichen sind folglich von tiefem Misstrauen geprägt, wird doch am Ende der Projekte ein Schuldiger für die unbefriedigenden Ergebnisse gesucht. Dies geschieht nicht in der Öffentlichkeit, sondern eher auf dem berühmten Flur. Keiner möchte aber in die Rolle des „Versagers" gedrängt werden und somit versuchen alle Beteiligten möglichst nicht namentlich in die Verantwortung genommen zu werden. Marketing ist dabei außen vor, da die Machtposition ‚Projektleiter' nicht wirklich angreifbar ist.

Diese Analyse könnte noch weiter vertieft werden. Offensichtlich wird hier schon, dass einfache Rezepte diese gewachsenen Verhaltensmuster keinesfalls verändern werden. Es bringt also wenig, z. B. Projektmanagement zu trainieren oder Prozesse zu beschreiben. Zuerst muss die zugrunde liegende unglückliche Dynamik bearbeitet werden, bevor überhaupt eine Verbesserung erreicht werden kann.

‚Nicht übel, was die Berater hier auf's Tapet bringen. So radikal haben wir das hier noch nie betrachtet und geschweige denn ausgesprochen' schwirrt es in Sarahs Kopf und sie ist jetzt hellwach geworden. ‚Möglicherweise eine Sichtweise, die tatsächlich mal an der Wurzel des Problems ansetzt.'

Die Präsentation zu der Auftaktveranstaltung neigt sich dem Ende. Nur einige Fragen der Führungsmannschaft folgen noch. Insbesondere will ein Teilnehmer wissen, wie man die Probleme nun anzugehen gedenke. „Bewusste Zurückhaltung" eröffnet ein Berater dem Frager „ist bezüglich Standardrezepten und eindeutigen Vorschlägen zum weiteren Vorgehen an dieser Stelle angezeigt. Entscheidend ist jetzt vielmehr ein hohes Maß an Gesprächsbereitschaft und der Wille auf allen Ebenen, die gravierenden Probleme gemeinsam anzupacken. Es wird ein mehrschichtiger Prozess in Gang kommen müssen, der alle Beteiligten sehr fordern wird. Der erste Schritt dorthin ist, gemeinsam mit der Projektleitung einen konkreten Vorschlag zum weiteren Vorgehen zu entwerfen und diesen dann mit der Geschäftsführung und Führungsmannschaft abzustimmen." Sarah wird beim Zuhören etwas unwohl – wie den meisten anderen Führungskräften auch – und doch ist sie aufgeregt und murmelt vor sich hin: „Ich bin gespannt, ob nach den klugen Reden den Beratern auch noch mehr einfällt, z. B. eine vernünftige Lösung der vielen Probleme. Da ich am Projekt direkt beteiligt bin, werde ich das ja bald erfahren."

2.   Projektvorgehen – Vom Ablauf zum Prozessmodell

Wenige Tage später findet der erste Termin mit Sarah und zwei Beratern zur weiteren Vorbereitung der Arbeit statt. Sarah leitet ein: „Sie haben mich schon überrascht mit ihren Ausführungen vor drei Tagen zum Kick-off. Wie sind Sie auf die Schlussfolgerungen gekommen?." Dr. A. erläutert: „Wie nehmen eine spezifische Perspektive ein, die uns hilft, Dinge zu sehen, die den Beteiligten selbst oft verborgen bleibt. Sie basiert auch auf der Annahme, dass Organisationen – ähnlich wie Menschen – ein Bewusstsein und so etwas wie ein Unterbewusstsein besitzen. Will man nun größere Veränderungen vornehmen, hilft es wenig, ausschließlich die bewussten Ebenen zu bearbeiten, ebenso wichtig sind die unterbewussten Prozesse. In einer noch groben Analyse haben wir mit Hilfe spezieller Interviewtechniken einige dieser unbewussten ‚Welten' in Ihrem Unternehmen versucht offen zu legen. Unser ‚eigentlicher' Auftrag lautet, Prozesse zur Verbesserung der Innovationsfähigkeit zu etablieren. Hierfür haben wir auch eine ganze Palette an Methoden, Tools und Vorgehensweisen, um dies zu erreichen. Aus langer Erfahrung wissen wir aber, dass das schönste Prozessdesign nichts bringt, wenn in der jeweiligen Organisation nicht grundlegende Voraussetzungen für Veränderungen gegeben sind. Und dies ist bei einem so heiklen Thema wie Innovation ganz besonders entscheidend."

„Und wie stellen Sie sich das weitere Vorgehen konkret vor?" fragt Sarah.

„Aus unserer Sicht sind drei Ebenen der Bearbeitung wichtig:

Ebene 1:

Wir brauchen als Arbeitsgrundlage *Modelle für Prozesse*, mit allem was dazu gehört. Damit meinen wir das Design der Abläufe, geeignete Software-Tools, Spielregeln der Zusammenarbeit in Prozessen, Kommunikationsprozesse etc. Natürlich gibt es dafür fertige Schemata und Erfahrungen aus anderen Unternehmen. Aber Prozesse sollten doch wie ein maßgeschneiderter Anzug passen und nicht einfach von oben oder außen fertig übergestülpt werden.

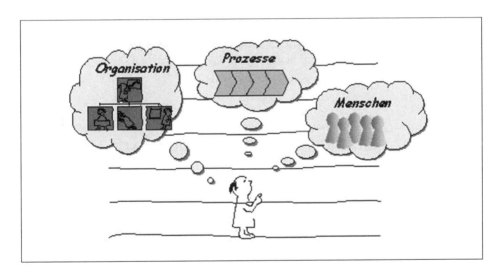

Ebene 2:

Das gesamte Konzept muss in die Organisation eingepasst werden. Will heißen, dass wir ein Organisationsmodell brauchen, von dem aus die Prozesse unterstützt werden. Hierunter verstehen wir nicht nur die Strukturen, sondern auch Verhaltensregeln, Formen der Entscheidung, Anreiz- und Karrieremechanismen und ähnliches.

Ebene 3:

Veränderung geschieht im Ungleichgewicht, d. h. solange hier die erwähnten stabilen Strukturen und Verhaltensweisen bestehen, wird wirklicher Wandel nicht möglich sein. Fazit: Wir müssen Ungleichgewichte schaffen bzw. den Mut haben zu destabilisieren. Das klingt gefährlich, ist aber notwendige Voraussetzung für einen produktiven Wandel.

Wenn wir erfolgreich sein wollen, müssen wir also stets alle drei Ebenen im Auge behalten. Hierfür wird gemeinsam mit den entscheidenden Leuten ein Vorhaben aufgebaut, das über ca. zwei Jahre läuft. Im Rahmen dieses Vorhabens erfolgt eine breite Einbindung der am Innovationsgeschehen beteiligten Mitarbeiter. Gemeinsam mit unterschiedlichen Beteiligten werden Konzepte entworfen, auf den Prüfstand gestellt bzw. getestet und es wird umfassend trainiert. Man kann sich das wie eine Art Fitness Programm für die Innovationsfähigkeit vorstellen".

Und in der Tat konnten im Rahmen des Vorhabens die drei genannten Ebenen bearbeitet werden. Im Projektreview zum offiziellen Ende des Projektes präsentiert Sarah einen Erfahrungsbericht mit wesentlichen Lernpunkten:

„Das Projekt IPM war sicher das anspruchsvollste, aber auch aufregendste Vorhaben meiner bisherigen Karriere. Es war für mich – und ich denke auch für die meisten Beteiligten in ähnlicher Form – so interessant, weil wir wirklich Neuland betreten und uns dabei streckenweise auf sehr dünnem Eis bewegt haben. Und doch haben wir die Reise erfolgreich gemeistert und können heute sagen, dass wir stolz auf die Ergebnisse sind. Was haben wir erreicht: …"

3. Prozessinitiative mit „Innovation Expert Teams" als Turbo

Von der Idee zum Produktkonzept

„Wir haben ein grundlegend neues Konzept für unsere Innovationstätigkeit im Bereich der Generierung neuer Ideen bis hin zur Umsetzungsentscheidung entwickelt. Herausfordernd war insbesondere, die beiden tendenziell gegenläufigen Aspekte Prozesseffizienz und Kreativität miteinander in Einklang zu bringen. Unser Ansatz beruht im Kern auf der Idee funktionsübergreifender Teams, die wir ‚Innovation Expert Team' (IET) getauft haben. Für jede Produktgruppe wurde ein solches Team benannt. Ziel der Teams ist es, Produktideen zu sammeln, zu entwickeln, abzuwägen und zur Umsetzung vorzuschlagen. Die Teams können dabei wechselnd besetzt werden. Potenzielle Teammitglieder werden trainiert und bekommen den erforderlichen Freiraum. Inzwischen sehen wir, dass die Mitarbeit in einem IE-Team heiß begehrt ist. Was hier vielleicht einfach klingt, erfordert eine Vielzahl von Methoden, Tools sowie einen umfassenden Lernprozess um so weit zu gelangen. So umfasst der Ansatz IET mehrere wichtige Komponenten:

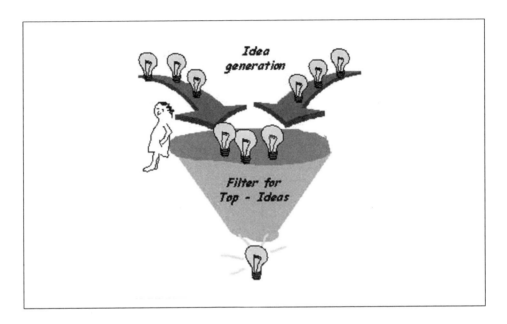

Erstens sind die IET für die Sammlung und Generierung von neuen Produktideen verantwortlich. Da es hierbei in erster Linie um Kreativität geht, standen nicht irgendwelche Prozessabläufe im Vordergrund. Viel wichtiger war uns die Zusammensetzung der Gruppen, angewendete Arbeitstechniken sowie Erkenntnisse darüber, wie eigentlich hier im Unternehmen die besten Ideen entstehen. Dabei haben wir herausgefunden, dass wirklich gute, später mal erfolgreiche Ideen nicht in der Firma, sondern meist im privaten Umfeld der Mitarbeiter und im engen Kontakt mit Kunden entdeckt werden. Vor dem Hintergrund dieser Erkenntnis haben wir nicht formalisierte Termine und Workshops in den Vordergrund gestellt, sondern mehr Kontaktflächen zu Kunden geschaffen und ein Training aufgebaut, das Mitarbeiter zu mehr Kreativität anregt und zeigt, wie Ideen im Unternehmen besser umgesetzt werden können. Diese Trainings unter dem Titel ‚New Product Development Training' waren ein voller Erfolg und wir sehen unsere Pipeline mit neuen, aussichtsreichen Produktideen prall gefüllt.

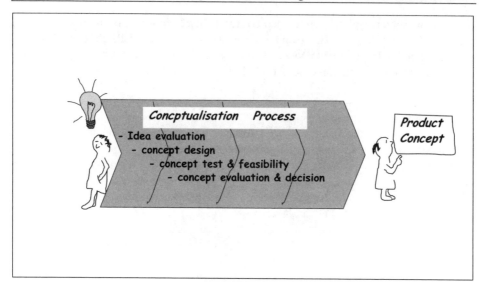

Ein weiterer Ansatz bezieht sich auf die Phase der Innovationsstrecke, sobald eine Idee formuliert ist und nun deren Aussicht auf Erfolg untersucht wird. Oder anders herum gesagt: die Filterung neuer Ideen. Denn natürlich ist es sinnvoll, viele Ideen zu haben. Jedoch können davon nur einige wenige realisiert werden. Die eigentliche Kunst besteht darin, Top-Ideen herauszufiltern, sich nur auf diese zu konzentrieren und schnell zur Umsetzung zu bringen oder ebenso schnell wieder fallen zu lassen. Denn gerade in dieser Phase der Innovation geht üblicherweise am meisten Zeit verloren. Um das zu erreichen, haben wir gemeinsam mit der Geschäftsführung umfassende Entscheidungskriterien festgelegt und einen Ablauf geschaffen, der über ,Idea evaluation', ,concept design' und ,concept test' bis hin zu ,concept evaluation and decision' läuft. In diesen vier Schritten muss das IET die besten Ideen identifizieren, andere rauswerfen sowie erstere bis zur Entscheidung und Umsetzung bringen. Formal wird die Entscheidung durch ein anderes Gremium – das ,Global Innovation Council' (GIC) getroffen, ein Team, auf das wir später noch zu sprechen kommen.

Als Grundlage für die Arbeit haben wir auch eine IT-Plattform entwickelt. Es handelt sich um eine Art Portal für die Produktentwicklung. Dort sind Informationen abrufbar, die gebraucht werden, um gute Produktkonzepte zu entwickeln. Beispielsweise können dort Marktdaten aus verschiedenen Ländern oder Marktsegmenten hinterlegt werden und sind so jederzeit von allen einsehbar. Wir nennen diese Plattform ,Virtual IET Room' und die IET´s arbeiten permanent darin. Langsam bauen wir eine sehr wertvolle Informationsbasis auf, die die Qualität unserer Innovationen deutlich verbessert und gleichzeitig Kosten senkt."

4.   Prozessrealisierung mit dem „New Product Launch"-Modell

Von der Produktinnovation zur Markteinführung

„Mit besonderem Vergnügen berichte ich von unserem zweiten Ansatz, nämlich der Prozessstrecke vom spezifizierten Produktkonzept bis zur Auslieferung des Produktes in den Handel, also die Produktentwicklung und den Launch", referiert Sarah. „Unsere Hauptherausforderung war hier die Standardisierung aller Abläufe hin zu einem Schema, das ein optimales Zusammenspiel der beteiligten Funktionsbereiche (Marketing, F&E, Verpackungsentwicklung, Produktion und Vertrieb) sowie ein hohes Maß an Prozesseffizienz gewährleistet. Wir haben unseren Ansatz ‚New Product Launch Process' (NPL) getauft. Als Grundlage wurde ein Masterplan entworfen, sozusagen eine mächtige Checkliste, die die Aktivitäten aller Bereiche aufzeigt und vor allem die Verzahnungen und Schnittstellen untereinander verdeutlicht. Diesen Masterplan haben wird mittels einer speziellen Software in ein Planungstool integriert. Daneben wurde ein projektorientierter Ansatz zur allgemeinen Arbeitsweise entwickelt. Mit dessen Hilfe kann jedes neue Produkt als Projekt aufgesetzt werden. Hierzu gehört auch, dass stets ein Projektteam mit Mitarbeitern aus Marketing, F&E, Verpackung, Produktion und Vertrieb benannt wird und jedes Teammitglied ganz spezifische Bereiche zu verantworten hat.

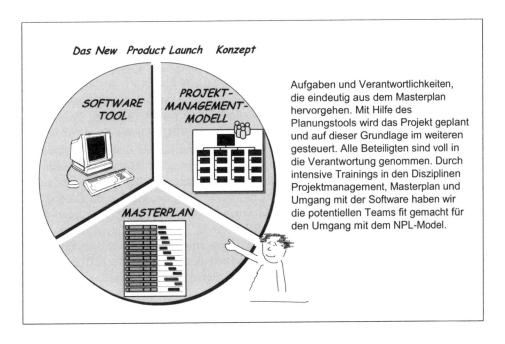

Das New Product Launch Konzept

SOFTWARE TOOL

PROJEKT-MANAGEMENT-MODELL

MASTERPLAN

Aufgaben und Verantwortlichkeiten, die eindeutig aus dem Masterplan hervorgehen. Mit Hilfe des Planungstools wird das Projekt geplant und auf dieser Grundlage im weiteren gesteuert. Alle Beteiligten sind voll in die Verantwortung genommen. Durch intensive Trainings in den Disziplinen Projektmanagement, Masterplan und Umgang mit der Software haben wir die potentiellen Teams fit gemacht für den Umgang mit dem NPL-Model.

Vor allem in der Zusammenarbeit der einzelnen Bereiche machen wir durch den NPL-Ansatz völlig neue Erfahrungen. Es herrscht ein hohes Maß an Transparenz, denn jeder kann genau wissen, wann an welcher Stelle welche Schritte erforderlich sind und auch, wieso manche Dinge nicht schneller gehen. Gerade aus der Perspektive des Marketing kann ich feststellen, dass unsere aggressiven Zeitvorgaben für das Time to Market früher of gar keinen Sinn gemacht haben und deshalb die dann so ärgerlichen Verzögerungen bei der Markteinführung gewissermaßen zwingend waren. Diese Erkenntnis alleine führt zu einem großen Umdenken in der gesamten Organisation. Eine Konsequenz ist, dass unser Planungshorizont für neue Produkte länger wird je stärker wir an der Professionalisierung unserer Pipeline arbeiten. Insgesamt werden wir aber sehr viel schneller und sicherer in unseren Projekten und durch die Standardisierung sparen wir enorme Kosten. Persönlich glaube ich, dass der NPL-Ansatz für mich bzw. unser Unternehmen den Aufstieg in eine neue Liga bedeutet und die größten Probleme in der Innovation damit gelöst werden konnten."

5.   Prozess-Organisation mit „Global Innovation Management"

Von der funktionalen zur Prozess-Steuerung

„Das Management unseres Unternehmens hat erkannt, dass Innovation – nicht nur im Bereich der Produktentwicklung – eine Kernkompetenz sein muss, um für die Zukunft stark gerüstet zu sein. Um dem gerecht zu werden, wurde ein Konzept zum globalen Innovationsmanagement entwickelt und bildet heute einen Kern der Innovationsfähigkeit unserer Firma. Wie in den anderen Bereichen umfasst es mehrere grundlegende Konzepte die bereits implementiert sind. Zunächst mal wurde ein Top Management Team gebildet, das bereits erwähnte ‚Global Innovation Council' (GIC). Dieses Team ist verantwortlich für den weltweiten Erfolg von Innovationen und für alle damit in Verbindung stehenden Prozesse. Das Team trifft sich regelmäßig (einmal im Monat), überwacht die Aktivitäten, ist Eskalationsinstanz für die Innovationsteams und trifft Entscheidungen über Innovationsprojekte. Durch das GIC konnte eine völlig neue Kultur der Zusammenarbeit zwischen den einzelnen Funktionsbereichen entstehen. Die Mitglieder dieses funktionsübergreifenden Teams haben nicht mehr primär ihr Bereichsinteresse im Blick, sondern lassen sich gemeinsam am Erfolg der Innovationsprozesse bzw. am Erfolg der neu eingeführten Produkte messen. Das verändert die Perspektive und schafft ein holistisches Verantwortungsbewusstsein. Vielleicht ist dieser Aspekt der größte Durchbruch für unser Unternehmen.

In die Konzeptentwicklung des Global Innovation Managements war vor allem auch das Controlling und die Personalentwicklung mit einbezogen. Auch deswegen sind heute Maßstäbe vorhanden, die ein gutes und sicheres Gefühl dafür geben, ob und wie die jeweilige Innovation einen Beitrag zur Wertsteigerung bzw. zur Strategie hat. Dabei wurde in Anlehnung an die vorhandene Balanced Score Card eine so genannte Innovation Score Card erarbeitet, die die Entwicklung der Innovationsfähigkeit transparent macht. Daneben zeigt eine Innovation Road Map den Weg von Innovationen über den Horizont von fünf Jahren auf.

Wenn ich zum Abschluss meiner Projektbeurteilung noch ein paar Anmerkungen machen darf: Wir haben gelernt, dass sich mit viel Energie und Engagement tatsächlich Prozesse verändern und gestalten lassen – eine Tatsache, an die ich schon fast nicht mehr geglaubt habe. Allerdings geht das nur, wenn nicht nur die offensichtlich zu Tage liegenden Dinge bearbeitet werden. Zu oft haben wir schon versucht, Prozesse neu zu gestalten und Dinge anders zu machen. Dies ist häufig an unsichtbaren Widerständen gescheitert und niemand wusste so genau, wieso. Heute ist mir klar geworden, dass man dieses ‚Unsichtbare' erst kennen muss, um wirklich erfolgreich Prozesse zu verändern. Man muss damit arbeiten und jede Idee und jeder Ansatz muss diesem Anspruch genügen. Dies hat unserem Unternehmen eine Menge abgefordert; vor allem unser Management blieb nicht von unangenehmen Dingen verschont und stand zum Teil im Rampenlicht. Aber ich habe den größten Respekt davor, wie umfassend und grundlegend wir diese Aufgabe bewältigt haben und danke allen Bereichen für deren super Mitarbeit."

Sicherlich war das beschriebene Projekt ein erheblicher Kraftakt für Sarah und ihre Kollegen. Doch der Erfolg hat nicht nur den Innovationsprozess ins Laufen gebracht, sondern auch den Glauben an die Möglichkeit, sich verbessern zu können.

Auslegung eines Prozessmanagement-Systems

Praxisbeispiel Bank

Detlef Glass

Inhalt:

1. Strategie

Die heutige WestLB AG bewegt sich in einem Wettbewerbsumfeld, das durch zunehmende Komplexität und wachsende Dynamik gekennzeichnet ist. Faktoren sind hier

- die steigende Wettbewerbsintensität auf den globalen Finanzmärkten,

- Konzentrationsprozesse im Bankgewerbe,

- eine Verkürzung der Innovationszyklen.

Die sich weiter entwickelnde Informationstechnologie sorgt zwar für eine wachsende Transparenz für die Marktteilnehmer, führt aber zu einer sinkenden Kundenloyalität. Die öffentlich-rechtlichen Banken und Sparkassen sind zudem durch die von Brüssel erzwungene Ablösung von Anstaltslast und Gewährträgerhaftung von einer beispiellosen rechtlichen Strukturveränderung betroffen.

Notwendigerweise rücken zu den bisherigen Unternehmenszielen verstärkt ein straffes Kostenmanagement und die Ausschöpfung von Einsparungspotenzialen, um eine Verbesserung der strukturellen Rentabilität zu erreichen. Hierzu beitragen sollen u. a.

- die weitere Fokussierung auf wettbewerbsrelevante Erfolgsfaktoren,

- die Optimierung des Einsatzes der Ressourcen,

- die Optimierung der Prozesse zur besseren Kundenorientierung.

Im Rahmen strategischer Überlegungen wurde deutlich, dass die Wettbewerbsfähigkeit eines Unternehmens entscheidend davon abhängt, wie es diesem gelingt, sich durch wertvolle Alleinstellungsmerkmale zu positionieren. Neben leicht kopierbaren Produkten und austauschbaren technologischen Komponenten stellen die Organisationsprozesse und die Expertise der Mitarbeiter die entscheidenden Bausteine zur Sicherung von Wettbewerbsvorteilen dar. Eine optimierte und auf die strategischen Ziele gerichtete Unternehmensorganisation unterstützt die Erreichung der Unternehmensziele. Die konsequente Nutzung der Methoden und Instrumente der Prozessorganisation sind wichtige Faktoren bei einer auf Kundenorientierung ausgerichteten Organisation.

2.   Technikkonzept

In der Vergangenheit gab es im Hause WestLB einzelne, nicht zentral koordinierte Initiativen, Prozesse in grafischer Form darzustellen. Diese Modellierungen erfolgten mit unterschiedlichen, teils datenbankgestützten Tools, teils mit nicht datenbankgestützten Zeichen-Tools (z. B. Visio, Powerpoint). Jedes dieser Tools hat seine eigenen Methoden mit unterschiedlichen Darstellungsformen der Prozessmodelle. Somit bestand niemals die Chance, auf der Basis einheitlicher Darstellungsformen und Konventionen einerseits einzelne Prozessteile abteilungsübergreifend zu einem Gesamtprozess zu verbinden und andererseits alle modellierten Prozesse in einem einheitlichen Unternehmensprozessmodell zusammenzuführen.

In einem Auswahlverfahren, das sich über mehrere Monate erstreckte, fiel letztlich die Entscheidung zu Gunsten des ARIS-Toolset der IDS Scheer AG. ARIS ist ein komplexes Tool, das eine Vielzahl standardisierter Methoden bietet. Mit ihm lässt sich ein breites Themenspektrum abdecken. Zudem ist ARIS ein datenbankgestütztes Tool, das unter Berücksichtigung verschiedener Fragestellungen umfangreiche Auswertungen ermöglicht. Zum Zeitpunkt des Auswahlverfahrens war das ARIS-Toolset im Vergleich zu Konkurrenzprodukten schon in der Lage, große Datenmengen zu verarbeiten und bot die

Möglichkeit einer verteilten Modellierung an verschiedenen Standorten rund um den Globus.

Nachdem die Entscheidung für ARIS gefallen war, wurde parallel zur fachlichen Konzeption des ARIS-Einsatzes ein DV-technisches ARIS-Konzept erstellt. Die Herausforderung bestand vor allem darin, eine geeignete technische Architektur für den weltweiten, einheitlichen Einsatz festzulegen. Fachliches Ziel war die Bereitstellung einer zentralen Datenbank zur Zusammenführung der einzelnen dezentralen Prozessmodelle zu einem übergreifenden Konzerngesamtmodell. Die Erstellung und Pflege der Prozessmodelle sollte hierbei dezentral durch die verantwortlichen Stellen vor Ort erfolgen können. Darüber hinaus war vorgesehen, dass alle Mitarbeiter der WestLB einen Lesezugriff auf das Konzerngesamtmodell erhalten.

Technische Architektur

ARIS war in der damaligen Version für den Einsatz in lokalen Netzen zugeschnitten mit zentraler, fileorientierter Datenhaltung auf einem Netzwerk-Server und mit Installation der ARIS-Software auf den Clients. Ein Einsatz dieses Konzepts im WAN, d. h. beispielsweise direkter Zugriff von einem PC in Sao Paulo auf einen zentralen Datenserver in Düsseldorf, kam wegen der begrenzten Leitungskapazitäten zu den ausländischen Betriebsstellen nicht in Frage oder hätte einen kostenintensiven Ausbau der Leitungskapazitäten zur Folge gehabt, um akzeptable Antwortzeiten für die Benutzer zu erreichen.

Alternativ wurde im Ansatz eine verteilte Datenhaltung betrachtet, bei der die dezentralen Prozessmodelle in dezentralen ARIS-Datenbanken auf den lokalen Netzwerken der einzelnen Betriebsstellen gehalten und regelmäßig mit der zentralen Konzerndatenbank repliziert werden. Der Aufbau und die laufende technische Betreuung von weltweit 15 bis 20 lokalen ARIS-Datenbankservern wäre jedoch zu aufwändig gewesen.

Daher entschied sich die WestLB für den Einsatz der Citrix-Technologie. Die Citrix-Technologie ermöglicht über die sogenannte „Independent Computing Architecture" (ICA) die zentrale Bereitstellung von Windows-Anwendungen auf einem Applikationsserver. Hierbei arbeitet der Benutzer wie gewohnt an seinem PC in einem grafischen Anwendungsfenster. Die Anwendung selbst wird aber nicht auf seinem PC, sondern auf dem Server ausgeführt und ist dort auch installiert.

Citrix ICA beinhaltet 3 Komponenten:

- Server Software-Komponente: Auf dem zentralen Server separiert ICA die Anwendungslogik von der Benutzerschnittstelle. Die Benutzerschnittstelle wird zum Client über Standard-Netzwerkprotokolle transportiert.

- Client Software-Komponente: Die auf dem Endgerät installierte Software Komponente – der sogenannte ICA-Client – zeigt dem Benutzer das Anwendungsinterface an. Die Anwendung selbst wird jedoch zu 100 Prozent auf dem Server ausgeführt.

▦ Protokoll-Komponente: Das ICA Protokoll transportiert Tastatureingaben, Maus-klicks und Bildschirmupdates zwischen Client und Server. Der Bandbreitenbedarf bei der Übertragung ist sehr niedrig (ca. 20 kb/s) – ein maßgeblicher Punkt bei der Anbindung von Außenstellen und mobilen Mitarbeitern.

Im Vergleich zur herkömmlichen Client/Server-Architektur, bei der ein Teil der Anwen-dung auf dem Benutzer-Client installiert ist, bietet das Citrix-Konzept spezifische Vor-teile:

▦ Geringer Bandbreitenbedarf: Citrix ist somit besonders geeignet zur Anbindung von entfernten Standorten oder von Einzel-PCs (z. B. via Modem/Internet).

▦ Unabhängigkeit vom Client-Betriebssystem: Der ICA-Client ist für alle gängigen Plattformen verfügbar (Windows, OS/2, Unix) und ist – mit gewissen Einschränkun-gen – Web-Browser-fähig (Active-X, Browser-Plugin oder Java-Applet).

▦ Zentrales Management der Anwendung: Die eigentliche Anwendung ist auf einem Server installiert. Auf dem Client befindet sich lediglich der sehr „schlanke", anwen-dungsunabhängige ICA-Client. Daher sind beispielsweise Fehlerbehebungen oder Releasewechsel einfach und kostengünstig an zentraler Stelle möglich, eine aufwen-dige Software-Verteilung von Anwendungskomponenten entfällt.

▦ Load Balancing: Dieses Citrix Feature ermöglicht die Lastverteilung auf mehrere Server („Citrix Server Farm") und verringert die Folgen eines Serverausfalls. Bei Ausfall eines Servers sind nur die auf diesem Server laufenden Usersessions betrof-fen. Die Benutzer können sich unmittelbar neu zur Anwendung anmelden, da die an-deren im Load Balancing Verbund arbeitenden Server die Funktion des ausgefalle-nen Servers automatisch übernehmen.

In der ersten Ausbaustufe wurden etwa 100 Modellierer an das System angeschlossen. Der Nutzerkreis umfasst hierbei sowohl Mitarbeiter der deutschen WestLB-Betriebsstellen als auch internationale Mitarbeiter der wichtigsten ausländischen Be-triebstellen in Asien/Pazifik, Europa, Nord- und Südamerika.

Die zentrale ARIS-Server-Umgebung befindet sich im Rechenzentrum Düsseldorf und umfasst:

▦ 2 Applikationsserver mit Citrix Metaframe. Die Server arbeiten im Load Balancing Verfahren. Anwendungssoftware ARIS; Prozesskennzahlenmanager, MS Office, In-ternet Explorer

▦ 1 ARIS Datenbankserver (Oracle)

▦ 1 Web Server (zur Veröffentlichung der Prozessmodelle im WestLB-Intranet)

▦ 1 Lotus Notes/Domino-Server zur Verwaltung der in ARIS-Prozessmodellen ver-wendeten („verlinkten") Dokumente.

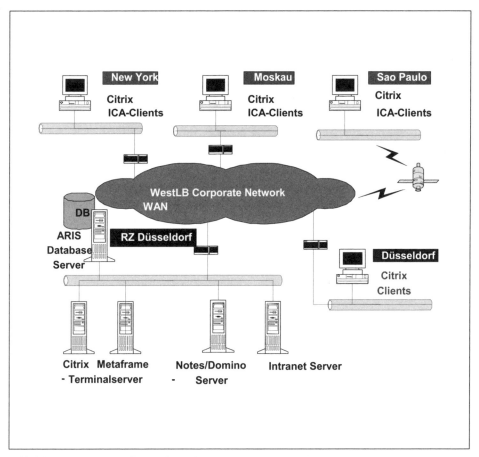

Abbildung 1: Prinzipieller Aufbau der ARIS-Systemumgebung

Nach inzwischen fast vierjähriger Erfahrung mit Citrix lässt sich zusammenfassend feststellen, dass sich der Einsatz dieser Technologie bewährt hat. Zwar sind die Antwortzeiten in den entfernten ausländischen Standorten, wie beispielsweise in Tokyo oder in Sao Paulo, spürbar höher als in Deutschland, aber nach Benutzeraussagen durchaus akzeptabel.

Aus technischer Sicht ist als konzeptioneller Schwachpunkt des Citrix Metaframe Terminalserver-Ansatzes negativ anzumerken, dass die Stabilität der zentralen Serverumgebung bereits durch die fehlerhafte Konfiguration eines einzelnen ICA-Clients oder der lokalen Druckerumgebung beeinträchtigt werden kann. Insbesondere in der Aufbauphase führte dies zu häufigen Serverausfällen. Mittlerweile sind diese Probleme durch zusätzliche technische Vorkehrungen unter Kontrolle. Die aktuelle Systemverfügbarkeit liegt bei 99,9 Prozent.

WestLB-Prozesswelt im Intranet

Am Anfang sollten alle WestLB-Mitarbeiter Lesezugang zu den Prozessmodellen erhalten. Ein direkter Anschluss für sämtliche Mitarbeiter an ARIS schied allerdings auf Grund der damit verbundenen Lizenzkosten aus und war aus funktionaler Sicht nicht erforderlich, da nur eine vergleichsweise geringe Anzahl von Mitarbeitern die ARIS-Funktionalitäten zur Erstellung und zur Pflege der Prozessmodelle benötigt.

Stattdessen wird das Konzerngesamtmodell aus der zentralen ARIS-Datenbank mittels eines speziellen ARIS-Reports in HTML transformiert und über einen Intranet-Server als Web-Site („WestLB-Prozesswelt") allen Mitarbeitern für Informationszwecke zur Verfügung gestellt.

ARIS- Dokumentenverwaltung

In ARIS können die Objekte der Prozessmodelle mit Dokumentenverknüpfungen versehen werden. Hierdurch ist es möglich, wichtige Zusatzinformationen zu den ARIS-Objekten, wie z. B. Formulare, Checklisten, Systemhandbücher etc., als hinterlegte Office-Dokumente in die grafischen Prozessdarstellungen zu integrieren.

Dies stellt in der WestLB-ARIS-Umgebung insofern ein Problem dar, als dass lokal, z. B. in Moskau, gespeicherte Dokumente über den zentralen ARIS-Server in Düsseldorf beispielsweise in New York genutzt und zudem über die WestLB-Prozesswelt allen Mitarbeitern im WestLB-Intranet zur Verfügung gestellt werden sollen.

Daher wurde unter Ausnutzung der in der WestLB vorhandenen, weltweiten Lotus Notes-Infrastruktur eine spezielle Notes-Anwendung zur Dokumentenverwaltung entwickelt. Mit dieser Anwendung können vor Ort vorhandene Dokumente über einen weltweiten Replikationsmechanismus auf einen zentralen Notes/Domino-Server eingestellt und verwaltet werden. Der Notes/Domino-Server stellt dann die URL des Dokuments als Attributbelegung für ARIS-Objekte zur Verfügung. Hierdurch wird erreicht, dass die eingestellten Dokumente sowohl in ARIS als auch über das Intranet in der WestLB-Prozesswelt genutzt werden können.

Zusätzliche Funktionen

Die ARIS-Umgebung der WestLB wurde und wird ständig um zusätzliche Funktionen erweitert. Zu nennen ist hier bspw. ein speziell entwickelter Prozesskennzahlenmanager (Prozesskostenrechnung, Personalbedarfsrechnung). Des Weiteren wurde eine Archivlösung realisiert, um die in der Prozesswelt veröffentlichten Prozesse (einschließlich verlinkter Dokumente, s. o.) entsprechend den gesetzlichen Aufbewahrungsfristen zu archivieren.

Zur Unterstützung der ARIS-Modellierer und zur Standardisierung bestimmter ARIS-Objekte werden sogenannte „Zentrale Welten" in ARIS bereitgestellt. So stehen bspw.

die ARIS-Organisationsobjekte (abgestimmt mit den SAP-Organisationsdaten) zentral zur Verfügung. Ähnliches gilt auch für die Anwendungssysteme bzw. die zugehörigen Anwendungssystemtypen, die aus dem zentralen Repository der IT-Systeme generiert werden.

Technischer Ausblick

Die globale WestLB-PC-Infrastruktur ist derzeit noch überwiegend NT-basiert (Multi-Masterdomänen-Konzept mit regionalen Masterdomänen). Allmählich erfolgt sukzessive die Umstellung der gesamten Infrastruktur auf XP (Clients) und W2K (Server) mit Active Directory.

Dementsprechend wird auch die ARIS-Serverumgebung auf W2K/Active Directory migriert. Gleichzeitig erfolgt ein ARIS-Releasewechsel auf das XP-fähige Release, um ARIS auch außerhalb der Citrix-Welt auf XP-Workstations bzw. -Notebooks zu ermöglichen.

Zusätzlich unterstützt ARIS durch webfähige Komponenten (Web-Designer) das verteilte Modellieren im WAN-Bereich und bietet daher vom Ansatz her ähnliche Vorteile wie die Citrix-Lösung.

Eigene Testerfahrungen, insbesondere zum Antwortzeitverhalten im Vergleich zur Citrix-Lösung, liegen derzeit noch nicht vor. Eine Ablösung der Citrix-Lösung kommt für die WestLB erst dann in Betracht, wenn weitere ARIS-Komponenten (z. B. Toolset) webfähig sind.

3. Rahmenregelwerk

Das Rahmenregelwerk enthält alle Regelungen und Informationen rund um das Thema Prozessorganisation und hat damit eine Klammerfunktion für das Prozessmanagement. Mit Hilfe des Rahmenregelwerkes werden verbindliche Vorgaben für alle Aktivitäten rund um die Prozessorganisation zur Verfügung gestellt. Zusätzlich dient das Rahmenregelwerk einer bereichsübergreifenden Methoden- und Begriffseindeutigkeit. Es versucht, bereits im Vorfeld Kosten zu reduzieren, da sonst – bezogen auf die Gesamtbankebene – durch unabgestimmte Konventionen und Vorgehensweisen künftig höherer Aufwand entstehen würde.

Themenkreise

Das Rahmenregelwerk deckt einen breiten Einsatz- und Anwendungsbereich ab:

- Geschäftsprozessoptimierung und Business Process Reenginering,

■ Dokumentation im Sinne der schriftlich fixierten Ordnung und der Qualitätssicherung gemäß der ISO-Norm,

■ Prozesskostenrechnung,

■ Personalbedarfsrechnung,

■ Wissensmanagement,

■ Workflow (ARIS ist kein Workflow-Tool, Prozesse können in ARIS modelliert und anschließend über eine Workflow-Engine via Interface transferiert werden),

■ Anwendungsentwicklung.

Daraus ergeben sich im Rahmen der Prozessorganisation ganz verschiedene Einsatzmöglichkeiten; Prozessprojekte können sehr unterschiedliche Zielsetzungen haben.

Vorgehensmodell

Ein Vorgehensmodell beschreibt den idealtypischen Ablauf eines Projektes mit seinen einzelnen Schritten. Dazu werden im Kapitel: „Allgemeines Vorgehensmodell" die obligatorischen Ablaufschritte eines jeden Projektes im Prozessumfeld beschrieben, während für die Durchführung von themenspezifischen Zielen eine Darstellung im Kapitel „Spezifische Vorgehensmodelle" erfolgt. Weitere Kapitel beschäftigen sich mit der Einordnung und Veröffentlichung der Projektergebnisse im WestLB-Prozessmodell und mit den Tätigkeiten im Rahmen des laufenden Prozessmanagements.

Es stellt insofern eine Ergänzung des einheitlichen Projektmanagementverfahrens der WestLB dar, welches für alle Arten von Projekten im Hause gültig ist.

Konventionen

Die Konventionen beschreiben die Regeln, nach denen Geschäftsprozesse mit ARIS zu modellieren sind. Die Vorteile der Konventionen liegen in der semantischen Konsistenz und der Reduzierung der Komplexität in den Prozessmodellen.

Auf der Grundlage der Anforderungen und Bedürfnisse an die Darstellung von Prozessen schränken die Konventionen die Komplexität des ARIS-Tools ein. Beispielsweise bietet ARIS dem Anwender die Verwendung von ca. 160 verschiedenen Modelltypen an. Es sind aber für die Modellierung organisatorischer Sachverhalte nur fünf dieser Modelltypen notwendig. Zudem ist es nicht erforderlich, alle angebotenen Arten von Objekten zu verwenden. Das erleichtert die Sicherstellung aussagekräftiger Auswertungsmöglichkeiten über die Datenbanken verschiedener Modellierer.

Die Konventionen erleichtern somit die strukturierte Arbeit der Anwender mit dem Tool. Die Modellierungsergebnisse können von allen Nutzern im Sinne einer einfachen Lesbarkeit und Verständlichkeit nachvollzogen werden. Im Rahmen von Modellvergleichen sollen sie den Abstimmungsaufwand zwischen einzelnen Anwendern minimieren. Der

Änderungsaufwand für eine integrierte und konsistente Datenbank wird möglichst gering gehalten.

Rollenkonzept

Das Rollenkonzept beschreibt Aufgaben, Verantwortlichkeiten und Kompetenzen der Beteiligten bei Projekten im Prozessumfeld und im Rahmen des laufenden Prozessmanagements.

Eine zentrale Rolle übernimmt das Competence Center für Prozessorganisation (CCP) innerhalb des Geschäftsbereichs Konzernorganisation. Es unterstützt die dezentralen GB in Fragen der Prozessorganisation und ARIS. Zu den Aufgaben gehören

▨ die Weiterentwicklung des Rahmenregelwerkes,

▨ die Evidenz, die Koordination und das Coaching von Prozess-Projekten sowie die Betreuung der ARIS-Nutzer in methodischen Fragen,

▨ das Management des Prozessmodells, wie z. B. Qualitätssicherung der Modelle, das Einhängen in Prozessmodelle und die Veröffentlichung im Intranet,

▨ das zentrale Prozesscontrolling.

Im Auftrag der GB Konzerorganisation sorgt die WestLB Systems, die EDV-Tochtergesellschaft der WestLB, für die technische Bereitstellung von ARIS. Dazu gehören die Administration der zentralen ARIS-Server sowie das Betreiben eines ARIS-Helpdesks für die Beantwortung technischer Fragen. Eine weitere zentrale Rolle hat z. B. das Konzerncontrolling, dem die Methodenhoheit für das Thema Prozesskostenrechnung obliegt, oder die Konzernrevision, die im Rahmen ihrer turnusmäßigen Prüfungen für die rechtliche und fachliche Beurteilung der Richtigkeit der modellierten Prozesse zuständig ist.

Die Wahrnehmung dezentraler Aufgaben ergibt sich im Rahmen von Prozess-Projekten und dem laufenden Prozessmanagement. In den diversen dezentralen Prozess-Projekten gibt es neben der bei allen Arten von Projekten üblichen Rolle des Projektleiters die Rolle des Datenbankowners, der für die Administration der Projektdatenbank zuständig ist, und je nach Umfang der Projekte eine Anzahl weiterer Modellierer.

4.   Prozessarchitektur

Einer der Bestandteile des Rahmenregelwerkprojektes war die Schaffung eines WestLB-Prozessmodells. Ziel des Prozessmodells ist die Darstellung, Strukturierung und Sammlung der in der WestLB ablaufenden und modellierten Prozesse, die in einer sogenannten Geschäftsprozessarchitektur in ARIS abgebildet werden. Die Prozesse der WestLB und somit auch die abzubildenden Sachverhalte weisen eine hohe Komplexität auf, die zu reduzieren ist. Die Sachverhalte müssen sachgerecht in Teilprozesse zerlegt und übersichtlich dargestellt werden. Hierzu bietet sich ein hierarchischer Aufbau an, in dem verschiedene Arten von Prozessen entsprechend dem Grad ihrer Detaillierung von „oben nach unten" oder vom Groben zum Detail angeordnet werden. Das WestLB Prozessmodell basiert also auf einem Ebenenkonzept.

In einem Top-down-Ansatz werden der Einstieg und die ersten zwei Ebenen zentral vorgegeben. In der ersten Ebene werden die Prozesse der WestLB in einer Übersicht (Wertschöpfungskette) auf High-Level-Ebene prozessorientiert – nicht aufbauorganisatorisch – abgebildet und strukturiert. Diese Wertschöpfungskette stellt damit eine Abbildung aller Aktivitäten innerhalb der WestLB dar. Die geschäftlichen Aktivitäten sind in sieben Objekten produktorientiert gegliedert; daneben gibt es ein Objekt als Platzhalter für die geschäftsunterstützenden Prozesse. Gleichwohl ist es nicht das Ziel, flächendeckend alle Prozesse der Bank zu modellieren; bei Bedarf kann sich aber jeder Bereich mit seinen Prozessen in das Prozessmodell einordnen.

Die einzelnen Funktionen des Funktionsbaumes der Ebene 1 sind mit weiteren Funktionsbäumen oder Wertschöpfungsketten hinterlegt. Die Ebene 2 des Prozessmodells dient der Strukturierung und stellt in diesem Sinne eine Zwischenebene dar. Beispielsweise gibt es auf der Ebene 1 ein Objekt mit der Bezeichnung Handelsprozesse, das auf der Ebene 2 untergliedert ist in

- Aktienhandel durchführen,

- Rentenhandel durchführen,

- Geld- & Devisenhandel durchführen,

- Handel mit Spezialprodukten durchführen.

Auf Ebene 3 erfolgt die Darstellung der geschäftlichen Aktivitäten in Form von Prozessauswahlmatrizen (PAM's), in denen auf der horizontalen Ebene die einzelnen Produkte, beispielsweise die des Aktienhandels, und auf der vertikalen Ebene die groben Prozessschritte des Gesamtprozesses, aufgeführt werden. Am Beispiel des Aktienhandels zeigt sich die Darstellung vom Front Office, in dem das Geschäft mit den Kontrahenten abgeschlossen wird, über das Back Office, in dem die Abwicklung erfolgt, und die Handelskontrolle bis hin zum Rechnungswesen, wo das Geschäft am Ende u. a. in das Meldewesen an die Bankaufsichtsbehörden mit einzubeziehen ist. Die Strukturierung der groben Prozesse in einer PAM dieser Ebene 3 ist eine der ersten Aufgaben in dezentralen Projekten. Die weiteren Ebenen dienen einer weiter vertiefenden Strukturierung. Bereits auf Ebene 4 ist eine Darstellung der Detailprozesse in zeitlich-logischer Reihenfolge in Form sogenannter erweiterter ereignisgesteuerter Prozessketten (eEPK) möglich.

Die dezentralen Projekte müssen sich Bottom-up mit ihren Prozessstrukturen und -modellen in das zentrale Modell einhängen (können). Während die Konventionen und das einheitliche Vorgehensmodell (s. o.) die Konsistenz der Prozesse sicherstellen, bildet das Prozessmodell den Rahmen, der den Zusammenhalt der einzelnen Prozesse gewährleistet. Das Prozessmodell setzt also die Vielzahl der einzelnen Prozesse zueinander in Beziehung und grenzt sie gegeneinander ab, und beantwortet so die Frage, was zu welchem Prozess gehört. Das Übersichtsmodell (Einstieg und Ebenen 1 und 2) ermöglicht es, Teilprozesse arbeitsteilig zu modellieren und gewährleistet, dass sich diese Prozesse zu einem Gesamtprozess zusammenfügen. Das Prozessmodell stellt damit eine mit der Zeit organisch wachsende Wissensdatenbank über die unternehmensweiten Abläufe dar. Nach Abschluss der dezentralen Projekte werden die Ergebnisse in das Prozessmodell eingehängt und über das Intranet allen internen Mitarbeitern weltweit zur Verfügung gestellt.

5. Prozessverantwortung

Als Grundvoraussetzung für die Etablierung eines laufenden Prozessmanagements wurde im Hause WestLB die Schaffung von Verantwortlichkeiten für die (modellierten) Prozesse gesehen.

Verschiedene Dimensionen der Problemlösung

Der Aufbau eines Prozessmanagements erfordert die Problemlösung verschiedener Dimensionen der Prozessverantwortung:

- Prozesse schneiden oft die aufbauorganisatorische Verantwortung.

- Prozesse haben sowohl eine lokale, nationale als auch internationale Dimension.

- Prozesse setzen sich auch außerhalb des eigenen Unternehmens bei Kunden und Lieferanten fort.

- Prozesse bestimmen die IT-Landschaft, aber die IT-Landschaft bestimmt im Rahmen des Einsatzes von Standardsoftware (wie z. B. SAP) auch die Prozesse.

- Prozesse und IT-Systeme sind wesentliche Gestaltungselemente der Leistungserstellung und haben eine gravierende Bedeutung für Kosten, Zeit und Qualität.

Die zunehmende Komplexität der Prozesslandschaft führt ohne klar geregelte Steuerung dieser Prozesse zu einer Reihe von Problemen.

Grundsatzfragen zur Prozessverantwortung

Bestimmte Grundsatzfragen zur Prozessverantwortung waren zu entscheiden:

Zur Vermeidung der Sozialisierung von Verantwortung soll Prozessverantwortung nicht bestimmten Gremien, sondern Einzelpersonen zugeordnet werden.

Aufgrund unterschiedlicher Systeme und einer nicht vollständig vereinheitlichten Organisation kann es sinnvoll sein, Prozessverantwortung kurzfristig lokal wahrzunehmen. Langfristig jedoch ist soweit wie möglich eine globale Wahrnehmung der Prozessverantwortung anzustreben.

Die Prozessverantwortung sollte von den Prozessbeteiligten selbst wahrgenommen werden und nicht von einer zentralen Stelle, wie z. B. der Organisationsabteilung. Es sind „unsere" Prozesse, nicht die Prozesse der Orga! Diese Zuordnung trägt zudem auch dem bereits weiter oben erwähnten Grundsatz der dezentralen Verantwortung für die Ablauf- oder Prozessorganisation Rechnung.

Mit der Wahrnehmung der Prozessverantwortung ist kein Eingriff in die Profitcenterverantwortung anderer Abteilungen verbunden. Insofern gibt es auch keinen Eingriff in das laufende Tagesgeschäft. Gemäß einer Untersuchung in amerikanischen Unternehmen, die die Prozessorganisation erfolgreich eingeführt haben, ist die Zuordnung der Profitcenterverantwortung für den Gesamtprozess zum Prozessverantwortlichen ein wichtiges Erfolgskriterium. Es ist allerdings abzuwägen, ob beim Einstieg in das Thema Prozessorganisation die Anpassung der Profitcenterzuordnung an die Prozesse nicht eine zu große Kulturrevolution darstellen würde.

Für Verbundprozesse mit Kunden und Lieferanten soll derjenige Kernprozessverantwortung übernehmen, der den beim Kunden oder Lieferanten beginnenden oder endenden Prozess im Unternehmen koordiniert.

Festlegung von Kernprozessen und Verantwortlichkeiten

In einem ersten Schritt wurden Kriterien für die Prozesse erarbeitet, die für den Aufwand einer Modellierung sinnvoll und lohnend erschienen. Als Kriterien wurden definiert:

- Relevanz für die Datenqualität

- Notwendigkeit der Kosteneffizienz

- starke Arbeitsteilung

- operative Risiken

In einem zweiten Schritt wurden auf der Basis der o. g. Kriterien zwölf so genannte Kernprozesse definiert:

1. Vertriebs-Planungs- und -Controlling-Prozesse

2. Liquiditätssteuerungs- und Funding-Prozesse

3. Aktienhandels-Prozesse

4. Renten-, Geld- und Devisenhandels-Prozesse

5. Risikocontrolling-Prozesse inklusive Risikoüberwachung im Handelsgeschäft

6. Prozesse zur Überwachung von Einzel-Adressenrisiken im Kreditgeschäft

7. (Standard-)Kreditbearbeitungs-Prozesse

8. Strukturierte Finanzierungs-Prozesse

9. Zahlungsverkehrs- und Trade Finance-Prozesse

10. Prozesse zur Bereitstellung IM und IT

11. Stammdatenpflege-Prozesse

12. Einkaufs-Prozesse

Gespräche mit möglichen Kernprozessverantwortlichen fanden in einem dritten Schritt statt, um deren Bereitschaft zu klären, die Prozessverantwortung auch tatsächlich zu übernehmen. In diesem Zusammenhang war es erforderlich, die künftig vorgesehenen Prozessverantwortlichen mit ihren Aufgaben, ihrer Verantwortung und den Kompetenzen vertraut zu machen.

Ein laufendes Prozessmanagement kann nur mit der Bereitstellung entsprechender personeller Kapazitäten stattfinden. Hierbei handelt es sich um eine zweite Rolle – sogenannte Prozessmanager –, die das operative Doing, d. h. die Erstellung und Pflege der Prozessmodelle, wahrnehmen.

In einem vierten Schritt wurden die Kernprozessverantwortlichen im Rahmen eines Vorstandsbeschlusses offiziell durch den Vorstand ernannt. Zur Zeit geht es darum, das Thema Wahrnehmung der Kernprozessverantwortung von zentraler Seite anzuschieben und zu unterstützen.

Aufgaben

Im Falle von geschäftsbereichsübergreifenden Kernprozessen ist die Rolle des Kernprozessverantwortlichen die eines Koordinators und Moderators. Zu seinen Aufgaben gehört es, Prozess-Reorganisationsmaßnahmen zu initiieren und für eine Abstimmung der Eingangs- und Ausgangsschnittstellen zwischen den Geschäftsbereichen und ihren Teilprozessen zu sorgen. Er entwirft und vereinbart prozessbezogene Zielgrößen hinsichtlich Durchlaufzeit, Kosten und Qualität mit den Teilprozessverantwortlichen innerhalb der beteiligten Geschäftsbereiche. Ferner arbeitet er mit dem General Management der ausländischen Betriebsstellen bei der lokalen Optimierung der Prozesse zusammen.

Dem Kernprozessverantwortlichen zur Seite steht ein Kernprozessmanager, der für die operativen Tätigkeiten im Zusammenhang mit der Modellierung von Prozessen zuständig ist. Zu seinen Aufgaben im Einzelnen gehörten:

- Administration der Projektdatenbank,

- Durchführung von Prozessprojekten und Erstellung von Schnittstellenbeschreibungen,

- Erhebung und Bereitstellung von Prozesskennzahlen in Bezug auf Zeiten, Kosten und Qualität,

- Sicherstellung der Aktualität und Korrektheit der Prozesse,

- Sicherstellung der Transparenz über die erstellten Dokumentationen in der Projektdatenbank,

- Durchführung von internen Workshops zur laufenden Optimierung der Teilprozesse,

- Klärung von Fragen der Modellierer,

- als Ansprechpartner zu fungieren für das Competence Center Prozessorganisation.

Die Durchführung der Prozessprojekte und die Ermittlung von Prozessverbesserungen
sowie die Umsetzung entsprechender Maßnahmen ergeben ein anspruchsvolles Rollen-
profil. Der Kernprozessmanager muss sehr gute fachliche Kenntnisse über den von ihm
betreuten Prozess und die eingesetzten DV-Systeme haben. Er muss über eine gute Akzeptanz bei allen Prozessbeteiligten, insbesondere bei seinem zuständigen Kernprozessverantwortlichen, verfügen. Wissen über das Prozessmanagement, die Vorgehensweise
in den Prozessprojekten und ARIS-Kenntnisse runden das Anforderungsprofil ab.

6.   Prozesscontrolling

Im Rahmen des Prozesscontrollings werden Kennzahlen definiert und ausgewertet, die
den Prozessverantwortlichen eine wichtige Informationsgrundlage über die Performance
im Tagesgeschäft geben. Damit werden die bisher üblicherweise ermittelten, vergangen-
heitsorientierten Finanzkennzahlen (z.B. Monatsabschlüsse) ergänzt. Erst durch Kennzahlen wird den Prozessverantwortlichen und -managern ein Handwerkszeug zum Controlling und zur laufenden Steuerung ihrer Prozesse an die Hand gegeben.

Während in ARIS Modelle, d. h. Abbilder der Realität, geschaffen werden, sollen mit
dem Prozesscontrolling Echtdaten aus operativen Systemen ausgewertet und gemessen
werden. So lässt sich zum Beispiel über einen Gesamtprozess, der über mehrere Geschäftsbereiche und DV-Systeme hinweg läuft, die Qualität und Effizienz messen; Beispiele hierfür sind Durchlaufzeiten, Stückzahlen, Fehlerhäufigkeiten und Organisations-
wechsel.

Weitere Themen des Prozesscontrolling sind für uns:

- die Nutzung eines Tools für die Prozesskosten- und Personalbedarfsrechnung,

- die Nutzung von Prozesskennzahlen als Frühwarninstrument bei der Überwachung
  von operativen Risiken,

- die Verbesserung der Prozesstransparenz im Bankkonzern und damit Schaffung einer
  Grundlage für ein Prozess-Benchmarking zwischen den Betriebsstellen,

■ die zentrale Qualitätssicherung der modellierten Prozesse, z. B. durch Konventionenchecks sowie die Begutachtung kritischer Prozesse.

Die Erarbeitung bzw. Umsetzung dieser Themen steht derzeit auf der Tagesordnung. So ist beispielsweise in einem Pilotbereich das toolgestützte Prozesscontrolling in der Einführungsphase.

7. Verankerung

Auf der Grundlage von Erfahrungen und Problemen in der betrieblichen Praxis wurden und werden weitere flankierende Maßnahmen entwickelt und umgesetzt. Die wichtigsten dieser Maßnahmen sind im folgenden erwähnt:

Neben fallweisen, am Bedarf orientierten Kontakten der Mitarbeiter/innen des Competence Center Prozessorganisation (CCP) zu den Kernprozessverantwortlichen und -prozessmanagern finden jährlich im Herbst turnusgemäß mit den Vertretern jedes Kernprozesses individuelle Gespräche statt. Bei diesen Terminen wird u. a. über den Stand der Erreichung der für das ablaufende Jahr geplanten Vorhaben und Maßnahmen zur Prozessorganisation sowie die Ziele für das kommende Jahr gesprochen. Damit soll verdeutlicht werden, dass sich jemand zentral um das Thema und die Umsetzung der damit verbundenen Vorstandsbeschlüsse kümmert. Ferner sollen die dezentral Beteiligten für Themen, wie z. B. Prozesscontrolling, Messung von Kennzahlen und/oder Kosten sensibilisiert werden.

Zusammen mit der Arideon AG haben wir ein zehnminütiges web-basiertes Training entwickelt, dessen Zielgruppe insbesondere die Mitarbeiter/innen in den Fachbereichen sind, die die im Prozessmodell veröffentlichten Prozesse lesen und beachten sollen. In dieser sogenannten Guided Tour lernen die Mitarbeiter/innen die Prozesswelt als einen Informations- und Kommunikationsservice für die Dokumentation, Umsetzung und Optimierung der Prozessorganisation im Bankkonzern kennen. Sie erhalten einen Überblick über die grundlegenden Begrifflichkeiten der Prozesswelt und werden mit der Navigation durch den gleichnamigen Intranet-Auftritt vertraut gemacht. Anhand eines Beispiel-Prozesses erfahren sie, wie die im Prozessmodell hinterlegten Informationen für die tägliche Arbeit genutzt werden können. Darüber hinaus wird aufgezeigt, wie die eigenen Vorschläge für die praxisorientierte Verbesserung der Prozesse eingebracht werden können.

Gute Erfahrungen wurden mit einem zweitägigen Seminar im Umfeld der Wertpapierhandelsprozesse gemacht. Auf der Basis der modellierten Prozesse erhalten die Teilnehmer/innen durch Vorträge von Referenten aus den am Prozess beteiligten Bereichen eine Übersicht über den aktuellen Gesamtprozess vom Kauf eines Wertpapieres bis zur Ergebnisdarstellung. Es wird ein prozessorientierter Einblick über Zusammenhänge, beteiligte Bereiche, Zuständigkeiten und Verantwortlichkeiten, Systemanwendungen und Funktionalitäten sowie Anforderungen an die Datenqualität innerhalb der Wertpapierprozesse vermittelt. Die Entwicklung weiterer Seminare für ausgewählte Kernprozesse ist in Zusammenarbeit mit dem Datenqualitätsmanagement und dem Bereich Fortbildung im GB Personal in Umsetzung bzw. geplant.

Im Vorwort dieses Buches wird von dem wichtigen Anliegen der Verknüpfung von unterschiedlichen Fähigkeiten zu einer erfolgreichen Leistung geschrieben.

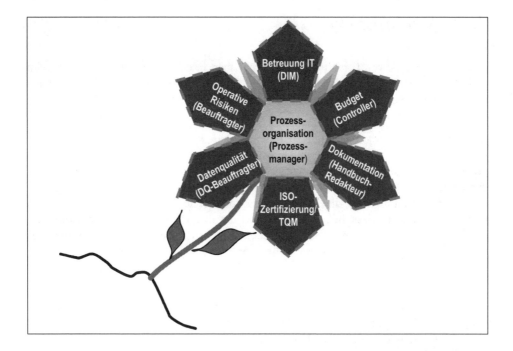

Die Blüte soll verdeutlichen, dass das Thema Prozessorganisation auch im Umfeld der geschäftsunterstützenden Tätigkeiten von zentraler Bedeutung ist. Ohne wertschöpfende Abläufe als Grundlage sind beispielsweise das Betreiben einer EDV oder die Erstellung eines Budgets erst gar nicht erforderlich. Die Etablierung optimaler Prozessabläufe erfordert andererseits die enge Zusammenarbeit zwischen den verschiedenen geschäftsunterstützenden Funktionsträgern – zentral wie dezentral. Auf der zentralen Ebene hat sich bei der WestLB ein Arbeitskreis mit Vertretern der Themen Prozessorganisation, IT-Architektur, DV-Systemcontrolling, Datenqualitätsmanagement, Operative Risiken, Notfallplanung und Follow up-Prozess der Konzernrevision etabliert. Dessen Ziele sind u.a. Informationen auszutauschen, die Zusammenarbeit zu fördern sowie sich gegenseitig zu unterstützen und da wo es sinnvoll ist, ein gemeinsames Vorgehen zu koordinieren.

8. Zusammenfassung

Die erfolgreiche Umsetzung der fachlichen und technischen Konzepte zum Thema Prozessorganisation im Hause WestLB hat verschiedene Aspekte. Wichtige sind:

- Verankerung des Themas auf Vorstandsebene, z. B. durch die Präsentation des Themas vor Mitgliedern des Vorstandes und das Einholen von entsprechenden Vorstandsbeschlüssen,

- Schaffung eines Rahmenregelwerkes, eines Übersichts-Prozessmodells und die Umsetzung eines technischen Konzeptes vor (!) Beginn von prozess-organisatorischen Projekten,

- Einrichtung eines Competence Centers Prozessorganisation als zentralem Kümmerer,

- Festlegung von einzelpersonenbezogener Gesamtprozessverantwortung,

- Implementierung eines laufenden Prozessmanagements und die Identifizierung ausreichender Prozessmanagerkapazitäten,

- Bereitstellung der modellierten Prozesse für alle internen Mitarbeiter über einen betriebsinternen Intranet-Auftritt,

- Controlling, damit Maßnahmen, die in Optimierungsprojekten erarbeitet wurden, auch wirklich umgesetzt werden,

- Integration ausgewählter Prozesskennzahlen in das Controlling-/Reporting-System der Bank.

Diese Kriterien tragen aus unseren Erfahrungen maßgeblich zur erfolgreichen Einführung und Umsetzung des Themas Prozessorganisation in einem Unternehmen bei.

Die WestLB strebt in den nächsten Jahren die kontinuierliche Verbesserung der Prozesslandschaft durch ein permanentes Prozessmanagement an. Dazu zählt die Vervollständigung des Prozessmodells zur Erlangung einer globalen Transparenz über die wesentlichen Teile der definierten Kernprozesse, um ein internes Benchmarking zwischen den verschiedenen Betriebsstellen zu ermöglichen. Das setzt eine Tool-unterstützte Messung von Zeiten, Kosten und Qualität sowie von Betriebsrisiken voraus. Damit wird die Harmonisierung der Ablauforganisation angestrebt. Voraussetzung dafür ist die weitere Vereinheitlichung der DV-Systeme.

Ziel der WestLB ist es also, Nutzen aus Kostensenkungen durch Vereinheitlichung von Arbeitsabläufen und Effizienzsteigerungen insbesondere durch die GB-übergreifende Betrachtung der Prozesse zu erreichen. Mit diesem hier vorgestellten Fachkonzept leistet der GB Konzernorganisation einen Beitrag, um die vom Vorstand gesetzten strategischen Ziele der Bank zu erreichen.

Die richtige Beratung?

Beate Mehl, Michael Kempf

Inhalt:

„Außer uns Beratern kennt in dem Bereich sowieso niemand die Details in den Prozessen" (Zitat eines Beraters in der Prozessoptimierung)

Jeder kennt sicherlich einige Beispiele, in denen die Optimierung von Prozessen sich so darstellt. Hierbei ist gar nicht relevant, ob diese Aussage von einem externen Berater oder von internen Mitarbeitern getroffen wurde.

Fazit ist: Die Mitarbeiter waren nicht in die Entwicklung der neuen Prozesse eingebunden, sie kennen nicht die Beweggründe für die Auswahl der einen gegenüber der anderen Alternative. Woher sollen sie folglich die Motivation nehmen, künftig mit aller Kraft die erfolgreiche Umsetzung der neuen Prozesse zu unterstützen? Oftmals werden sie nicht einmal in das Konzept eingearbeitet. Externe sichern sich vielmehr durch ihr exklusives Tiefenwissen den Einsatz über längere Zeiträume.

Spätestens an dieser Stelle stellt sich die Frage, ob eine solche Vorgehensweise wirklich im Sinne des Unternehmens ist. Anders gefragt: Was ist eigentlich aus Sicht eines Unternehmens anzustreben?

1. Dimensionen der Veränderung

Die Erfahrungen aus vielen „Prozessprojekten" machen deutlich, dass erst dann von einem nachhaltigen Veränderungserfolg gesprochen werden kann, wenn Folgendes erreicht wurde:

- Die neu eingeführte *Prozesslandschaft* leistet den erwarteten Beitrag zum Erreichen der *strategischen Zielsetzung* (Zufriedenheit der Kunden, Erhöhung der Wertschöpfung, Steigerung der Produktivität).

- Die gewählte *Prozessorganisation* zeichnet sich durch klare Wertschöpfungsketten, Rollen und Verantwortlichkeiten aus, die von allen Beteiligten motiviert gelebt werden.

- Die *Einbindung der Mitarbeiter* in die Erarbeitung der Lösungen sowie ihre weiterführende Beteiligung an Kompetenz und Verantwortung, Information und Transparenz verändern Einstellungen und Verhalten.

- Die Prozessorganisation und das etablierte *Prozesscontrolling* führen zu einer kontinuierlichen Prozessverbesserung.

- *Infrastruktur und Technologieunterstützung* zeichnen sich durch ihre Verhältnismäßigkeit von Kosten und Nutzen aus.

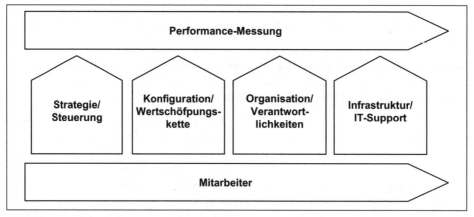

Abbildung 1: Zentrale Elemente des Prozessmanagement

Die Vernachlässigung eines dieser Elemente birgt die Gefahr, dass ein vordergründig erfolgreiches Projekt in der mittelfristigen bzw. langfristigen Betrachtung nicht den erwarteten Nutzen erbringt. Beratungsleistungen, die eine starke Fokussierung auf eines dieser Elemente besitzen, greifen mitunter für eine nachhaltige Entwicklung zu kurz. Anschauliche Beispiele dafür sind:

- Eine Organisationsveränderung wird aus der wirtschaftlichen Notwendigkeit des Unternehmens heraus getrieben und zielt stark auf eine Veränderung des Verhaltens und der Effektivität ab. Sie führt aber mittelfristig nicht zum Erfolg, da der Liquiditätssituation des Unternehmens nur bedingt Rechnung getragen wurde und die erforderlichen, auf Nachhaltigkeit zielenden Entwicklungsmaßnahmen nur begrenzt realisiert werden konnten. So „überholten" die finanziellen Fakten die eingeleiteten, positiven Veränderungen.

■ Externe Berater optimieren zusammen mit internen Fachleuten die Abläufe mit Hilfe einer neuen Software. Weder die Notwendigkeit der Maßnahmen noch die neuen Arbeitsweisen werden den Mitarbeitern ausreichend vermittelt. Optimierungsansätze seitens der Anwender sind nicht integriert. Die Nutzer nehmen die neuen Abläufe nur widerstrebend an; die Potenziale aus dieser Optimierung kommen, wenn überhaupt, nur sehr spät zum Tragen.

Die Beispiele machen deutlich, dass die *vernetzte, kontinuierliche Entwicklung* von:

■ Strategien, Wertschöpfungskette, Organisationen sowie Planung und Steuerung auf der einen Ebene und

■ Identität, Werte, Fähigkeiten und Verhalten auf der anderen Ebene

maßgebend für den nachhaltigen Erfolg einer Prozessoptimierung ist.

Die kontinuierliche Vernetzung bewirkt, dass immer wieder sowohl auf die „harten" als auch auf die „weichen" Faktoren einer Veränderung fokussiert wird. Es ist die Rückkopplung auf die jeweils andere Ebene herzustellen: Welches sind die Auswirkungen bzw. zu berücksichtigenden Faktoren? Auf diese Weise werden Erwartungen hinterfragt und abgestimmt, Verbindlichkeiten erzeugt, Kontextstimmigkeit hergestellt und die Veränderungsgeschwindigkeiten angeglichen. Erst dadurch wird eine wertsteigernde, nachhaltige Verbesserung ermöglicht.

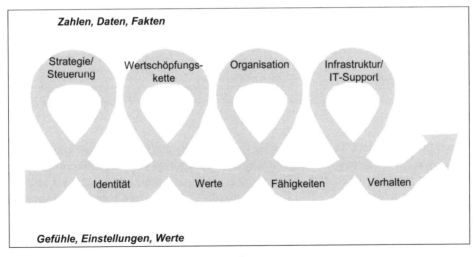

Abbildung 2: Iterierende Ebenen der Veränderung

2.   Typische Beratungsstile

Das Angebot von Beratern im Bereich des Prozessmanagement unterscheidet sich durch unterschiedliche inhaltliche Orientierungen und Arbeitsweisen (siehe Abbildung 3).

Typ 1 „Experten"

konzentrieren sich auf die fachliche Gestaltung eines Organisationsproblems, für das in der Linienorganisation keine ausreichende Kompetenz vorhanden ist. Von ihnen wird erwartet, dass sie die „richtige" Lösung kennen bzw. dass sie ein Konzept zur Lösung des Problems entwickeln können und die Umsetzung des Soll-Vorschlages begleiten.

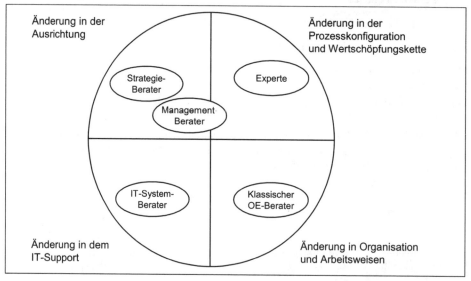

Abbildung 3: Zuordnung der Beratertypen zu den Elementen der Prozessoptimierung

Dieser Beratertyp steht für die Gestaltung von Prozessketten, die Definition von Schnittstellen und die differenzierte Ausgestaltung der notwendigen Abläufe in fest definierten – zumeist fachlich orientierten – Prozessen (z. B. Produktion, Vertrieb, …). Experten geraten leicht in die Position des „Ersatz-Managers" oder der „verlängerten Werkbank". Sie sind dann gefragt, wenn es sich um „Spezial-Know-how" handelt.

Typ 2 „Klassische OE-Berater"

wollen in einem geplanten, systematischen Entwicklungsprozess mit Instrumenten der angewandten Sozialwissenschaften die Organisation als ganze verbessern und effektiver gestalten. Ihre Grundannahmen:

(1) Änderungen sollen nicht von außen „aufgedrängt" werden.

(2) Organisationswandel setzt bei Verhalten und Einstellungen der Organisationsmitglieder an – Veränderung braucht die Beteiligung der Betroffenen.

(3) Immer ist die Zielsetzung von „Effektivität" und „Humanität" im Blick zu halten.

Typ 3 „Strategie-Berater"

richten sich in der Regel auf Projekte, deren Fokus die Orientierung der gesamten Organisation oder die Geschäftsbereiche sind: Umfeldentwicklung, Wettbewerbssituation, Innovationen, Fusionen, u. ä. Sie nehmen insbesondere die Sicht von außen auf das Unternehmen ein. Ihr Ziel ist es nicht, sich in einzelnen funktionalen Bereichen zu vertiefen – Maßstab ist der Beitrag zur Verbesserung der Positionierung des Unternehmens.

Typ 4 „Management-Berater"

haben die Entscheider in Organisationen und ihre Aufgaben, das „Management", im Blick. Sie vereinen eine generelle Kompetenz bzgl. Organisationssteuerung (hier insbesondere Prozessmanagement) mit dem Know-how der Unternehmensführung. Basis ihrer Arbeit sind ihre Ergebnisorientierung und ihr Blick auf den jeweiligen Wertbeitrag der zur Entscheidung stehenden Maßnahme für die Organisation. Im Verlauf der durch sie begleiteten, umfassenden Prozessveränderung brauchen sie meist eine Unterstützung durch Experten.

Typ 5 „IT-System-Berater"

bilden Abläufe in der eingesetzten Software ab oder stoßen die Prozess-Neukonfiguration durch den Einsatz neuer Anwendungen an. Sie besitzen die Expertise im Einsatz von Programmen. Die Betrachtung des Beitrages zum Geschäftserfolg tritt dabei oft in den Hintergrund.

Bezogen auf das Prozessmanagement und verbunden mit der Zielsetzung einer nachhaltigen Veränderung wird deutlich, dass keiner der Beratertypen in der Gänze die Thematik Prozessmanagement abdeckt.

Ginge es um eine komplette prozessorientierte Neuausrichtung, wären folgende ideale Erfordernisse wünschenswert:

- Befähigung der Organisation und ihrer Mitglieder, Veränderungen selbst zu steuern und umzusetzen,

- nachhaltige Entwicklung von Ausrichtung, Kompetenzen, Wertschöpfungsketten, Zuständigkeiten und Steuerungsverfahren in Richtung der Wertsteigerung der Organisation,

- Integration strategischer und wirtschaftlicher Kompetenzen mit Erkenntnissen und Erfahrungen aus Veränderungsprozessen.

3.   Adäquate Beratung

Steht die Einführung oder Verbesserung von Prozessmanagement an, so spielt die Ausgangssituation im Unternehmen eine erhebliche Rolle. Je nachdem welche Anstrengungen bereits erfolgt sind und was derzeit in der Praxis bereits Routine ist, sollte eine adä-
quate Beratung zum Zuge kommen. Die Auswahl hängt auch erheblich davon ab, was
mit Prozessmanagement erreicht werden soll. Vor diesem Hintergrund kann die Beschreibung der folgenden Ausgangssituationen Hilfestellung geben:

- *Optimierung von Abläufen*
  Das Unternehmen ist hierarchisch strukturiert und sieht ein Verbesserungspotenzial
  in der bereichsübergreifenden Zusammenarbeit und der sie ausmachenden Abläufe.

- *Konfiguration von Wertschöpfungsketten*
  Das Unternehmen hat die Abläufe weitgehend beschrieben und möchte nunmehr die
  Wirtschaftlichkeit der Veredelungsschritte herausarbeiten und vergleichbar machen
  (Benchmarking).

- *Management von Wertschöpfungsketten*
  Die Zuständigkeiten und Rollen für die bereichsübergreifende Koordination und
  Verbesserung der Veredelungsstrecke sollen implementiert werden.

- *Steigerung der Performance*
  Die strategische Orientierung, Ausrichtung und Leistungsmessung der Prozesse sollen geplant, vereinbart, gesteuert und controllingfähig gemacht werden.

Die Veränderungswünsche und die damit verbundenen Ausgangssituationen – als Sequenz verstanden – geben Hinweis für die Auswahl der richtigen Beratung. Der Zusammenhang ist in Abbildung 4 schematisch skizziert.

Eine umfassende Beratung, die alle Aspekte der Implementierung von Prozessmanage-
ment erfasst, wird mithin immer dann erforderlich sein, wenn das Unternehmen alle
Schritte der aufgezeigten Sequenz in einem „Zug" vollziehen will. In einem derartigen
Change-Vorhaben werden dann sicherlich unterschiedliche Beratertypen mitwirken.

In den letzten Jahren entwickelte sich auf diesem Hintergrund ein weiterer Berater-
Typus, der sich in der Verbindung der „klassischen" OE-Beratung und der Management-
Beratung bewegt: der *Change-Berater*. Seine Rolle ist die des Beobachters, des Desig-
ners der Veränderung bis hin zum Co-Manager. Er regt zur Selbstreflexion und
–organisation an und hat zum Ziel die Veränderung von Handlungen, um für dauerhafte
Flexibilität zu sorgen. Er orientiert seine Beratungsleistung an der Wertschöpfung für
das Unternehmen und dem ökonomischen Effekt. Entwicklungs- und Lernschritte von
Einzelnen und Organisationen bei der Optimierung von Geschäftsprozessen unterstützt
er in Abstimmung mit dem Linien-Management nach gesetzten und vereinbarten Zielen.

Somit wird der Wandel in Geschäftsprozessen vom geplanten zum geführten Wandel unter Berücksichtigung aller Faktoren einer Veränderung.

Beratertyp	Kundenanforderung			
	Optimierung von Abläufen	Konfiguration von Wertschöpfungs-ketten	Management von Wertschöpfungs-ketten	Performance-steigerung
Strategie-Berater	-	-	++	++
Management-Berater	-	++	++	+
Experte	++	+	+	-
IT-System-Berater	++	+	-	-
Klassischer OE-Berater	-	+	++	+

- gering, + mittel, ++ hohe Eignung

Abbildung 4: Die Anforderung bedingt den unterschiedlichen Beratungsansatz

Es wird deutlich, dass es einer besonderen Aufmerksamkeit bei der Beraterauswahl bedarf.

„So wie das Projekt aufgesetzt wird, so wird es später auch verlaufen". Diese auf den Punkt gebrachte Einschätzung macht deutlich, wie entscheidend sowohl die Klärung und Ausgestaltung des Auftrages als auch die Klärung der Rollen sind.

Auch wenn die Bedeutung und Wirksamkeit eines ganzheitlichen Beratungsansatzes für das Geschäftsprozessmanagement sicherlich deutlich wurden, zielen in der Praxis die Erwartungen von Auftraggebern fast immer auf den einen oder anderen Beratungstyp.

4.   Auftrags- und Rollenklärung

Aufgabe der Berater ist es, im Rahmen der Auftragsklärung mit dem Kunden das vertiefte Gespräch zu suchen, um ihm – gegebenenfalls erst nach und nach – die Bedeutung und die Notwendigkeit der Veränderungsebenen bewusst zu machen und so dem angemessenen Beratungsansatz überhaupt erst den Weg zu bahnen.

Gleichzeitig ist es Aufgabe des Kunden herauszufinden, inwieweit der Berater diese Veränderungsebenen im Blick hat bzw. thematisiert und konkrete Vorschläge der Integration im Beratungsprojekt aufzeigen kann.

Damit kommt der Phase der Auftragsklärung eine sehr große Bedeutung zu, zumal sowohl der Kunde als auch der Berater sich auch auf einer sehr persönlichen Ebene über zentrale Punkte Bewusstsein verschaffen sollen. Einige wichtige Leitfragen geben hierzu Orientierung.

Fragen des Kunden an sich selbst:

- Was ist die Ausgangssituation und welches Ergebnis soll erreicht werden?

- Wie viel eigene Kraft, Kompetenz und Aufwand will ich selbst investieren?

- Welche Erwartungen und Anforderungen stelle ich an die Beratung?

Fragen des Beraters an den Kunden:

- Was wurde bisher versucht, um das Problem zu lösen?

- Mit welchen Promotoren und Unterstützung ist zu rechnen; welche Rolle hat der Auftraggeber?

- Welche Rollen der Beratung werden erwartet und welche sind sinnvoll und machbar?

Fragen des Beraters an sich selbst:

- Welche Zielsetzungen und Ergebnisvorstellungen verfolgt der Kunde (nicht nur vordergründig)?

- Welche Hebel der Veränderung gibt es bzw. bieten sich an?

- An welchen Stellen ist zusätzliche Beratungskompetenz notwendig?

Im Austausch über diese Fragestellungen – hier stärker orientiert auf Leistungen der Beratung – werden Anforderungen deutlicher, notwendige Kompetenzen herausgearbeitet und das Design des Beratungsprojektes skizziert.

Wichtige Aspekte sind:

- Die Entscheidung über Beraterauswahl und -einsatz bleibt beim „Kunden".

- Zwischen den unterschiedlichen Beratertypen besteht eine gegenseitige professionelle Wertschätzung.

- Mit jedem eingesetzten Berater erfolgte eine klare und eindeutige Rollen- und Aufgabenklärung.

Vorhaben im Prozessmanagement, seien es unternehmerische Neuausrichtungen ebenso wie kleinere Projekte zur Prozessoptimierung, berühren immer alle Ebenen von Veränderung. Somit sind in allen Projekten Kompetenzen des Change-Managements gefordert.

Berater haben sich – fern des jeweiligen Beratungstypus – auf diese Anforderung einzustellen. Seitens des Kunden sollten alle Faktoren einer Veränderung – „harte" und „weiche" – in die Gestaltung des Vorhabens einbezogen werden. Dies ist Grundlage der bewussten Entscheidung über Einsatz und Staffing der Beratung seitens des Kunden. Der Rollen- und Auftragsklärung, im Dialog zwischen Kunde und Berater, kommt an dieser Stelle eine hohe Bedeutung zu. Sie entscheidet mit über Erfolg oder Misserfolg des Projektes.

Um auf das eingangs dargestellte Zitat zurückzukommen: Ein Berater mit dem Beratungsverständnis einer gleichzeitigen, kontinuierlichen Entwicklung der Veränderungsebenen wäre nicht zufrieden, würde nur er die Details in den Prozessen kennen. Er hätte die Mitarbeiter des Kunden frühzeitig in die Erarbeitung der Prozesse verantwortlich einbezogen und gleichzeitig der Linienorganisation die Verantwortung für die Veränderung nicht abgenommen.

Literaturverzeichnis

Becker, J.; Kugeler, M.; Roesemann, M. (Hrsg.): Prozessmanagement. Ein Leitfaden zur prozessorientierten Organisationsgestaltung. 4. Auflage. Springer, Berlin 2003

Best, E.; Weth, M.: Geschäftsprozesse optimieren. Der Praxisleitfaden für erfolgreiche Reorganisation. Gabler, Wiesbaden 2003

Doppler, K.; Lauterburg, C.: Change Management. Den Unternehmenswandel gestalten. 2. Auflage. Campus, Frankfurt 1994

Fischermanns, G.; Liebelt, W.: Grundlagen der Prozessorganisation. Schriftenreihe Organisation, Band 9, 5. Auflage. Schmidt, Wettenberg 2001

Füermann, T.; Dammasch, C.: Prozessmanagement. Anleitung zur Steigerung der Wertschöpfung. Reihe Pocket Power, Band 12. 2. Auflage. Hanser, München 2002

Hammer, M.; Champy, J.: Business Reengineering. Die Radikalkur für das Unternehmen. Campus, Frankfurt 1994

Hammer, M.: Das prozesszentrierte Unternehmen. Die Arbeitswelt nach dem Reengineering. Campus, Frankfurt 1997

Heber, H. (Hrsg.): Change-Management zum Angreifen. Infora, Wien 1998

Helbig, R.: Prozessorientierte Unternehmensführung. Reihe Betriebswirtschaftliche Studien. Physica, Heidelberg 2003

Hirzel Leder & Partner (Hrsg.): Fokussiertes Business Design. Wie Sie Ihr Geschäftssystem konsequent auf Kundennutzen trimmen. Gabler, Wiesbaden 1997

Hirzel Leder & Partner (Hrsg.): Die Dynamische Organisation. Mit Managementprozessen Kundennutzen steigern, Wirtschaftlichkeit sichern. Gabler, Wiesbaden 1996

Hirzel, M.; Wollmann, P.: Mit Selbststeuerung Performance steigern. So sichern Sie die Wettbewerbsfähigkeit Ihrer Organisation. FAZ-Buch, Frankfurt 2000

Kirchmer, M.; Abolhassan, F.; Jost, W.; Scheer, A.-W.: Business Process Change Management. Springer, Berlin 2003

Mintzberg, H.; Quinn, J.B.; Ghoshal, S.: The Strategy Process. 4. Auflage. Prentice Hall, New Jersey 2002

Osterloh, M.; Frost, J.: Prozessmanagement als Kernkompetenz. Wie Sie Business Reengineering strategisch nutzen können. Reihe Schweizerische Gesellschaft für Organisation. 4. Auflage. Gabler, Wiesbaden 2003

Rosenkranz, F.: Geschäftsprozesse. Modell- und computergestützte Planung. Springer, Berlin 2002

Schmelzer, H. J.; Sesselmann, W.: Geschäftsprozessmanagement in der Praxis. 3. Auflage. Hanser, München 2003

Trebesch, K./ Kulmer, U.: Der kleine Unterschied und die großen Folgen – von der Organisationsentwicklung zum Change-Management. In: Organisationsentwicklung 04/04, Zürich, S. 80ff.

Die Autoren

Peter Brodbeck, Business Process Engineer und Quality Manager in der Swiss Life, Schweiz. Fachdiplome in Organisationslehre und Informatik. Über zehnjährige Erfahrung in Prozessentwicklung und insbesondere auch Prozessführung in verschiedenen Funktionen: Berater, Projektleiter, Prozessmanager, Qualitätsmanager. Als Referent und Dozent an Universitäten und Hochschulen, Prüfungsexperte für Organisation und Informatik.

Clemens Frowein, Dipl.-Kaufmann. Wissenschaftliche Arbeiten zur Organisationsentwicklung und -didaktik, Assistent von Prof. Beer (Harvard), Konzeption einer Harvard-Fallstudie über die Transformation ostdeutscher Betriebe. Arbeitsgebiete bei HLP Hirzel Leder & Partner heute: Strategie, Innovation und Organisationsentwicklung.

Detlef Glass, Bankkaufmann, Sparkassenbetriebswirt. Nach Einsätzen im Umfeld des Rechnungswesens der WestLB baute er zwei Banken in Frankfurt am Main und Moskau mit auf und ist heute Projektleiter des CCP in der Konzernorganisation der WestLB in Düsseldorf

Dr. Ingo Gaida studierte Physik und war in der Grundlagenforschung in Philadelphia (USA) und Cambridge (UK) tätig. Innerhalb der Bayer AG arbeitete er in leitender Position in den Bereichen Informatik, Zentrale Technik und Qualitätsmanagement. Hierbei lag der Schwerpunkt auf der Durchführung von DV- und Organisationsprojekten sowie der Verbesserung von Arbeitsabläufen im Unternehmen. Heute ist er für das Prozessmanagement und die Informationssysteme im Bereich Investitionsplanung & Investitionscontrolling bei der Bayer MaterialScience AG verantwortlich.

Sabine Gehner-Höttgen begann nach dem Studium der Hüttentechnik ihre Berufstätigkeit in der Automobilzulieferindustrie mit Aufgaben in Labor, Wärmebehandlung und Qualitätsmanagement. Berufsbegleitende Ausbildung zum Qualitätsauditor, anschließend bei einem internationalen Zertifizierer leitende Auditorin für Qualitätsmanagement-Systeme mit dem Schwerpunkt Automobilstandards. Seit 2001 im Qualitätsmanagement der Dorma Holding tätig. Aufgabenschwerpunkte sind die Weiterentwicklung des QM-Systems am Hauptstandort, die Organisation interner Audits und die Unterstützung verbundener Unternehmen bei der Umsetzung von QM-Systemen.

Thorsten Heid, Dipl. Wirtschafts-Informatiker, Studium an der TU Darmstadt mit BWL-Schwerpunkt Marketing und Informatik, Schwerpunkt Informationssysteme. Einer der drei Geschäftsführer und Mitgründer der HLP Informationsmanagement GmbH. Als kaufmännischer Leiter des Unternehmens liegt sein Fokus neben der IT-Strategieberatung auf den Bereichen Vertrieb, Marketing und Finanzen. Gemeinsam mit Nils Landmann Autor des Buches „Chefsache Internet". Als stv. Sprecher des Arbeitskreises „E-Business" der Deutschen SAP Anwender Gruppe e.V. konzipierte und koordinierte er E-Business Szenarien im Zusammenhang mit aktuellen mySAP.com Entwicklungen.

Matthias Hirzel, Dipl.-Volkswirt, Studium in Berlin und London. 1968 – 1970 Organisationsberater beim Quickborner Team für Planungs- und Trainingsprojekte, 1970 geschäftsführender Gesellschafter der congena GmbH. 1984 Mitgründer und bis heute geschäftsführender Gesellschafter der HLP Hirzel Leder & Partner Managementberater Frankfurt a. M. mit den Schwerpunkten: Change- und Performance-Programme, Strategiebestimmung/Geschäftsfeldmanagement, Organisationsdesign/Geschäftsprozessoptimierung sowie Innovations- und Projektmanagement.

Michael Kempf, seit über sechs Jahren Senior-Berater und Partner bei HLP Hirzel Leder & Partner, arbeitet in den Schwerpunkten Personal- und Organisationsentwicklung sowie Geschäftsprozessmanagement. Kunden sind dabei sowohl große Industrie- und Handelsunternehmen, als auch mittelständische Familienunternehmen und Non-Profit-Organisationen. Nach einer Handwerkertätigkeit absolvierte er Studien zum Diplom-Pädagogen und eidg. dipl. Betriebsökonomen. Er verantwortete Führungspositionen in Industrie und Handel für den Personalbereich, die Logistik und Organisation zuletzt in der Geschäftsleitung eines Handelsunternehmens.

Axel Klimek, Diplom-Pädagoge, war 18 Jahre als niedergelassener Psychotherapeut und Ausbilder für PsychotherapeutInnen tätig, bevor er 1999 zu HLP Hirzel Leder & Partner kam. Der Fokus seiner Arbeit richtet sich auf die Erweiterung von Gestaltungsmöglichkeiten und Handlungsoptionen des Einzelnen und sozialer Systeme innerhalb gegebener Strukturen. Themen dabei sind: Organisationsentwicklung, Konfliktmanagement, Team-Performance, Interkulturelle Zusammenarbeit, Leadership, Work-Life-Balance und Coaching. Er berät Führungskräfte, Unternehmen und Organisationen in Europa und Afrika.

Dr. Frank Kühn, Studium des Maschinenbaus, Schwerpunkt Arbeitswissenschaft. Leitende Positionen in Wissenschaft und Industrie, verantwortlich für Arbeitswirtschaft und Organisation. Heute Gesellschafter von HLP Hirzel Leder & Partner. Beratungsschwerpunkte: Projektmanagement und Prozessmanagement, im Zusammenhang mit Fragen der Personal-, Organisations- und Unternehmensentwicklung. Branchenübergreifende Beratungserfahrungen: Review und Optimierung des Projektmanagement, Projektcoaching, Neuausrichtung und Performance-Steigerung von Geschäftsprozessen, Organisationseinheiten und Führungsteams.

Beate Mehl, Dipl.-Wirtschaftsingenieurin und Studium der Logistik. Nach ersten Berufserfahrungen in der Informationstechnologie 1993 Einstieg in die Beratertätigkeit. Begleitung vieler Projekte zur Veränderung von Prozessen & Strukturen in Organisationen in Verbindung mit Anpassungen der Infrastruktur und Technologie in Automobilindustrie, Maschinenbau und Handel. Ein besonderes Anliegen ist ihr hierbei die Integration von Sach- und Verhaltensebene, um eine nachhaltige Umsetzung der Veränderungen zu gewährleisten. Seit 2001 ist sie in der Managementberatung des RWE-Konzerns tätig.

Dr. Gerold Rüdrich studierte Physik und promovierte auf dem Gebiet der Sensorik. Er war Trainer und Lektor für Innovationsmanagement und entwickelte ein interaktives Innovationstool im Internet. Seit 1990 ist er Gesellschafter und Managementberater bei HLP Hirzel Leder & Partner. Seine Arbeitsschwerpunkte sind: Coaching und Mitgestaltung von Geschäftsfeldstrategien für junge High-Tech-Unternehmen und große Technologieunternehmen, Gestaltung von Organisationsveränderungsprozessen in Vertrieb und Einkauf sowie die Einführung von Projektmanagement in Großunternehmen und Institutionen.

Matthias-Marcus Wanner studierte Elektrotechnik und leitete diverse Organisationsprojekte der Flughafen Frankfurt Main AG. Es folgte der Aufbau der Frankfurter Geschäftsstelle der UBIS GmbH und später die Leitung des Vorstandes der Process Solutions AG. Heute leitet er als Inhaber die IbW Ingenieurbüro Wanner GmbH. Aktuelle Beratungsthemen sind wirksame Implementierungen von Prozess- und Qualitätsmanagement in Industrie, Dienstleistung und Handel. Als Dozent lehrt er an der Berufsakademie Stuttgart, Außenstelle Horb, das Thema Qualitätsmanagement.

Karlheinz Weißer, Diplom-Finanzwirt (FH), leitet bei den Stadtwerken Pforzheim GmbH & Co. KG die Hauptabteilung Personal, Organisation und Informationstechnik sowie den Profit-Center „Strategisches und automatisiertes Beschaffungsmanagement", der für die öffentliche Hand bundesweit Beratungsdienstleistungen im gesamten Spektrum des Einkaufs anbietet. Karlheinz Weißer ist Mitherausgeber der Publikation „Materialgruppenmananagement – Quantensprung in der Beschaffung", Gabler-Verlag, 2. Auflage 2004, und hat einen Lehrauftrag an der Berufsakademie Karlsruhe.

Thilo-J. Werners studierte Maschinenbau und leitete diverse Großprojekte und Joint Ventures für die Bayer AG und die Wolff Walsrode AG an den Standorten Leverkusen und Bitterfeld. Weiter zeigte er sich in unterschiedlichen Stabsfunktionen für Organisationsprojekte zur Anlagenbewirtschaftung und Service Management verantwortlich. Heute leitet er den Bereich Investitionsplanung & Investitionscontrolling bei der Bayer MaterialScience AG.

Peter Wollmann, seit 2005 Leiter Strategic Business Development, vorher Leiter Strategische Planung/Controlling der Versicherungsgruppe Zürich Deutschland/Deutscher Herold. Nach dem Studium der Mathematik wirkte er zunächst beim Aufbau der Unternehmensplanung Deutscher Herold mit und leitete später das Referat. 1987 übernahm er die betriebswirtschaftliche Abteilung und führte deren Verschmelzung mit der Unternehmensplanung zum Bereich Planung/Controlling durch. 1997 wurde er zum Generalbevollmächtigten des Deutschen Herold, damals Versicherungsgruppe der Deutschen Bank und nun deren exklusiver Versicherungspartner in Deutschland, ernannt.